Baukunst in Vorarlberg seit 1980

Ein Führer zu 260 sehenswerten Bauten
Otto Kapfinger

Kunsthaus **Bregenz**
vorarlberger **architektur** institut

Hatje

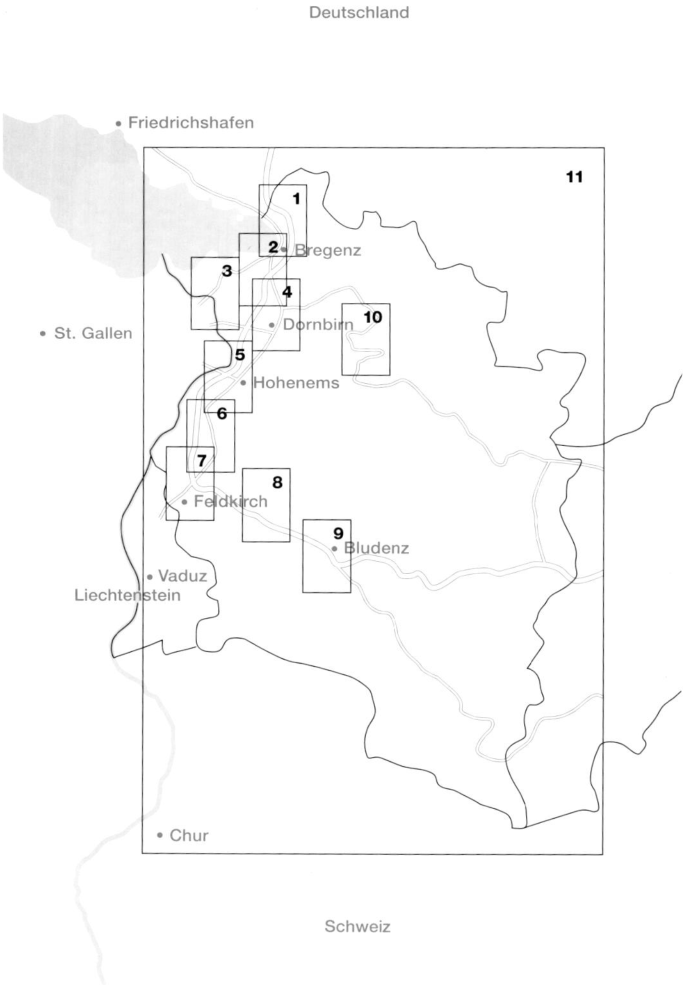
Deutschland
Friedrichshafen
11
1
2
Bregenz
3
4
Dornbirn
10
St. Gallen
5
Hohenems
6
7
8
Feldkirch
9
Bludenz
Vaduz
Liechtenstein
Chur
Schweiz

Inhalt

Zum Gebrauch

Dieser Führer ist topografisch in elf Regionen gegliedert. Sie sind jeweils auf Karten im Maßstab 1:50.000 (Region 11 im Maßstab 1:200.000) dargestellt. Innerhalb dieser Regionen sind die Objekte topografisch, nach dem Prinzip der räumlichen Nähe gereiht. Die Kennziffer 1.1 etwa bedeutet also: Region 1, Objekt 1. Mit dieser Ziffer sind die Bauten auf der Regionskarte und dem gegenüberstehenden Verzeichnis, auf den einzelnen Objektseiten bzw. im Architektenregister und Fotonachweis gekennzeichnet.
Ergänzend zu den 260 vorgestellten Objekten sind in den Randspalten Hinweise auf weitere Bauten vermerkt, die sich jeweils in der Nachbarschaft befinden. Beim Textvorspann jeder Region finden sich weitere Tips: wichtige Bauten des 20. Jh.s.
Zur besseren Orientierung wird empfohlen, für alle größeren Orte die handelsüblichen Stadtpläne 1:12.500 beizuziehen. In kleineren Ortschaften sind auch auf den Gemeindeämtern oder in Tourismusbüros gute Karten erhältlich.
Um dieses Buch möglichst handlich und übersichtlich zu machen, wurden die Hauptdaten der Bauten auf die Gebäudebezeichnung, die Adresse, die Datierung und die Planverfasser beschränkt. Die kurzen Textabschnitte vermitteln in Stichworten das konstruktive, räumliche, energetische und topografische Konzept.
Der speziellen Situation Vorarlbergs entsprechend wurden auch viele Privathäuser ausgewählt, da sie oft wegbereitend für größere und spätere Bauvorhaben wirkten.
In dem Zusammenhang wird nachdrücklich ersucht, bei der Besichtigung von Privathäusern absolut die Distanz zu wahren und ein Grundstück oder einen Garten nur zu betreten, wenn das Einverständnis mit den BewohnerInnen hergestellt ist. Es gibt fast immer die Möglichkeit, die Häuser von der Straße, von einer benachbarten Wiese aus zu sehen oder zu fotografieren. Zum besseren Verständnis sind hier in den Begleittexten die Innenräume ausführlicher beschrieben und mit Innenfotos und Plänen nachvollziehbar gemacht.

Die Auswahl erfolgte nach den Kriterien baukünstlerischer Innovation. So wurden vor allem jene Bauten gewählt, die bestimmte Themen erstmals aufgegriffen haben, oder solche, die innerhalb einer breiteren, zeittypischen Aufgabenstellung spezielle Aspekte modellhaft verwirklichten.
Die Recherche ergab einen karteimäßig erfaßten Fundus von über 700 Objekten, über 500 davon wurden auch besichtigt. Angesichts der regen Bautätigkeit im Lande war es aber nicht möglich, eine vollständige Erfassung der Bauszene durchzuführen. Viele interessante Objekte sind derzeit in Bau oder werden gerade begonnen. Die Herausgeber planen deshalb, in einem angemessenen Zeitraum Ergänzungsbände aufzulegen. Für berichtigende und ergänzende Hinweise sei schon im voraus herzlich gedankt.

Zum Thema

Vorarlberg gilt heute als ein regionales Zentrum der Architektur in Europa. Maßgeblichen Anteil an diesem Phänomen hatte eine relativ kleine, lose Gruppe, die in den 80er Jahren als „Vorarlberger Bauschule" mit innovativen Wohnhäusern und Siedlungen, hauptsächlich in Holzkonstruktion, bekannt wurde. Diese Entwicklung wurde damals von außen so bezeichnet, als bestimmte Prinzipien, die eine Handvoll Architekten hier in den 60er Jahren formuliert hatten, von der um 1980 nachrückenden Generation in einem kritischen Dialog mit den älteren weitergebildet wurden und internationale Beachtung erreichten.
Um die Mitte der 80er Jahre wurde die persönliche und konzeptionelle Solidarität dieser Szene ironischerweise noch dadurch stimuliert, daß der österreichische Berufsverband der Architekten gegen sie auftrat, weil die meisten dieser zwei Dutzend Vorarlberger sozusagen „unbefugt" arbeiteten – ohne die vorgeschriebene, teure Mitgliedschaft in der offiziellen Architektenkammer. In dem 1984 eskalierenden, für einige existenzbedrohenden Streit, bildeten Carlo Baumschlager, Dietmar Eberle, Roland Gnaiger, Walter K. Holzmüller, Wolfgang Juen, Markus Koch, Helmut Kuess, Sture Larsen, Norbert Mittersteiner, Hans Purin, Wolfgang Ritsch, Bruno Spagolla, Reinhold Strieder, Walter Unterrainer, Rudolf und Siegfried Wäger zur Durchsetzung ihres Standpunktes einen eigenen Verein. Sie nannten sich – da der Titel „Architekt" in Österreich geschützt, d.h. an die Kammermitgliedschaft gebunden ist –„Vorarlberger Baukünstler". Der Konflikt verebbte dann in einem informellen Vergleich. Doch allein diese Episode charakterisiert bereits eine Haltung, ein soziales und berufliches Ethos, das auch in entsprechenden baulichen Konzepten zum Ausdruck kam.
Waren die architektonischen Leistungen dieser Gruppierung um 1980 noch eine Randerscheinung, so erreichten sie zehn Jahre später schon den Status einer kulturpolitisch anerkennenswerten Kraft, einer sichtbaren, für die Region offenbar auch identitätsbildenden Manifestation – die 1991 mit dem kollektiv an die Gruppe der Baukünstler vergebenen „Internationalen Kunstpreis des Landes Vorarlberg" die höchsten offiziellen Weihen erhielt. Es paßt übrigens zu dem angesprochenen Berufsethos, daß Hans Purin, dem der Preis zunächst zugedacht war, diesen nur unter der Bedingung annahm, daß er die ganze Gruppe der Baukünstler miteinschloß.
Anläßlich dieser Preisverleihung entstand auch die Idee, erstmals eine größere Dokumentation zum Thema – wie es damals hieß – „*Einfach bauen*, Architektur in Vorarlberg seit 1960" zu veranstalten, und dafür wurde auch gleich das gesamte Preisgeld gestiftet. Diese Ausstellung fand zwei

Jahre später im Bregenzer Künstlerhaus statt, wobei über den Kreis der Baukünstler hinaus ein erweiterter Überblick auf die wichtigsten einschlägigen Ereignisse im Land in diesem Zeitraum gegeben wurde. Denn das, was sich in den 80er Jahren als eine spezifische Szene darbot, hatte einerseits wichtige Wurzeln, persönliche und inhaltliche Verknüpfungen bis in die 60er Jahre. Und andererseits begann schon am Ende der 80er Jahre – einer Kettenreaktion vergleichbar – eine Auffächerung in die nächste Planergeneration. Die Büros der nun die Szene bestimmenden Baukünstler hatten sich weiterentwickelt und sie hatten aus dem Fundus junger Mitarbeiter bzw. Praktikanten eine weitere Welle selbständiger Planer hervorgebracht. Noch 1980 arbeiteten kaum drei Dutzend Architekturbüros im Lande, heute sind es gut 150. Seit den frühen 90er Jahren haben wir es längst nicht mehr mit einer mehr oder weniger homogenen „Gruppe" zu tun, sondern mit einem kaum mehr überschaubaren „Feld" von Personen und Ereignissen. Der Ausstellungs-Katalog von 1993 (mit 150 dokumentierten Bauten) war übrigens nach wenigen Wochen vergriffen.
Der nun vom Kunsthaus Bregenz initiierte, vom Vorarlberger Architektur Institut unterstützte Führer schließt also eine publizistische Lücke, da Friedrich Achleitners Standardwerk zur Österreichischen Architekur im 20. Jahrhundert in Vorarlberg nur bis 1978 reicht und eine aktualisierte Fassung dazu noch nicht in Sicht ist.

Die zeitgenössische Baukunst in Vorarlberg ist Resultat einer regionalen Entwicklung, die im Vergleich ringsum kaum Parallelen hat. Für diese gewagt anmutende Feststellung lassen sich einige Kriterien anführen:
Seit drei Jahrzehnten hat die heute dominierende Schicht der Architekten systematisch daran gearbeitet, eine grundsätzliche technische, ökonomische und funktionelle Kompetenz aufzubauen. Diese kritische Recherche – nicht an der Form orientiert, sondern primär an den heutigen Produktionsbedingungen im Bauen – führte vom Kleinen und vom Privaten Schritt für Schritt, sozusagen von der Basis herauf, zu einer Sicherheit, die dann auch zum erfolgreichen Umgang mit der komplexen und schwerfälligen Sphäre der größeren Bauträger, der Genossenschaften, der bürokratischen und politischen Institutionen befähigte.
Die charakteristische Stärke dieser Vorarlberger Bauszene lag und liegt in der struktiven Auffassung des Bauens, in der Entfaltung des Raumes von der Konstruktion und vom Gebrauch her – und in der dem Wohnbau (und nicht nur ihm) angemessenen Distanz zu repräsentativen, kurzlebigen Formalismen.

Vielleicht gewitzter und sicher hartnäckiger als anderswo haben also die Architekten hier darauf Wert gelegt, sich ihre Werkzeuge – die Herstellungsverhältnisse von Bauten – „herzurichten“, sie qualitativ in den Griff zu kriegen, und das meint nicht allein die technologische Komponente, sondern das ganze Feld von Entscheidungsfaktoren, die beim Bauen eine Rolle spielen.
Im Unterschied zu anderen Regionen hat in dem relativ überschaubaren Raum eine im Kern intakte Tradition des Bauhandwerks diese Ansprüche mitvollzogen, zu ihren eigenen gemacht. Gerade in der handwerklichen und industriellen Holzbautechnologie gab und gibt es hier aufgeschlossene Unternehmen, die in Kooperation mit Architekten an der Profilierung ihrer Erzeugnisse interessiert waren und es mehr denn je sind.
So ist es hier gelungen, auf die historisch vorhandene Bautradition eine zeitgenössische Antwort zu geben, wobei nicht die Formen, sondern die abstrakten, gedanklichen Prinzipien der Tradition aktualisiert wurden, Darüber hinaus konnten die Baukünstler und ihr Umfeld das anfangs im Holzhausbau erworbene Repertoire, ihr technisches Wissen und ihre rigide, ökonomisch-formale Disziplin auch auf andere Bautechniken und andere Bauaufgaben übertragen und erweitern.
Diese Vorarlberger Bauschule war keine Schule im konventionellen Sinn. Sie formierte sich als eine Bewegung „von unten“, abseits von Akademien oder Hochschulen, in Distanz zum kulturellen und bürokratischen Establishment. Sie war und ist nicht eine Aktivität von Architekten allein, sondern ist wesentlich und direkt von den Bauherren und Baufrauen mitgetragen und mitbestimmt worden.
Seit 1985, beginnend in Lustenau, sind dann in vielen Gemeinden Architektur-Gestaltungsbeiräte entstanden, als aktive, anerkannte Schnittstellen zwischen Experten, Politik und Bevölkerung.
Im Unterschied zu anderen, stärker bürokratisierten und in anonymer Obrigkeitsstaatlichkeit befangenen Ländern hat die Architektur hier in entscheidenden Phasen auch im behördlichen, raumplanerischen, bau- und feuerpolizeilichen Vis-à-Vis ein konstruktives Verständnis für neue Entwicklungen, für sinnvolle Innovationen gefunden.
Ab 1988 erfolgte im Land eine schlagartige Intensivierung im architektonischen Wettbewerbswesen, eine regelrechte Welle von Ausschreibungen, die fast durchwegs von jungen, innovativen, zu diesem Zeitpunkt aber auch schon praxiserfahrenen Planern gewonnen wurden.
Seit 1990 arbeitet das Energieinstitut Vorarlberg mit einem Netz von Zweigstellen, mit beachtlichen Förderungsaktionen

durch das Land, mit Beratungsangeboten und emsiger Öffentlichkeitsarbeit für energiebewußtes Bauen. Vorarlberg hat heute in Österreich die größte Dichte an Energiesparhäusern vorzuweisen.
Aus dem jahrelangen, durchaus konfliktreichen Prozeß der Vertrauensbildung zwischen Planern, Nutzern, Finanziers, Behörden, Professionen und Medien ist seit den frühen 90er Jahren ein Dimensionssprung erfolgt, sozusagen eine Kettenreaktion, sodaß nun auch die großen öffentlichen, die industriellen und gewerblichen Bauaufgaben – in den Städten, aber auch in den ganz kleinen Gemeinden – mit wenigen Ausnahmen sich zeitgemäß und qualitätvoll darstellen. Was um 1980 noch auf sporadische Einzelbauten und gesellschaftliche Randgruppen beschränkt war, hat heute zumindest für die progressive Mittelschicht und für Teile der hochkulturellen Elite den Rang einer Instanz.
Diese breite Wirksamkeit des kostengünstigen, ressourcenschonenden und qualitätvollen modernen Bauens ist eben von unten gewachsen, unabhängig von politischer Patronanz, und dadurch unabhängig von politischem Populismus.
Am Beginn der 90er Jahre hat sich aus der bis 1987/88 noch sehr kohärenten Szene quantitativ und qualitativ eine spürbare Öffnung vollzogen. Und es zeigt sich, daß ein historisch wichtiger und präzise gesetzter Impuls nicht in kanonische Erstarrung oder Verdünnung münden muß, sondern im Gegenteil erst das tragfähige Fundament für eine vitale Weiterentwicklung in faktisch allen Bausparten geschaffen hat.
Von dem Kraftfeld der Baukünstlergruppe ausgehend ist im Ländle heute ein Architekturklima vorhanden, in dem sich die jüngere Generation mit großer Sicherheit immer freier artikuliert.

Das Land bot dieser Entwicklung einen speziellen Nährboden.Vorarlberg ist das kleinste österreichische Bundesland. Die Einwohnerzahl von 350.000 entspricht kaum einer europäischen Mittelstadt, ist kleiner als jene von Zürich, halb so groß wie Stuttgart, ein Fünftel von Wien oder München. Das Ländle hat einerseits eine starke bäuerliche Tradition – und gerade mit ihr verbunden ein historisch gewachsenes Bewußtsein von Autonomie, Selbstbestimmung und Selbstverwaltung. Andererseits formierte hier sich schon früh eine intensive Industrialisierung, vor allem im Textilbereich, gekoppelt an internationale Kapital- und Handelsverbindungen. Relativ ist Vorarlberg die am intensivsten industrialisierte Region Österreichs. Von 160.000 Berufstätigen sind nur noch 4400 in der Land- und Forstwirtschaft (hier leben weniger Vollerwerbsbauern als in Wien), aber 64.000 sind in

der Textil-, Elektro- und Maschinenindustrie tätig. 1994 produzierte das Ländle pro Kopf viermal bzw. fünfmal soviel an Exportgütern wie Japan bzw. die USA und wurde in dieser Wertung nur von der Schweiz übertroffen.
Das Land hat die höchste Geburtenrate in Österreich, auch (mit Wien) das höchste Lohnniveau, produziert mit dem relativ geringsten Energieverbrauch, hat rund 17% FremdarbeiterInnen, einen ganz breit gestreuten Grundbesitz, 75% der Wohnungen im Eigentum. Es hat aber auch die höchste Scheidungsrate der Alpenrepublik, eine signifikante Drogenquote und die relativ größte Rate an freistehenden Einfamilienhäusern. Der Prozeß der (Sub)Urbanisierung des Ländlichen verlief hier – speziell im Rheintal – so rasch wie nirgends sonst in Österreich. Viele Orte konnten die Bevölkerungszahl in den letzten 60 Jahren verdreifachen. Fast 70% der Bausubstanz stammt aus der Zeit nach 1945.
Die Gleichzeitigkeit von ökonomischem Modernismus und kulturellem Traditionalismus ist hier ebenso drastisch vorhanden wie der Widerspruch zwischen den peinlichst aufgeräumten Interieurs und Vorgärten der vielen Häuser – und der städtebaulichen Wirrnis der Rheintal-Agglomeration.
Mit diesen skizzierten Daten und der sprichwörtlichen Mentalität des alemannischen „schaffa, schaffa, Hüsle baua“ und des walser/wälderischen, unromantischen Pragmatismus erscheinen die Konzepte und die Erfolge engagierter Architekten hier beinahe zwingend, und waren doch alles andere als selbstverständlich.

Einfach bauen lautete wie gesagt der Arbeitstitel der Ausstellung von 1993. Man hätte diesen Titel in zwei komplementären Bedeutungen lesen können. Er konnte zunächst einmal bedeuten: *Einfach* bauen, mit der Betonung auf *einfach,* mit der Betonung des klaren Bezugs auf eine allgemeine Praxis, auf eine einfache, unproblematische Technologie, auf eine planerische Vernunft, die mit beiden Beinen in der Realität steht, ohne sich der oft undurchschaubar gewordenen, scheinrationalen Eigengesetzlichkeit dieser Realität zu beugen. So wie ja auch der einfache, sogenannte Hausverstand von Bürgern und Bauherren meist einen Kern enthält, der – richtig erfaßt – absolut nicht auf Biederkeit, Fadesse oder Spießertum hinauslaufen muß, sondern sogar revolutionäre Perspektiven erschließen könnte.
Es geht dabei – man muß es immer wieder betonen – um eine Einfachheit, die nicht mit Simplizität zu verwechseln ist. Solche Einfachheit ist das Gegenteil von Stil – oder, wie es Heinrich Tessenow definiert hat: „Das Einfache ist nicht immer das Beste, aber das Beste ist immer einfach.“

Man hätte den Titel auch so lesen können: einfach *bauen*. Womit gemeint sein konnte, daß es hier ein gemeinsames, pragmatisches Selbstverständnis der Planer gibt, das sich klar unterscheidet von anderen Regionen, wo Architekten sich noch beim banalsten Anlaß als Künstler mit Anspruch auf Selbstverwirklichung gleichsam sub specie aeternitatis am Werke sehen. Einfach *bauen* meinte Baukunst in erster Linie als Dienstleistung, als Planung für die Nutzer, von der Baustelle, von der Werkstätte her – und nicht vom Zeichenbrett, vom Atelier her. Ludwig Mies van der Rohe hat in diesem Zusammenhang gesagt: „Die Baukunst beginnt dort, wo zwei Ziegelsteine sorgfältig aufeinandergelegt werden." Und Adolf Loos hat etwas früher gemeint: „Ein Architekt ist ein Maurer, der Latein gelernt hat." Auf Vorarlberg transponiert müßte das heißen: Ein Baukünstler ist ein Zimmerer, der sich in Wien oder Graz ein wenig urbanen Schliff geholt hat, im Praktischen jedoch Fundamentalist geblieben ist.

Die wichtigste Gemeinsamkeit dieser Vorarlberger Baukünstler liegt sicher in jenem besonders ausgeprägten Sinn für Ökonomie – als Akt der Balance zwischen dem technisch Machbaren und dem sozial Leist- und Vertretbaren. In diesem Sinn für Ökonomie wurzelt vermutlich auch das Zentrum aller alemannischen Tugenden und Tüchtigkeiten.
Ökonomie als ein kluger Ausgleich zwischen industriell angebotener „Hardware", der professionellen Grundstruktur, und individuell eingebrachter „Software" – Ausbau und Komplettierung durch die Nutzer – das war auch die Maxime der Wiener Siedlerbewegung am Beginn der 20er Jahre gewesen. Adolf Loos, damals Chefarchitekt des Wiener Siedlungsamtes, patentierte 1921 den diesbezüglichen Archetyp, das „Haus mit einer Mauer". Dieses System verknüpfte baukünstlerisches Expertentum mit dem Wissen um das selbsttätige Potential der Bewohner und Benutzer. Das „Haus mit einer Mauer" war ein Konzept, das in Wien nur bei wenigen Bauten und auch dort nicht vollständig realisiert wurde. Es enthielt aber bereits alle Überlegungen, die dann in den 70er Jahren, nach dem Ölschock, in vielen Ländern wieder aktuell wurden – als Trend zu Solarsiedlungen in rationeller Holzbauweise mit hohem Anteil an individueller Bauleistung durch die Nutzer.
In Österreich entstand damals in Vorarlberg jene Bewegung, die auf solchen Spuren – vermittelt durch die Lehre Roland Rainers in den frühen 60er Jahren – den gemeinschaftlichen, umweltschonenden Hausbau als Mischform von Handwerk, Selbstbau und industriellem Fertigteil auf der Basis der lokalen Holzbautechnik entwickelte.

Wenn in diesem Rahmen doch einige Bauten als Wegmarkierungen hervorgehoben werden sollen, so ist zunächst zu sagen, daß die Siedlung „Auf der Halde" in Bludenz, entworfen von Hans Purin, diesem Trend der Mitte-70er Jahre um ein Jahrzehnt voraus gewesen ist.
Und sie hat Loos' „Haus mit einer Mauer" – massive Scheiben als Trag- und Trennwände, dazwischen leichte Holzkonstruktionen mit 20% Eigenleistung der Bewohner – vollendet für den alpinen Kontext transformiert. „Auf der Halde" war sicherlich ein Ausgangspunkt für die ganze spätere Entwicklung, ebenso wie Hans Purin als eigentlicher Wegbereiter und als kritischer Mentor dieser Phase zu bezeichnen ist.
Ein weiteres Pionierwerk ist unbestritten die etwas später als die „Halde" entstandene Siedlung „Ruhwiesen", geplant von Rudolf Wäger – diesmal im reinen Holzskelettbau –, wo erstmals in Österreich eine Kleingruppe von Wohnungssuchenden eine Siedlung dieser Art eigenverantwortlich errichtete. Es waren damals die billigsten Reihenhäuser in Österreich, in denen aber mit minimalem Bauaufwand eine optimale Wohnfreiheit erreicht wurde.
Einen nächsten Markstein bildete die Siedlung „Im Fang" in Höchst, acht Jahre nach Ruhwiesen geplant und errichtet von der damals gegründeten „Cooperative" – Dietmar Eberle, Wolfgang Juen, Markus Koch, Norbert Mittersteiner –, wo einerseits das gemeinschaftliche Wohnen erstmals explizit, ja radikal geprobt wurde, und wo andererseits die Optimierung der Konstruktion als Holz-Ständerbau mit besonderer innenräumlicher Qualität ausprobiert wurde.
Um 1980 hatte sich auch das Flachdach als Synonym der Distanz zum Traditionalimus überlebt. Purin, Wäger und Wratzfeld arbeiteten wieder mit den Satteldächern, die jüngere Generation hingegen begann mit ihnen – im Zeichen der Distanz zum inhaltsleer gewordenen Modernismus. Hatten die Älteren dies noch als Kompromiß verstanden, sahen die Jüngeren darin auch eine Taktik, im Populären undogmatisch Fuß zu fassen. Trotzdem gab es auch mit vielen dieser ersten, neuen Dach-Häuser behördliche Schwierigkeiten, da sie von lokalen Bauausschüssen postwendend als „Stadel" abgelehnt wurden.
Im Regreß auf die höheren Landesbehörden der örtlichen Raumplanung erhielten diese Projekte aber überraschend Unterstützung, und bald – so Roland Gnaiger, „hatten wir mit dem Satteldach und den darin verpackten, unbestreitbaren Innovationen räumlicher und energetischer Art in den Gemeinden und bei den Genossenschaften doch das Vertrauen gewonnen, und das Eis war gebrochen, um auch etwas ganz anderes zu machen".

Einen Wendepunkt markiert vielleicht das Ensemble „Hohe Wies“ – 1984/85 in Hohenems, von Eberle nun mit Carlo Baumschlager und Kurt Egger geplant –, weil unter anderem sich da die Öffnung vom reinen Holzbau zu anderen Technologien, zu Massivbau und Mischbauweise ankündigt.
1985 wird auch der Große Österreichische Wohnbaupreis an Rudolf Wäger und Elisabeth Rüdisser für ihr Haus in Hohenems vergeben – ein Bau übrigens, der aus langer Erfahrung mit einfachsten Techniken und räumlicher Verdichtung eine überraschende Synthese findet und in Wägers Œuvre eine neuerliche Radikalisierung einleitet.
Für den Übergang zu den 90er Jahren ähnlich singuläre Ereignisse zu nennen, fällt schwer. Denn nun vollzieht die inzwischen mengenmäßig zur kritischen Masse angewachsene Bautätigkeit der Szene fast gleichzeitig eine ganze Reihe von Dimensionssprüngen – wo die Baukünstler ihre in der Peripherie erprobten Qualitäten erstmals auf urbane Situationen und auch im größeren Maßstab anwenden und wo sich im architektonischen „Repertoire“ wie im städtebaulichen Ansatz bereits eine weitere Auffächerung der einzelnen Haltungen darstellt. Auf diese näher einzugehen, ist hier nicht der Platz. Die individuellen Stärken vieler Protagonisten sind aber in den kurzen Kommentaren der vorgestellten Projekte ansatzweise aufgezeigt.
In dem Zusammenhang sind von 1985 – 92 die wöchentlichen Kommentare von Roland Gnaiger im lokalen TV nicht zu vergessen. Wie der Wetterbericht wurden diese ständigen, kontroversiellen Impulse landesweit rezipiert und diskutiert und haben wesentlich mitgeholfen, den Boden für eine sachliche Diskussion in Baufragen zu verbessern. Die Karriere von Baumschlager/Eberle wiederum gewinnt nach 1990 eine eigene Dimension. Ihr Vordringen in den „mainstream“ des Baugeschehens schafft simultan auch mehr Raum für alle übrigen, ist aber auch dem Risiko der proportional zur Quantität steigenden Unschärfe ausgesetzt.
Die Diffusion von kritischer Kultur in breitere, populäre Schichten impliziert immer auch gewisse Reibungsverluste und Umpolungen – ein Vorgang, der mit jeder Kommerzialisierung einhergeht. Im Bauwesen betrifft das vor allem den am stärksten konzeptionell und finanziell reglementierten Bereich – und das ist der Wohnungsbau – und damit verbunden ist ab einer gewissen Größenordnung automatisch auch ein wichtiger Sektor des Städtebaus.
Und das ist der Punkt, wo in der positiven Entwicklung nun doch Schwachstellen liegen, wo der Sprung in neue Quantitäten, wo der Wechsel von der individuellen, kritischen Auftraggeberschicht der 80er Jahre auf die allgemeinere Ebene

der großen Bauträger zu Qualitätsverlusten geführt hat, wo in einer überhitzten Baukonjunktur nach 1990 zuwenig sorgfältig – städtebaulich – geplant und zum Teil, wie Konkurse und viele neue, leerstehende Wohnungen belegen, zu spekulativ gearbeitet wurde. Die Umsetzung der grundlegenden gesellschaftlichen und ökologischen Konzepte aus den Kleinprojekten um 1980 und der heutigen gebäudetechnischen Kompetenz in umfassendere, städtebauliche Dimensionen ist im Ländle bisher nicht gelungen.

Der regionale Impuls der Vorarlberger Baukünstler wurde jedenfalls seit den frühen 80er Jahren in der internationalen Fachwelt rezipiert und beachtet. Diese Architektur ist keine Frucht regionalistischer Grenzziehung oder Identitätssucht. Im Gegenteil. Man hat hier sehr genau beobachtet, was verwandte Bewegungen in Skandinavien, in den USA und in der Schweiz realisierten, was ein Walter Segal in England, was etwa Doris und Ralph Tuth in Deutschland oder die Gruppe Metron in der Schweiz entwickelt haben, von der engen Verflechtung mit der neueren deutschschweizer Architektur mit allen Analogien und Dissonanzen ganz abgesehen. Vorarlberger Architekten lehren und planen in der Schweiz, in Liechtenstein, in Deutschland, in Tirol. Umgekehrt haben auch einige Architekten aus diesen Ländern wichtige Bauten hier realisieren können – an erster Stelle und stellvertretend ist Peter Zumthors Kunsthaus Bregenz zu nennen.

Es hat letztlich einen ganz bestimmten Nebenaspekt, wenn sich die Vorarlberger Baukünstler nicht als „Architekten" bezeichneten; weil sie in „Architektur" vor allem die repräsentative, monumentale Seite des Bauens sahen, während „Baukunst" paradoxerweise historisch-begrifflich die allgemeinere Bedeutung, das Alltägliche des Bauens umfaßt. Mit einem Seitenblick auf die Etymologie könnte man freilich die Baukunst mit der Architektur sprachlich doch wieder vereinen. Im Wort „Architektur" steckt nämlich als wichtigster Teil die „Tektonik", also die Kunst der Zimmerei, die Zimmermannsarbeit. Somit wäre für Vorarlberg die Sache wieder auf einen Nenner gebracht.

Friedrich Achleitner hat einmal am Beispiel der frühen Bauten von Hans Purin die Qualität dieser Architektur mit dem Satz umrissen: „Sie besteht in einer kaum überbietbaren Synthese von konstruktiver und räumlicher Vernunft." Ob das auch für das breite Schaffen der Gegenwart zutrifft, dies individuell zu prüfen und an Ort und Stelle zu studieren, dazu bietet dieses Buch in knappster Form die örtlichen, konzeptionellen und personellen Hinweise

Otto Kapfinger

Als Architekt kann man sich nur auf eine der beiden Ausgangshaltungen zurückziehen: Entweder auf die Vision oder auf den Schritt in die richtige Richtung, soweit es eben möglich ist. Letzteres ist unsere Position. Denn bei aller Utopie und Vision bleibt die Realität doch das wichtigste Moment, die Realität werden wir nicht abschaffen können.

Baumschlager/Eberle

Zwischen abstrakter Baukunst und der vordergründigen Bauökonomie liegt noch ein großes Feld brach. Das Ziel sollte eine etwas großflächiger bedeutsame Baukultur sein.

Roland Gnaiger

Bregenz – Lochau – Hörbranz

Die historische Entwicklung der Landeshauptstadt gründet in den Besonderheiten der Topografie. An der Ostbucht des Bodensees reichen die Abhänge des Bregenzerwaldes mit dem Pfänder und dem Gebhardsberg direkt ans Ufer und schufen für die Nord-Süd-Verbindung zwischen dem Rheintal und dem Schwäbisch-Bayerischen Alpenvorland eine eminent strategische Stelle. Von den Anfängen in der Bronzezeit über die keltische Burg und das Römerlager bis zum Sitz der Grafen von Bregenz bildeten hier der Hügel der Oberstadt und die südwestlich vorgelagerte Terrasse am Ölrain den Kern der Besiedlung. In der Neuzeit vollzog sich die Erweiterung zunächst seewärts in die Unterstadt, wo um den Kornmarktplatz auch das heutige Zentrum entstand.

In der zweiten Hälfte des 20. Jh.s wuchs das dichtbebaute Gebiet zwischen der Klause im Norden und der Bregenzerach im Süden an seine natürlichen Grenzen. Das Seeufer mit den Hafenanlagen, der Promenade, dem Festspielhausbezirk und den verschiedenen Bade- und Sportbereichen bietet als Schnittstelle zwischen Stadt und See attraktive Freiräume. Es definiert seit der Etablierung der Bregenzer Festspiele auch den überregional wirksamen kulturellen und touristischen Angelpunkt. Zugleich entstand hier durch die Situierung der Bahnanlagen im 19. Jh. eine Barriere zwischen Stadt und See – ein bis heute ungelöstes städtebauliches Problem.

Nach der Signalwirkung der beiden Großprojekte der 70er Jahre – Landhaus und Achsiedlung – setzte im letzten Jahrzehnt nun eine ganze Reihe öffentlicher Bauten und größerer Siedlungsanlagen neue Akzente im zunehmend verdichteten Stadtraum.

Von den nördlichen Nachbargemeinden zeigt Lochau ein spezifisches Wachstum auf exponierten Grundstücken mit Seeblick, aber auch eine beginnende Restrukturierung der Ortsmitte mit neuen öffentlichen Bauten und einem ambitionierten Frei- und Grünraumkonzept. Hochrangige Verkehrsverbindungen im Grenzbereich zu Bayern begünstigen auch im weitverstreuten Gemeindegebiet von Hörbranz die Siedlungsentwicklung.

Hinweise

Mit dem Vorarlberger Landhaus (1975–81; W. Holzbauer, G. Mätzler, N. Schweitzer, M. Rapf) hat Bregenz den einzigen Regierungsbau des 20. Jh.s in Österreich (bei 1.1). Die Wohnanlage „An der Ach" (1973–81; J. Albrecht, E. Schulze-Fielitz, G. Wratzfeld) mit über 500 Wohneinheiten bringt bereits den heute so aktuellen Typus der Punkthäuser mit hofartigem Erschließungskern, jedoch nicht freistehend, sondern zur Agglomeration vernetzt (bei 1.16). Die Pfarrkirche Maria Hilf (1917, ab 1925 realisiert; C. Holzmeister) ist der regional bedeutendste Bau des Expressionismus (bei 1.20).

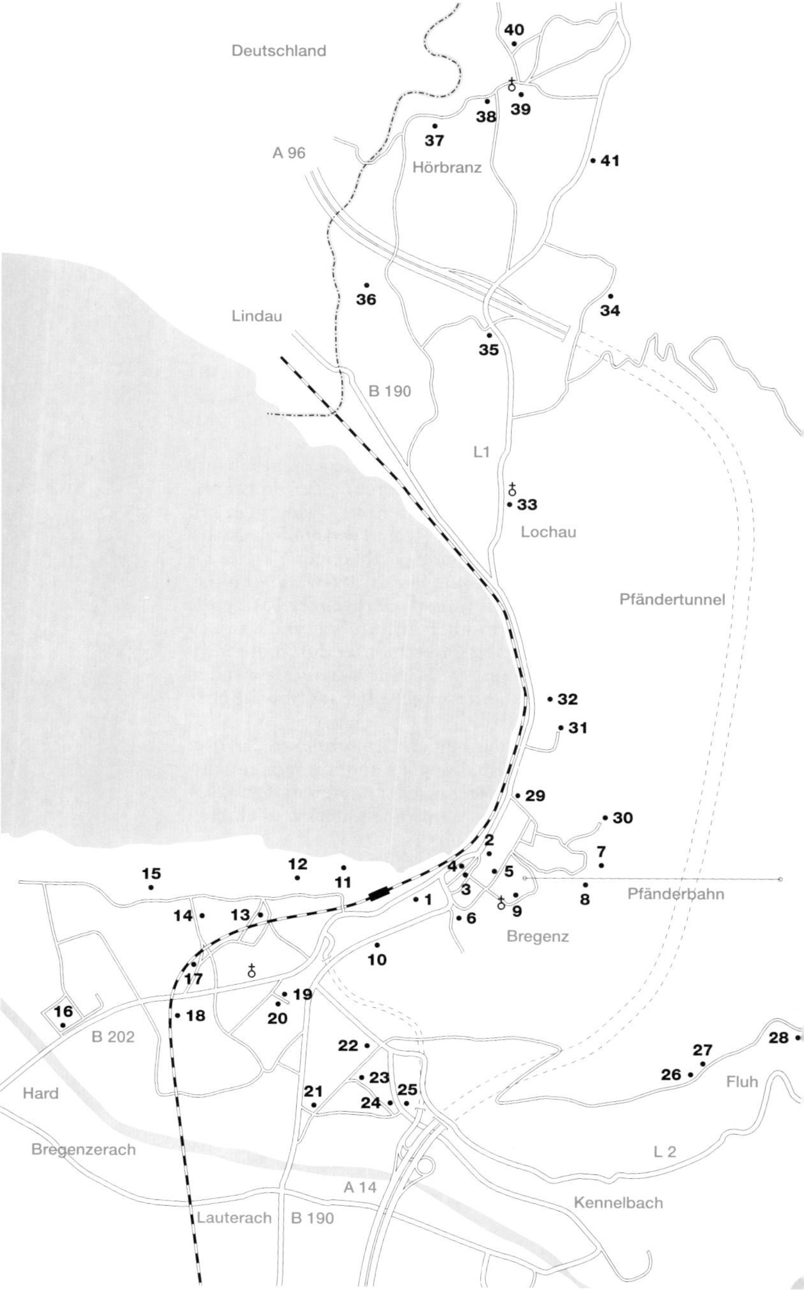
Deutschland
A 96
Hörbranz
Lindau
B 190
L1
Lochau
Pfändertunnel
Pfänderbahn
Bregenz
B 202
Hard
Bregenzerach
A 14
Lauterach
B 190
Kennelbach
Fluh
L 2
1
2
3
4
5
6
7
8
9
10
11
12
13
14
15
16
17
18
19
20
21
22
23
24
25
26
27
28
29
30
31
32
33
34
35
36
37
38
39
40
41

Bregenz

1 **Tourismushaus Bregenz**
Bahnhofstraße 14

2 **HTBLV Erweiterungsbau**
Reichsstraße 4

3 **Raiffeisenbank, Umbau**
Kornmarktstraße 14

4 **Kunsthaus Bregenz**
Karl-Tizian-Platz

5 **Wohnanlage**
Schillerstraße 10

6 **Haus B.**
Maurachgasse 34

7 **Haus M.**
Pfänderweg 34

8 **Haus S.**
Im Rebgärtle 10

9 **Haus H.**
Weißenreuteweg 56

10 **Haus B.**
Ölrainstraße 2

11 **Festspielhaus, Probebühne**
Symphonikerplatz 1

12 **Casinostadion, Sitztribüne**
Druckergasse

13 **Haus B.**
Ankergasse 9

14 **Wohnanlage**
Reutegasse – Rummergasse

15 **Kloster Mehrerau, Umbau**
Mehrerauer Straße 68

16 **Glas Marte, Bürotrakt, Halle**
Brachsenweg 39

17 **Wohnanlage**
Wuhrbaumweg 12

18 **Gewerbl. Berufsschule, Zubau**
Feldweg 25

19 **Wohnanlage**
Eragasse 5

20 **Wohnanlage**
Mariahilfstraße – Sandgrubenweg

21 **Wohn- und Geschäftshaus**
Arlbergstraße 119

22 **Doppelhaus R. und H.**
Sonnenstraße 17

23 **Volksschule Weidach**
Im Roßhimmel 9

24 **Personalwohnhaus LKH**
Kennelbacher Straße 42

25 **Wohnanlage**
Kennelbacher Straße 5

26 **Haus E.**
Fluh 1

27 **Haus B.**
Fluh 5a

28 **Haus M.**
Fluh 17b

Lochau

29 **Wohnanlage**
Bregenzer Straße 69 – 75

30 **Haus L.**
Auf der Reute 14

31 **Haus S.**
Neue Schanze 30

32 **Haus P.**
Klausberg 5

33 **Pfarrzentrum**
Landstraße 15

34 **Haus B.**
Sonnenhalde 3

Hörbranz

35 **Berkmann Anlagenbau**
Allgäustraße 5

36 **Doppelhaus H. und H.**
Leiblachstraße 8a

37 **Kindergarten**
Staudachweg 4a

38 **Wohn- und Geschäftsgebäude**
Lindauer Straße 71

39 **Alters- und Pflegeheim**
Heribrandstraße 14

40 **Hauptschule, Erweiterung**
Lindauer Straße 57

41 **Haus F.**
Am Halbenstein 1

1

1

Tourismushaus Bregenz 1994–98

Bregenz, Bahnhofstraße 14

Rudolf Prohazka

ÖBB Hafengebäude
Erweiterung
1992–94
Strandweg
H. P. Jehly

Schöllerbank
1987
Kaiserstraße 26
H. Dietrich
C. Lenz

Von der Erweiterung der Hypo-Bank ausgehend entstand an diesem neuralgischen Punkt der Bregenzer Seefront ein wichtiger, neuer Akzent. Die bestehende Fußgängerpassage unter der Bundesstraße und den Bahngeleisen wurde stark aufgewertet und vertikal mit einem sehr extrovertierten, mit öffentlichen Funktionen gespickten Raumprogramm verknüpft. So wurde eine der wenigen Wegführungen von der Altstadt zum seeseitigen Kultur- und Erholungsbereich in einen neuen, brisanten Knoten integriert. Prohazka transformierte dieses Konzept in einen Bau von außerordentlicher Transparenz, dynamischer Offenheit und komfortabler Übersichtlichkeit. Ein Tragskelett mit besonders schmalen Säulen aus Schleuderbeton, durch innovative Klimatechnik schlank gemachte Betondecken und vorgehängte Aluminium-Glasfassaden formen ein feingliedriges Gebäude, dessen Querschnitt von den engeren Radien der Straßenzüge sich konisch zu den Fluchten der Nachbarbauten hin aufweitet. Dem spannungsreichen Angebot der Raumchoreografie und dem hohen Standard der Details entspricht auch das energetische Konzept: Der Bau wird nur über die Speichermasse der Decken geheizt und gekühlt. Dabei dienen die 23 m tiefen, 60 cm dicken Schlitzwände, welche die eigentlichen Kellermauern ummanteln, als Erdwärmetauscher.

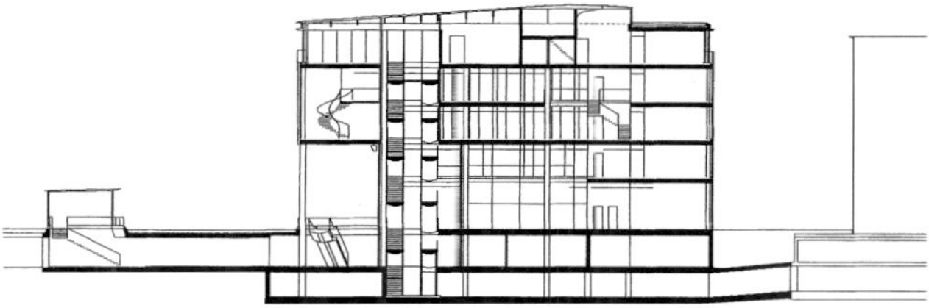

Längsschnitt

Querschnitt

1 **Höhere Technische Bundeslehr- und Versuchsanstalt**
Erweiterungsbau 1990–97

2 Bregenz, Reichsstraße 4

Carlo Baumschlager, Dietmar Eberle, Norbert Schweitzer

Die hakenförmige Erweiterung des vom Otto Wagner-Schüler Rudolf Melichar konzipierten Altbaus war für Baumschlager und Eberle der erste große Wettbewerbserfolg. Überzeugender als die auffällige Abschirmung der Außenfassaden mit scharfen Lamellen wirkt die straffe und nutzungsflexible Organisation des beachtlichen Volumens sowie die räumliche Verknüpfung der neugeschaffenen Höfe mit dem Altbau und dem städtischen Umfeld. Das Tragskelett aus Beton ist außen in leichte Holz-Glaselemente gehüllt; hofseitig dagegen sind Stahlstützen in die innere Gangwand integriert. Die hier rundum laufenden Gänge kragen aus, die davorgestellten Sichtbetonrahmen sorgen für gut proportionierte Plastizität und eine einfache Beschattung.

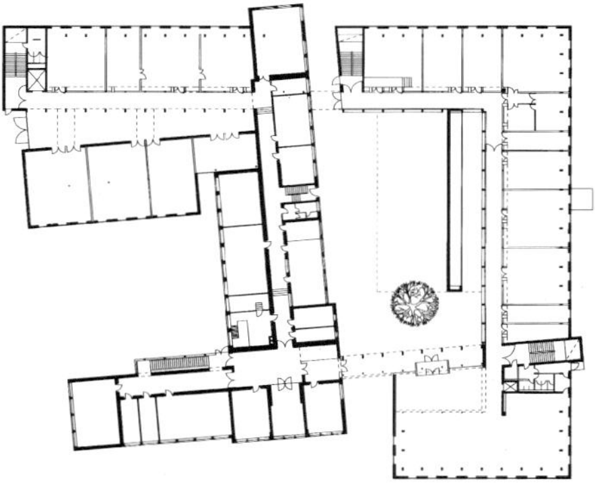

Erdgeschoß

Raiffeisenbank Bregenz, Umbau 1995–96

Bregenz, Kornmarktstraße 14

Carlo Baumschlager, Dietmar Eberle

Die Leistung dieses Umbaus ist für Ortsunkundige kaum noch nachvollziehbar. Ein grotesker Bau der 70er Jahre ist da zu einer sachlichen, disziplinierten Außenerscheinung korrigiert worden; bei laufendem Betrieb wurde die alte Fassade durch eine weiß verputzte Stahlbetonscheibe ersetzt, ihre Last im Erdgeschoß auf eine einzige Stahlstütze abgefangen. So konnte die vorher hermetische Ladenfront durch eine Glaswand transparent gemacht und die neue Kundenzone erdgeschossig in die ganze Tiefe des heterogenen Altbaus gestaffelt werden. Helle Innenausstattung, differenzierte Lichtführung und Leuchtstreifen im Bodenbelag des axialen Korridors unterstützen den Tiefensog dieser Raumfolge, die – künstlerisch durchaus ambivalent – auf eine Holzfigur von Stephan Balkenhol fluchtet.

Rathaus
Umbau
1991–93
Rathausstraße 4
H. Purin
W. Ritsch

Herrenmode
„fil a fil“
1996–97
Leutbühel 3
P. Wimmer
U. Wimmer-Armellini

Erdgeschoß

1

4

Kunsthaus Bregenz 1991 – 97

Bregenz, Karl-Tizian-Platz

Peter Zumthor

Theater am Kornmarkt
Zubau
1994 – 95
Seestraße 2
H. Kuess

Das eine war absehbar, das andere die Überraschung: Zum See hin setzt der glasverhüllte Kubus der Stadt ein neues Wahrzeichen; im informellen Milieu am Kornmarkt aber schafft er mit dem niederen Service-Trakt einen auf Anhieb funktionierenden, stadträumlichen Fokus. Für die in den 90er Jahren im pragmatischen Minimalismus avancierte, lokale Bauszene steht hier – aus singulärem Anlaß gewiß – ein Maßstab des kompromißlosen, monolithischen Bauens in Glas, Stahl und Beton. Die spezifische Qualität von Zumthors Bau ist nicht fotografierbar – und das spricht für ihn. Es ist von außen die ständig wechselnde Spiegelung von Licht und Atmosphäre im Dialog zwischen Gebäude, See und Himmel. Und es ist innen die gleichermaßen subtile Präsenz natürlichen Lichtes in einem archaisch puristischen, zugleich ganz zeitgenössischen Ambiente, in dem es kein Detail gibt, das aus der gedanklichen Strenge der umfassenden Konzeption herausfällt. Die geradezu monomanische Disziplin und Konsequenz dieses Projektes – dem alemannischen Habitus ja nicht unvertraut – war sicherlich angreifbar und wurde in der Planungs- und Bauzeit kritisiert. Sie war jedoch letztlich der Katalysator für jene irisierende, poetische Fülle, die als baukünstlerischer Mehrwert daraus hervorging. Peter Zumthors Credo: Am besten dient die Architektur der Kunst, wenn sie ihre eigenen, elementaren Werte zur Kunst verdichtet.

1

5

Wohnanlage Schillerstraße 1995 – 96

Bregenz, Schillerstraße 10

Helmut Dietrich, Much Untertrifaller

Wohnanlage
1995 – 97
Belruptstraße 14a
G. Hörburger

Haus W.
1992 – 94
Ebnergasse 9
M. Untertrifaller

Eleganter Eigentumswohnungsbau mit zurückgesetztem Dachgeschoß auf dem Gelände einer ehemaligen, von Willy Braun geplanten Molkerei. Deren Kopfbau wurde ebenfalls für Wohnungen adaptiert und mit einem holzverschalten Gelenk vom Neubau abgesetzt. Die Laubengangerschließung an der Schillerstraße ist erdgeschossig verglast und nimmt den öffentlichen Raum ein Stück ins Private mit. Die Wohnungen sind völlig zur Hof- und Südwestseite orientiert, haben dort durchgehende Glasfronten mit vorgelagerten Balkonen, rhythmisiert durch Loggien im 1. und 3. Obergeschoß. Das Penthouse gliedert sich in die massive, verschalte Schlafbox, den dreiseitig transparenten Wohnteil und ein auskragendes Flachdach aus Holz-Hohlkastenelementen.

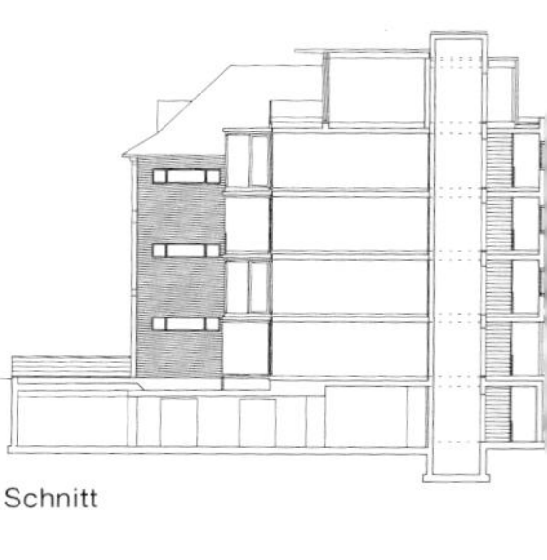

Schnitt

Haus B. 1995–96

Bregenz, Maurachgasse 34

Helmut Dietrich

Origineller Bungalow-Typ am Hang unter der Oberstadt, auf den Fundamenten eines Baus aus den 50er Jahren. Mit einfachen, intelligenten Mitteln wurde die exklusive, doch schattige Lage baulich optimiert. Das Grundrißrechteck ist längs geteilt in einen höheren Wohn-Eßraum, der Stadt und See überblickt, und einen bergseitigen, niederen Schlafteil, dessen Dach als „eingeschnittene" Terrasse dient. Ihre Brüstung bilden ein über den Schlafräumen aufgesetztes Lichtband sowie verglaste Oberlichten zum Wohnteil und zum überdachten Vorplatz. Auch konstruktiv wurde differenziert: der introvertierte Schlafbereich ist massiv und verschalt, der offene Wohnteil hat eine minimierte Stahl-Holz-Struktur, bekleidet mit farbigem Eternit und Oregon-Fichte.

Kolpinghaus
Umbau und
Erweiterung
1993–95
Kolpingplatz
C4 – M. Fohn
K. Sillaber

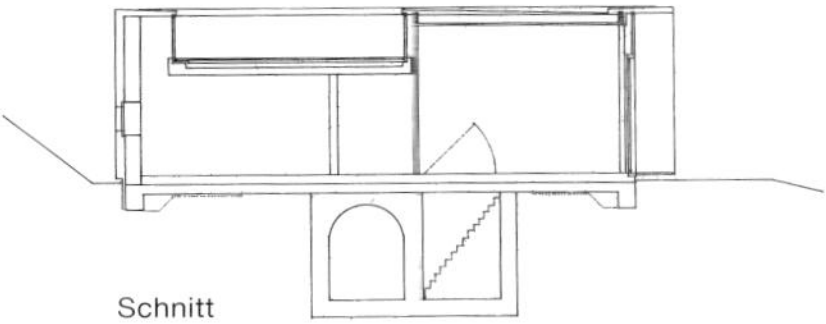

Schnitt

1
7

Haus M. 1997

Bregenz, Pfänderweg 34

Hugo Dworzak

Dworzaks Antwort auf die spektakuläre Lage ist eine exquisit (und nicht unaufwendig) als Seh-Maschine inszenierte Architektur. Das Blickfeld über den ganzen Bodensee wird durch die komplexe Schichtung von Wand-Passepartouts gefiltert und für bestimmte Sitzbereiche portioniert. So zeigt der doppelstöckige, hochgespreizte Kubus vor allem waagrechte Seh-Schlitze, während der Kern des Hauses – ein zweigeschossiges, oben offenes Atrium – die Senkrechte betont. Unterhalb der in Eternit gehüllten Stahlbeton-Box liegt auf Zufahrtsniveau eine Betonterrasse, gestützt auf zwei Paar schräge Stahlstützen. So erhält der steile, kaum nutzbare Hang noch ein beschattetes, schwungvolles Aufenthaltsplateau.

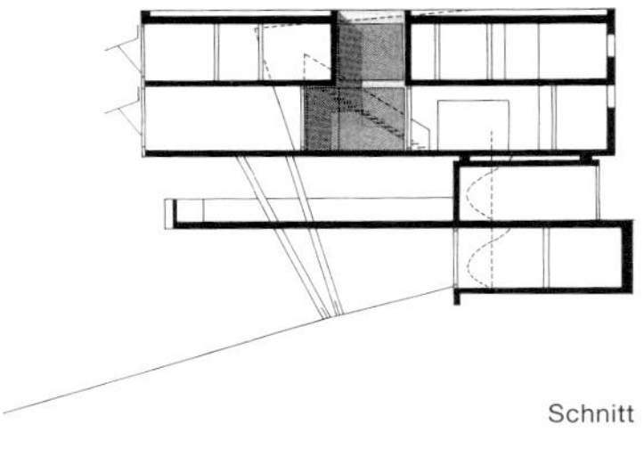

Schnitt

Haus S. 1989–92

Bregenz, Im Rebgärtle 10

Heinz Tesar

Präsentiert das Haus M. „hollywoodeske Extravaganz", so reagierte Tesar an vergleichbarem Ort mit klassizierender Noblesse. Das Haus erschließt sich bergseits im mittleren Geschoß. Sein Zentrum bildet eine über drei Etagen geführte Treppenhalle mit Bibliothek unter der Dachlaterne, mit wechselnden Lichtführungen und leichtem, bauplastischem Ausdruck am konisch zum See hin zugespitzten Baukörper. Ein schönes Beispiel für Tesars körperhaft gravitätische, mit kleinen Schwüngen und präzisen Öffnungen physiognomisch gemachte Architektur-Sprache.

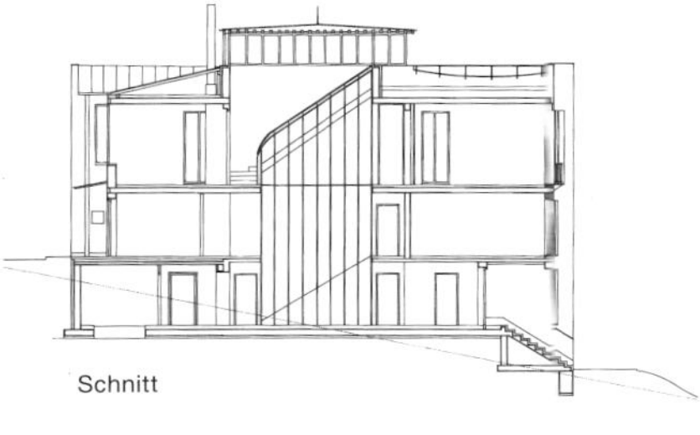

Schnitt

1

9

Haus H. 1996

Bregenz, Weißenreuteweg 56

Ernst Giselbrecht

Die Nordwest-Neigung des Pfänderhanges provoziert immer wieder spezifische Baukonzepte, da die Südseite meist bergwärts (und verschattet) liegt, Ausblick und Raumpotentiale sich aber zur klassischen Wetterseite hin öffnen. Giselbrecht bringt hier ein rundum weit auskragendes Pagodendach, vom Hauskörper durch ein umlaufendes Glasband abgesetzt. Das Erdgeschoß ist eher hermetisch, nimmt Vestibül und Nachträume auf, läßt neben dem zum Garten durchgesteckten Carport partielle Transparenz aufblitzen. Darüber liegt ein großzügiges Wohngeschoß, erschlossen durch die zur Aussicht geöffnete Treppe am „Goldenen Schnitt" des Volumens, mit einem Freisitz unter dem schräg herausragenden Dachschirm.

Haus B. 1993–94

Bregenz, Ölrainstraße 2

Carlo Baumschlager, Dietmar Eberle

1
10

Ein kleines, einfaches und kompaktes Haus, das aus beengter Lage eine erstaunlich großzügige, vertikale Raumfolge entwickelt. Der Eingang führt bergseits ins 1. Obergeschoß mit Halle, Bad und Schlafraum, darunter im Erdgeschoß zwei Kinderzimmer mit einem südwärts aus dem Hang geschnittenen Gartenhof; Küche und durchgebundener Wohn-Eßraum im 2. Obergeschoß – das Ganze verbunden durch die in den Hang hinausgeschobene Treppe, effektvoll durch die verglaste Podestrundung belichtet. Dem räumlichen Überspielen des Maßstabs entspricht die Ambivalenz in der äußeren Verkleidung der wärmegedämmten Betonstruktur: erstmals von B+E verwendeter, traditioneller Schindelpanzer an der Westseite, und das knallige Gelb der Schalplatten im Schachbrettmuster an der Nord- und Ostseite.

Haus W.
1993
Ölrainstraße 9
H. Dworzak

Haus D.
1990
Drususgasse 12a
G. Wratzfeld

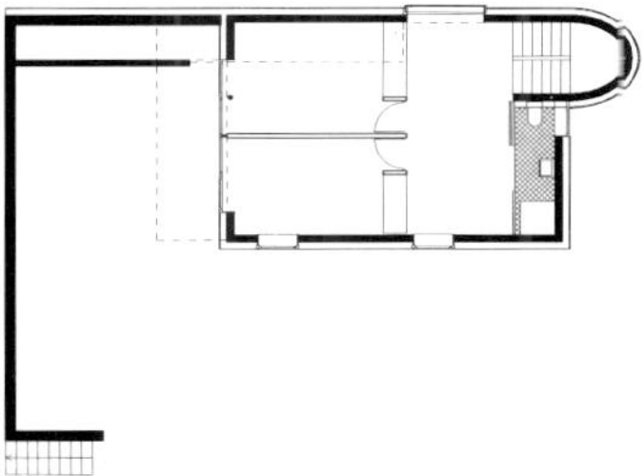

Erdgeschoß

1

11

Festspiel- und Kongreßhaus Bregenz, Probebühne und Erweiterung 1992–97

Bregenz, Symphonikerplatz 1

Helmut Dietrich, Much Untertrifaller

Direktionsgebäude
EA-Generali
Versicherung
1987–93
Quellenstraße 1
H. Hollein

Haus L.
1992–95
Mehrerauer
Straße 23a
M. Untertrifaller
D. Sauter

Funktionell und formal eine bedeutende Aufwertung des Altbaus von 1979/80; die 1800 m² große, neue Probebühne, ein 400 m² großer Ensembleraum mit Werkstätten darunter, das neue Seefoyer mit Panoramablick und das hochgelegte, diagonale „Rückgrat" mit Kantine, Büros und Garderoben sind westseitig an das alte Bühnenhaus angelagert. Diese vier neuen „Module", volumetrisch und materiell klar differenziert, sind so miteinander und mit dem Bestand verknüpft, daß bei sehr kurzen Wegen eine optimale Flexibilität und Nutzungsvielfalt entsteht. Im Übergang zwischen Alt- und Neubauten wurde die alte Lagerhalle adaptiert und aufgestockt. Neue Garderoben und Kleinwerkstätten – natürlich belichtet und belüftet, sind horizontal mit den Bühnen und Foyers, vertikal mit dem neuen „Wolkenbügel" verbunden und bilden ein nach allen Seiten aktives Funktionsgelenk.
Spektakulär die Dachkonstruktion der Probebühne, als Fachwerkrahmen an den Eckpunkten der Seitenwände eingehängt samt vollflächigem Schnürboden und fahrbaren Manipulationsbrücken; architektonisch am wirkungsvollsten die freigespannte Stahlbrücke des Rückgrats, als funktionelle Klammer und neues Signet des Ensembles. Im Endausbau soll das Foyer auch ostseitig erweitert werden und eine weitere, zum Rückgrat komplementäre Raumachse bilden.

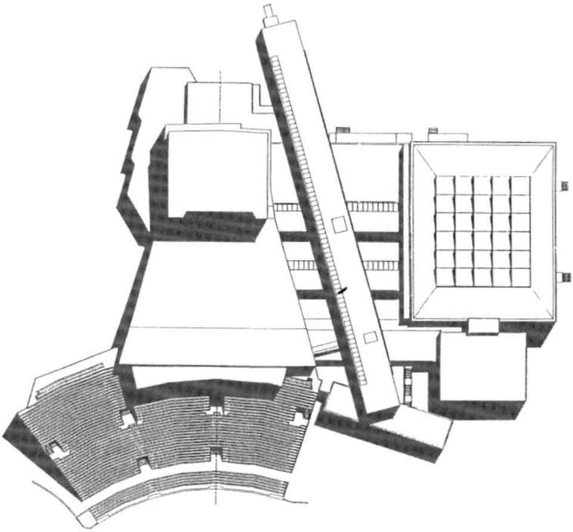

Lageplan

1

12

Casinostadion Bregenz, Sitztribüne 1992–95

Bregenz, Druckergasse

Johannes Kaufmann, Bernd Spiegel, Helmut Dietrich

Durch die Leichtigkeit und Transparenz der Konstruktion wird die Anlage nicht zur Barriere im Landschaftsraum, sondern bleibt von allen Seiten durchsichtig und bildet unterhalb der Tribüne hochwertige Freibereiche rund um die hier linear aufgereihten Umkleideboxen. Das Tragwerk besteht aus Stahlstützen mit beidseitigen Kragarmen, ausgekreuzt durch Zugstangen; die Dachfläche, mehr als 8 m über die Stahlträger vorkragend, ist aus leicht gebogenen, zweischaligen Holzelementen in Spantenbauweise – extrem dünne, flügelartige Fertigteile, die in Längsrichtung durch eingeschobene Stahlträger auf den Kragarmen der Primärstruktur gehalten werden. In zwei Tagen Montagezeit wurden damit 1000 m^2 Tribünenfläche überdacht. Blechdeckung in Edelstahl.

Haus B. 1995–96

Bregenz, Ankergasse 9

Norbert Schweitzer

Typisches Beispiel der aktuellen Nachverdichtung auch in sehr exponierten städtischen Lagen: ein schräg geschnittenes Grundstück direkt am Bahndamm, in der üblichen Erbfolge für drei Brüder vom bestehenden Elternhaus abgetrennt. Drei gleiche Wohnungen in drei Geschossen, mit einer straßenseitig vorgesetzten, verglasten Stiege erschlossen. Der Situation entsprechend ist der Baukörper ganz dicht mit bündigen Fenstern und Klappläden in eine glatte Haut aus silbergrauem Eternit gehüllt – sozusagen ein Wohn-Waggon ohne Räder mit Garten an der Bahn.

Wohnanlage
1990
Vorklostergasse – Heldendankstraße
N. Schweitzer
K. Heinz
D. Mathoi
J. Streli

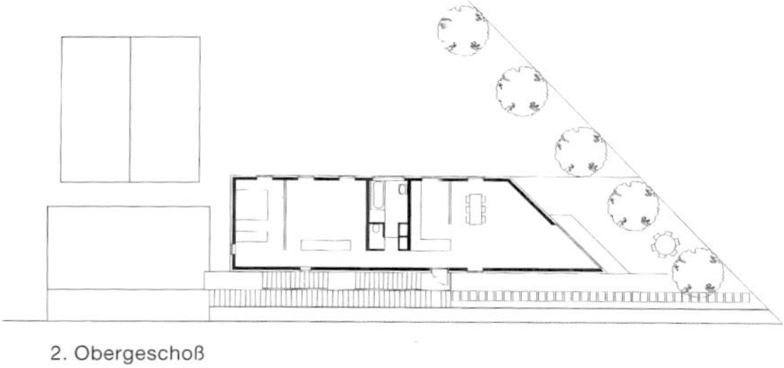

2. Obergeschoß

1

14

Wohnanlage 1993–96

Bregenz, Reutegasse – Rummergasse

Josef Fink, Gerhard Hörburger

Wohnanlage
1993–96
Reutegasse
C. Baumschlager
D. Eberle

Die Lage an einer wichtigen Verbindungsstraße zwischen Stadt und See mit dem reichen Baumbestand des großen Wasserschutzgebietes gegenüber wurde mit einer relativ hohen Dichte ausgenützt. An der Reutegasse formen Punkthäuser mit transparenten Bindegliedern und durchgehend verglasten Balkonfronten eine Art Stadtkante. Dahinter wurde auf dem deutlich über Niveau angehobenen Parkdeck mit niedrigeren Bauteilen versucht, gemeinschaftlich nutzbare, differenzierte Außenräume zu schaffen. Die städtebauliche Ambition bleibt im Detail aber eher fragwürdig. Nördlich davon entstand durch Baumschlager/Eberle für eine besser gestellte Klientel das urbanistische Kontrastprogramm: Drei Punkthäuser mit kühlem Bürohaus-Image im Grünraum.

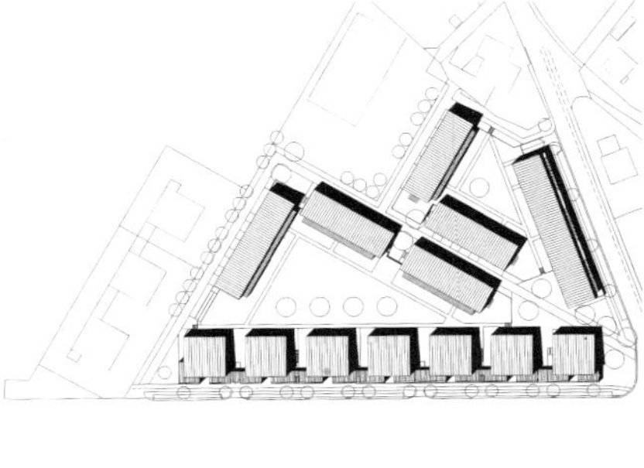

Lageplan

Kloster Mehrerau, Collegium Bernardi, Umbau 1996–97

Bregenz, Mehrerauer Straße 68

Hermann Kaufmann, Christian Lenz

Kraftvolle, zugleich sensible Neuformulierung der Schulräume im Klosterensemble. Das Altbauvolumen wurde bis auf die Gewölbe des Erdgeschosses durch einen Neubau gleichen Umrisses und gleicher Geschoßebenen ersetzt. Statisch und terminlich begründet (Bauzeit 1 Schuljahr), entwickelten die Architekten ein vorgefertigtes Holzbausystem. Durch die nur 40 cm hohen Holz-Hohlkastendecken, in denen auch die Lüftung geführt ist, wurde optimal an Gewicht und Dimension gespart. Der ebenfalls vorgefertigte Dachstuhl spannt 17 m stützenlos und erlaubt auch hier freie Nutzungen. Ein freigestellter Lift, geschoßübergreifende Lufträume als Gelenke zum Altbau, großzügige und auch im Mittelgang bestens belichtete Räume mit klaren Holz-Stahl-Glas-Fassaden.

Clubhaus
FC Viktoria
1992–93
Hechtweg
C. Baumschlager
D. Eberle

1

16

Glas Marte, Bürotrakt und Zuschneidehalle 1993–94

Bregenz, Brachsenweg 39

Hermann Kaufmann

Wohnanlage
1995–98
Brachsenweg
G. Hörburger
H. Kuess
N. Schweitzer

Studiensammlungsgebäude 1992–95
Brachsenweg 30
H. Riemelmoser

Produktions- und Lagerhallen für die regional größte Glasfirma. Schwarz gestrichene, eingespannte Stahlpfeiler tragen Sheddächer mit unterspannten Fachwerkbindern in Parallam. Die Form der Binder folgt dem Shedverlauf, wobei der Fachwerkobergurt teilweise im Außenbereich liegt, was mit Holz ohne Kondensatprobleme möglich ist. Wände und Dach sind mit vorgefertigten Holzelementen ausgefacht, die Südseite ist für Erweiterung demontierbar. Das Tragwerk der nordseitigen Glasfassade ist aus horizontalen, zwischen die Stützen gespannten Parallamdielen, mit kleinen Stahlrohren gegen das Kippen gesichert. Bauzeit für das Volumen von 16.000 m³: 13 Wochen. Als Glas-Tempietto delikat inszeniert die Einhausung des Trafos der VKW an der Nordecke.

Wohnanlage 1988–90

Bregenz, Wuhrbaumweg 12

Markus Koch, Michael Loudon

Erste und größte innerstädtische Anlage des „Vereins zur Förderung des organisierten Selbstbaus" – Übergang aus der Phase von „Gemeinsam Bauen – Gemeinsam Wohnen" in Kleingruppen zum sozialen Wohnbau mit konventionellen Bauträgern. Jedes Vereinsmitglied verpflichtete sich, pro Haus 100.000 öS (7200 €) Eigenmittel und 800 Stunden Selbsthilfe einzubringen. 39 Reihenhäuser mit einfacher Primärstruktur – massive Keller, zwei Wohngeschosse mit Balkon plus ausbaubarem Dachgeschoß; Wohnungstrennwände gemauert, Fassaden in Holzriegelwerk mit individuell variierter Teilung in Paneele und Fensteröffnungen, alles professionell hergestellt – Fußböden, Innenwände und Fixverglasungen aber im Selbstbau ergänzt. Breite, verglaste Gangzonen vor den Hausgruppen, vielfältig variierte Grundrisse.

Wohnanlage, 1984–86 Auf der Matte – Reutegasse N. Schweitzer

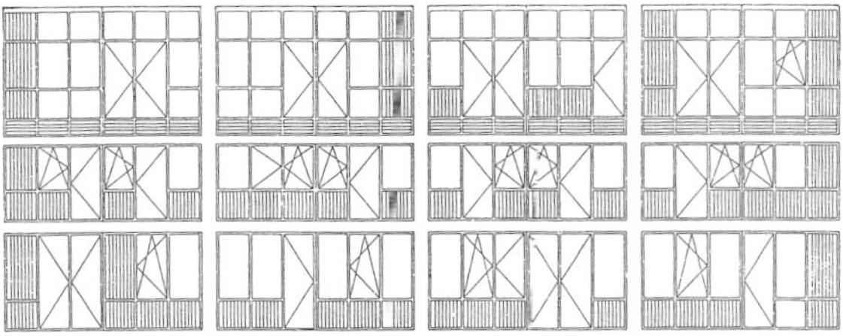

Fassadensystem

1

18

Gewerbliche Berufsschule, Erweiterung 1991–94

Bregenz, Feldweg 25

Carlo Baumschlager, Dietmar Eberle, Norbert Schweitzer

Wohnanlage
1993–94
Holzacker –
Strabonstraße
C4–M. Fohn
K. Sillaber

Wohnanlage
1992–94
Kaisermann –
Strabonstraße
G. Hörburger
H. Kuess
N. Schweitzer

Wohnanlage
1995–98
Strabonstraße –
An der Heufurt
E. Nägele
E. Waibel

Großräumige Erweiterung der alten Schule mit einem entlang der Bahnlinie als Schallschutz wirkenden fünfgeschossigen Trakt, in dem Werkstätten und Labors für 60 verschiedene Lehrbereiche übereinander gestapelt sind; Umgestaltung des zweigeschossigen Altbauflügels zur Erschließungsspange mit Entree, Kommunikationsbereichen und Mehrzwecksaal; Verlängerung des alten Klassentraktes nach Süden und Anfügung einer neuen Fluchttreppe.
Konstruktiv und bauplastisch bestimmt den Werkstättentrakt das massive Rückgrat der technischen Versorgung. Daran schließen hofseitig 12 m tiefe, beidseitig belichtete Werkräume mit äußeren Pendelstützen an, bahnseitig kragen die Erschließungsgänge aus. Die Glasfassade zum Hof ist zweischalig mit äußerer, leichter Schuppenhaut und integrierten Putzrosten. Entlang der Bahn sind den Holz-Glas-Elementen der Gänge in dichter Folge fixe Alu-Lammellen als Wetterschutz vorgeblendet: Alle Zwischenwände sind in flexiblem Leichtbau ausgeführt. Der Hauptzugang erfolgt vom nordseitigen Kopf des 128 m langen Riegels. Im grünen Hof als Gliederung die bei B+E öfter auftauchende Ellipse, als „freie" Sonderform unter die Rasterstrukturen gemischt.
Vom einfachen Konzept der hohen Gebäudewand, die einen ruhigen, großen Schulhof schafft, bis zur lapidaren Ökonomie aller Details ein Schlüsselwerk der Vorarlberger Bauszene – in ihrer Entwicklung aus einem Randphänomen zu einer alle Komponenten der industriellen Baupraxis erfassenden und ausreizenden Professionalität.

Erdgeschoß

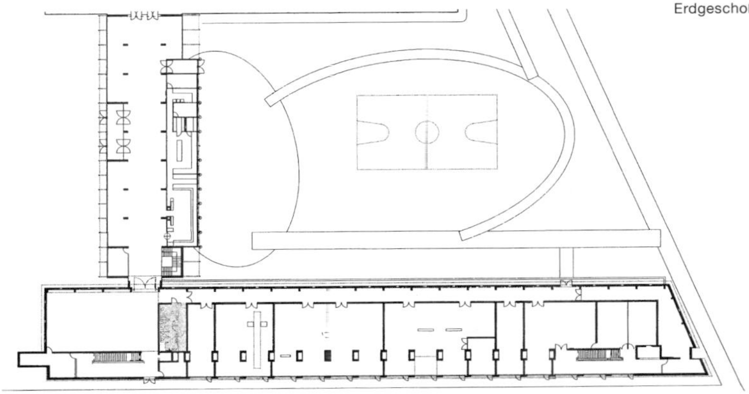

1

19

Wohnanlage 1994 – 96

Bregenz, Eragasse 5

Theo Lang, Karl Schwärzler

Ein betont hermetisches, introvertiertes Wohnkonzept in einem heterogenen, innerstädtischen Neubaugebiet ohne besondere äußere Attraktion. Acht Drei-Zimmer-Atriumwohnungen, gereiht in zwei Viererblöcke ohne Außenfenster, mit Küche plus Wohnraum im Erdgeschoß und südseitig vorgelagertem 45 m^2 Hof – die Schlafebene mit Bad liegt im Obergeschoß der nächsten Zeile; Südlicht auch für diese Räume durch hochgezogene Fensterbänder. Im Obergeschoß der Nordzeile liegen vier Etagenwohnungen. Ebenerdige Carports und Abstellräume. Rohe Lärchenschalung rundum über 12 cm Dämmung. Die äußeren Schrägen sind analog zum Querschnitt einerseits aus der Stiegenführung, andererseits aus der Optimierung des Lichteinfalls entwickelt.

Wohnanlage 1996 – 97

Bregenz, Mariahilfstraße – Sandgrubenweg

Gerhard Hörburger, Helmut Kuess, Norbert Schweitzer

Auf dem früheren Erweiterungsareal der Schoeller-Spinnerei entstand eine in Dimension und Detailreduktion geradezu monumentale Hofanlage, deren rigide Typologie an den italienischen Rationalismus und die Tessiner Tendenza der 70er Jahre erinnert. 157 Mietwohnungen in viergeschossigen, L-förmigen Blöcken mit Laubengangerschließung um einen weiträumigen Hof; Maisonetten in den beiden obersten Stockwerken, Privatgärten einseitig vor den Erdgeschossen, die Laubengänge in filigraner Stahlkonstruktion von der verputzten Ziegel-Betonstruktur abgesetzt; nach Osten, zum bewaldeten Hügel am Sandgrubenweg mit dreigeschossigen Trakten auslaufend. Harter Kontrast zur Atriumanlage nebenan, auch zu dem älteren Wohnhochhaus nördlich davon.

Landesdirektion Interunfall
1995 – 98
Brielgasse 25
J. Nouvel

Wohnanlage
1996 – 97
Am Stein 37
B. Bügelmayer

Haus W.
1997
Funkelbühel 16
A. Ciapusci-Rupp

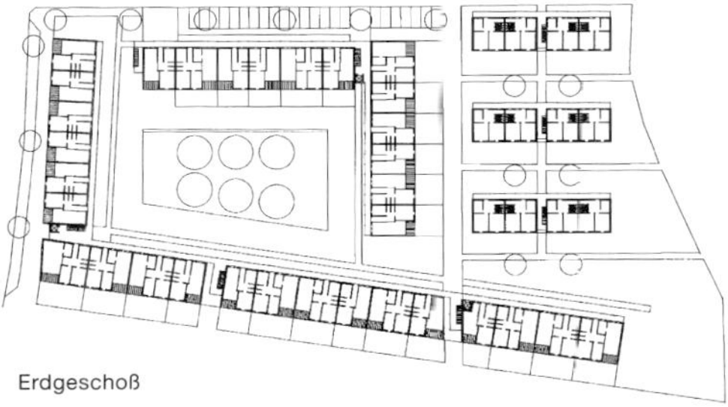

Erdgeschoß

1

21

Wohn- und Geschäftshaus 1992–93

Bregenz, Arlbergstraße 119

Helmut Dietrich, Much Untertrifaller

Vorarlberger Kraftwerke AG
1986–89
Weidachstraße 6
G. Hörburger
M. Untertrifaller sen.
M. Untertrifaller jun.

Wohnanlage
1995–97
Arlbergstraße 87–91
G. Hörburger
H. Kuess
N. Schweitzer

An einer Hauptverbindung nach Süden bildet der Bau ein urbanes Signet der in den letzten Jahren hier in unmittelbarer Nachbarschaft vollzogenen, peripheren Nachverdichtung mit Wohnbauten – und er steht funktionell und lagemäßig in engem Kontext mit der Revitalisierung des parallel gelegenen Industriebaus aus den 20er Jahren, in dem sich auch das Büro der Architekten befindet.
Geschäfts- und Büronutzung im gesamten, vollflächig verglasten Erdgeschoß und im bauplastisch differenzierten „Kopf" der dreigeschossigen Anlage, sonst Wohnungen mit südseitigen Loggien; vom Baukörper nordseitig klar abgesetzt die brückenartigen Laubengänge, die mit den vorspringenden Stiegenhäusern eine feingliedrige, semitransparente Schicht zum Vorplatz bilden.

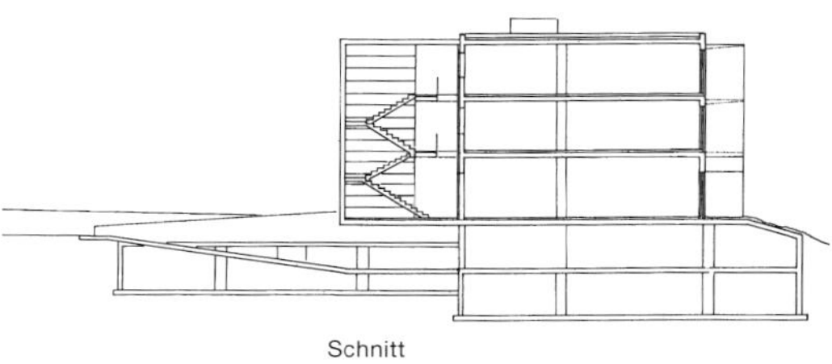

Schnitt

Doppelhaus R. und H. 1995–96

Bregenz, Sonnenstraße 17

Walter Unterrainer

Was von ferne wie eine ultra-coole High-Tech-Schatulle aussieht, ist eine echte Low-Tech-Innovation für billiges, ökologisches und modernes Bauen, ein Niedrigstenergiehaus als Kombination einer vorgefertigten Holztafelbauweise (Bauzeit der verglasten, installierten Gebäudehülle: 2 Tage) mit einem neuartigen, wärmegewinnenden Dämmsystem an der West-, Ost- und den nichttransparenten Teilen der Südfassade. Die Kartonwaben sind auf 8 cm tragende 3S-Platten geklebt und mit Gußdrahtglas überdeckt.
Anders als bei Trombe-Wänden wirkt hier die erwärmte Luft in den Kartonwaben isolierend, im Gegensatz zu transluzenten Dämmungen ist im Sommer keine Abschattung nötig. Vollverglasung nach Süden, Solarpaneele fürs Warmwasser; minimale Öffnungen, unbeheizte Pufferzonen nach Norden; kluge Details, klare Formen.

Erdgeschoß

1

23

Volksschule Weidach 1991 – 95

Bregenz, Im Roßhimmel 9

Bruno Spagolla

Nicht nur Spagollas bisher größter Bau, sondern mit den 16 Stammklassen, den Sonderunterrichtsräumen, großer Aula, Musikraum, Turnsaal und Sportplätzen der größte kommunale und integrierte Pflichtschulkomplex der Stadt. Spagolla hat hier seine spezielle Stärke einmal im größeren Maßstab umgesetzt, nämlich die räumliche Entwicklung der Baukörper im landschaftlichen und baulichen Kontext zu einer jeweils spezifischen, neuen „Architektur des Ortes".
Im Weidach, wo das Gelände vom flachen Schwemmland in einer ersten Stufe zum Gebhardsberg und Pfänder ansteigt, ist der Bau so gesetzt und gegliedert, daß einerseits der Außenraum an strategischen Stellen großzügig durch das Gebäude hindurchwirkt, andererseits reagiert die Orientierung und Transparenz der Innenräume präzise auf die umgebenden landschaftlichen Merkmale.
Niedriger Trakt entlang der Straße mit Turnsaal und Musikraum; dahinter N – S orientierte, höhere Unterrichtstrakte, zum Eingangsbereich aufgespreizt und eine zweigeschossige Aula umfassend, mit Verbindung zu einer darüberliegenden Dachterrasse; Klassen nach SO zum Gebhardsberg gerichtet, im NW-Trakt Sonderräume und Sanitärgruppen, im Freiraum zur Hangstufe die Sportanlagen eingebettet.

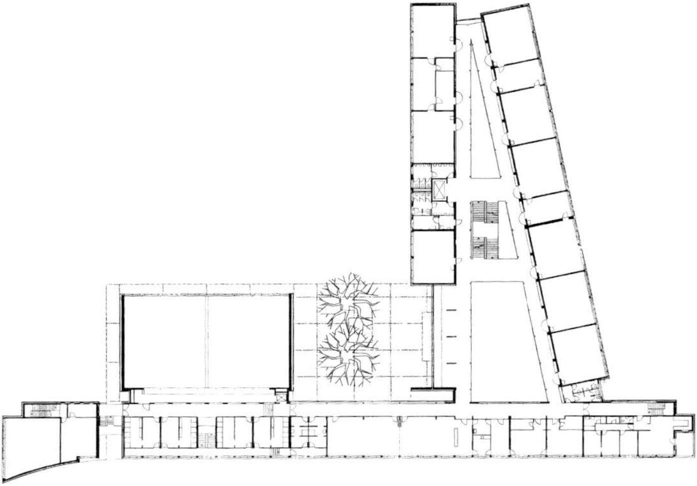

1. Obergeschoß

1

24

Personalwohnhaus Landeskrankenhaus 1992–95

Bregenz, Kennelbacher Straße 42

Helmut Kuess

Wohnanlage
1995–97
Kennelbacher
Straße 26
A. Früh
D. Sauter

36 Minimalwohnungen für das Personal des Bregenzer Landeskrankenhauses sind entlang einer vielbefahrenen Straße hinter einer Schicht von Laubengängen und der knallroten, dem Straßenverlauf nachgebogenen Lärmschutzwand in drei Geschossen gestapelt und mit breiten französischen Fenstern von der Straße abgewandt ins Grün orientiert. Durch den Niveauunterschied konnte dort auch die Garage erdgeschossig angefügt und deren Dach als Gemeinschaftsterrasse angelegt werden: eine Sonderwohnform, schnörkellos auf den speziellen Lebensrhythmus der Nutzer und die exponierte Lage zugeschnitten.

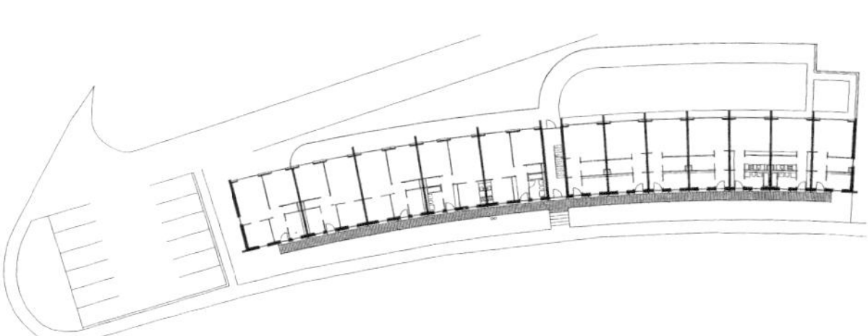

Erdgeschoß

Wohnanlage 1993 – 97

Bregenz, Kennelbacher Straße 5

Gunter Wratzfeld

18 Kleinwohnungen für Landesbedienstete auf einem sehr schwierigen Grundstück: eine kleine Dreiecksfläche, steil ansteigender Felsgrund, an der SW-Seite eine hochfrequentierte Straße. Der Bauteil an der Straße ist aufgeständert und überdacht die Stellplätze. Zwei Wohngeschosse sind mit Betonwänden und Glasveranden vom Lärm abgeschirmt, bergseits ist ein zweiter Bauteil so angefügt, daß zwei schöne Höfe mit Treppen, Laubengängen und dramatischem Ausblick zum Burgberg entstehen. Hochgezogene „Laternen" holen diesen Blick auch in die Wohnräume der oberen Etage. Vorgehängte Isolierfassaden, Veranden und Vordächer in Holz.

1

Haus E. 1981 – 82

Bregenz, Fluh 1

Roland Gnaiger

Einer der ersten Bauten Gnaigers zeigt im Korsett der damals vorgeschriebenen Firstrichtung und Dachneigung eine innovative Raumstruktur. In konzeptioneller Steigerung ruraler Typologien bietet sie mit einfachen, ausgeklügelten und ausbalancierten Mitteln eine über Generationen variabel nutzbare Substanz. Zahn-Labor, Elternschlafteil und Nebenräume im Sockelgeschoß, mit wenig Aufwand für Einliegerwohnungen adaptierbar. Über diesem massiven Sockel mit flach gewölbten Decken ein Holzständerwerk, gedämmt und verschalt für den Wohnteil und die SW-Veranda, Kinderteil mit eigenem Zugang; Zentralheizungskachelofen kombiniert mit Wärmepumpe. Die südseitig vor dem EG mit Rankgerüsten versehene Terrasse ist heute völlig eingewachsen.

Haus B. 1993–94

Bregenz, Fluh 5a

Carlo Baumschlager, Dietmar Eberle

Frühes Beispiel einer Wende im Œuvre von B+E vom konstruktiven Holzbau zu Stahl- und Betontragwerken, wo das Holzständerwerk, bekleidet mit 3S-Platten, nur mehr als äußere Hülle eingefügt wird. Die veränderte Technologie ermöglicht in Variation von Le Corbusiers „Maison Dom-ino" offene Grundrisse mit wenigen, von der eingehängten Fassade zurückgesetzten Stützen sowie markante Auskragungen. So wird auch mit geringer Bodenbesetzung an diesem schönen Hang mehr Nutzfläche gewonnen. Anstelle klassischer Bandfenster ist aber Perrets Fensterprinzip dem Corbusierschen System aufgepfropft. Die geschoßhohen Vertikalöffnungen sind allerdings synkopisch rhythmisiert.

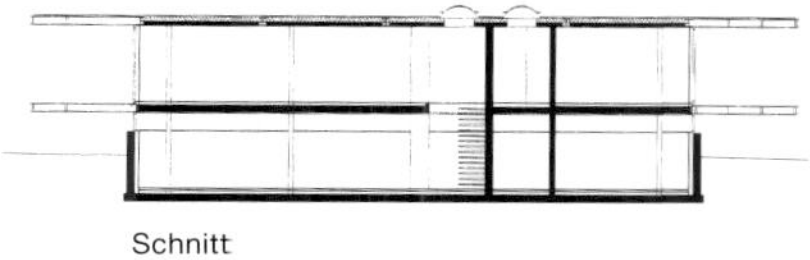

Schnitt

1
28

Haus M. 1995–96

Bregenz, Fluh 17b

Ernst Hiesmayr

Schmaler, langgestreckter Bau, talseitig dicht an die Straße gestellt, dort mit außen verschalter, gedämmter Betonwand im Hang verankert, partielle Öffnungen auf die hier parallel liegenden Flurbereiche samt einläufiger Treppe mit bergseitigem Luftraum zum OG. Die schräge Oberlichtverglasung holt hier auch den Blick auf den nordseitigen Wald großzügig ins Haus. Eingangshalle, Büroräume, Sauna und Garage im EG. Im OG sind südseitig die Zimmer mit großen Öffnungen in Riegelwerk modulartig gestaffelt und vorne jeweils leicht nach Osten herausgedreht. Vor der Küche und dem Wohnraum ein Balkon, verbunden mit einem weit auskragenden Freisitz in Stahlkonstruktion. Südseitig vorspringendes Pultdach in Holz mit Blechdeckung.

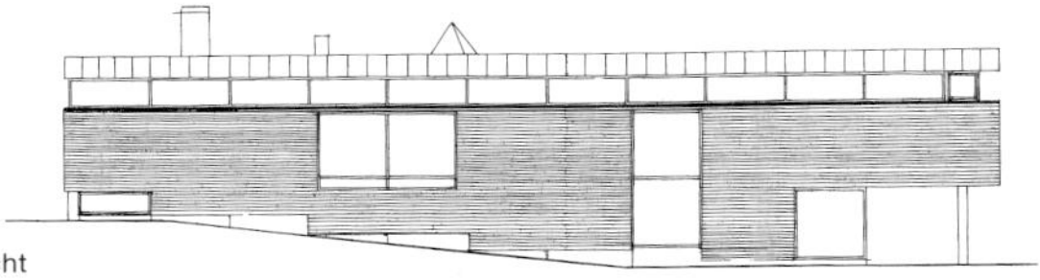

Nord-Ansicht

Wohnanlage 1986–88

Lochau, Bregenzer Straße 69–75 **1**

29

Carlo Baumschlager, Dietmar Eberle, Ulrich Grassmann

Wichtiges Beispiel im Paradigmenwechsel der „Baukünstler" um 1986 – nicht gleich „vom Müsli zum Kaviar", wie der Zeitgeist-Slogan hieß, aber doch von den alternativen Billig-Holzbauten zu einer „weißen" Architektur mit urbanen Wohnformen gehobenen Standards für die Mittelschicht. Die Lage ist schön und schwierig, direkt am See – und an der Durchzugstraße. 34 Wohnungen, 10 Büros und ein Parkdeck für 60 PKW sind auf dem Westhang zu einem Terrassenbau gefügt, der sich mit begrünten Innenhöfen kammartig zum See öffnet und zugleich ruhige Innenzonen bietet. An der stadtseitigen Ecke ein hoher Büroteil als „Kopf" und Lärmschild, im Erdgeschoß zum See Büros und Läden um kleine Atrien, dahinter die Garage zur hangseitigen, ein Stockwerk höher liegenden Straße, darüber zweigeschossige Einheiten treppenartig gestapelt, die Schlafräume jeweils zum Hof, darüber die Wohn-Küchenbereiche mit Terrassen zum See gewendet.

Haus R.
1993
Klausmühleweg 21
E. Giselbrecht

1

30

Haus L. 1989–91

Lochau, Auf der Reute 14

Roland Gnaiger

Haus B.
1990
Gehren 26
C. Lenz

Vorbildliche Revitaliserung und Erweiterung eines bescheidenen Altbaus aus den 50er Jahren. Der adaptierte Bestand – von einigen Zwischenwänden befreit und neu organisiert – wurde allseitig mit einem „Raummantel" umhüllt: Bergseits enthält die neue Schicht im Erdgeschoß den zuvor fehlenden Keller, im Obergeschoß die Küche, Speisekammer und Wirtschaftsraum. An den übrigen Seiten entstand eine offene Galerie im Erdgeschoß und eine fein detaillierte Glasveranda mit Schiebefenstern im Obergeschoß. Beengte Verhältnisse verwandelten sich so auf einfache Weise zu Eleganz und Großzügigkeit. Durch die Spannung zwischen dem massiven, geschützten Kern und der neuen filigranen Hülle wurde die grandiose Lage in eine neue Qualität transformiert.

Haus S. 1990–93

Lochau, Neue Schanze 30

Much Untertrifaller

Das Haus liegt am Waldrand des Pfänderhanges mit großartigen Ausblicken über den See, in die Schweizer Berge und auf die Insel Lindau. Im Gelände alter Verteidigungslinien an der Klause entstand hier im letzten Jahrzehnt ein Villenviertel. Untertrifaller setzte dazu den Endpunkt und reagierte auf die Topografie mit einer Überkreuzung von horizontaler und vertikaler Raumfolge. Durch die Hangterrassierung wurden große Flächen für Gartennutzung und zwei längsgestreckte Etagen mit Schlaf- und Nebenräumen gewonnen. Die Hauptwohnräume liegen im dreigeschossigen Turm: Vor der in den Hang geschobenen Stiegenhalle sind Eßraum, Bibliothek und begrünte Dachterrasse übereinandergestapelt. Das „Salettl", etwas abseits, ist aus der Flucht in die Seeachse gedreht.

Wohnanlage
1981–84
Klausmühle 7
G. Wratzfeld

Haus N.
1995–96
Neue Schanze 13
H. Riemelmoser

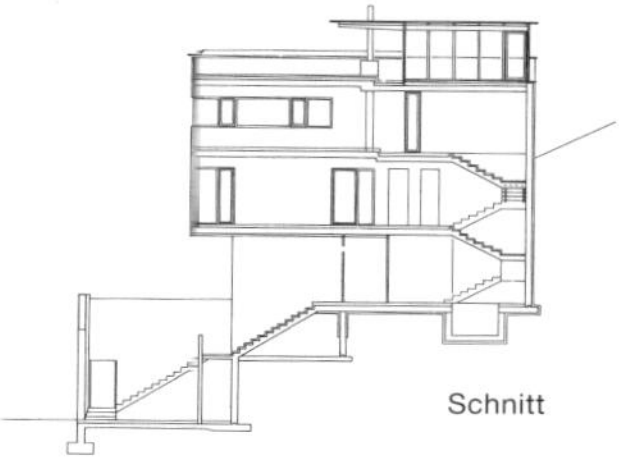

Schnitt

1

32

Haus P. 1989

Lochau, Klausberg 5

Michael Loudon

Haus G.
1983–84
Bregenzer
Straße 27
H. Tesar

Atelierhaus W.
1991–93
Klausberg 7
G. Wratzfeld

Ein massiver Sockel mit den Nebenräumen trägt die in Ziegelwände und Holzsteher differenzierte Konstruktion des Wohngeschosses. Der Grundriß wird vom Raster der Deckenbalken bestimmt, der Aufriß von der Breite der unbehandelten Lärchenschalung. Das weit ausladende Dach ist von den Wänden abgesetzt und prägt mit seiner offenen Untersicht den variabel teilbaren Innenraum. Die vorderen Ecken bilden Veranden, die mit Schiebeläden in voller Höhe zum Bodenseepanorama geöffnet werden können. Dachlaternen bringen dem 7 m tiefen Grundriß zusätzliche Belichtung. Polyvalente Raumverknüpfungen und strukturelle Klarheit der Elemente ermöglichen ein offenes, vielfältig wandelbares Wohnmilieu an diesem Westhang, mit freiem Seeblick.

Wohngeschoß

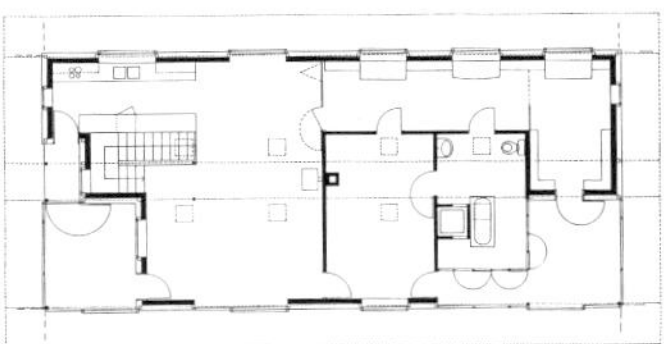

Pfarrzentrum 1995 – 98

Lochau, Landstraße 15

Carlo Baumschlager, Dietmar Eberle

Erste Etappe der Neugestaltung des Ortskernes. Von einer Allee-Pflanzung, neuen Bodengestaltungen, Straßenbeleuchtungen etc. abgesehen, werden drei Neubauten diesen Raum prägend verändern: parallel zur Kirche das Pfarrheim: verschiedene Säle, Dritte-Welt-Laden, Post, Zivilschutzraum; etwas südlich davon direkt an der Straße als „Pförtner" des neuen Marktplatzes ein viergeschossiger Kubus für Tourismus-Shop, Sozialzentrum, Arztpraxis und Büros; dahinter, in „2. Reihe" parallel zur Straße, ein zum Pfarrheim fast identes Volumen mit Kindergarten und zwei Wohnetagen, daneben ein Spielplatz. B+E sind stets für Überraschungen gut: Nach den Schindel-, Lamellen- und Tafelkleidern eröffnet das Pfarrheim eine in der Szene und im Kontext neue Materialsprache. Die bündig in die Sichtziegelhaut geschnittenen Fenster steigern noch den Ausdruck der minimierten Volumetrie.

Haus G.
1987
Hofrieden-
straße 16
E. Giselbrecht

Wohnanlage
1995 – 97
Landstraße 46
G. Hörburger

1

34

Haus B. 1987–88

Lochau, Sonnenhalde 3

Carlo Baumschlager, Dietmar Eberle, Ulrich Grassmann

Haus K.
1995–96
Rebhügel 16
C. Baumschlager
D. Eberle

Für den O–W gestreckten Bau am flachen Hang eine Dreiheit der Technologie: Kellersockel und Nordwand aus Betonsteinen und Korkfassade; ziegelgedecktes Dach mit unterspannten Holzsparren, südseitig auf 12 cm Stahlsäulen, nordseitig auf die Massivwand gelagert; Raumdecke und Südwand vom Dach unabhängig als „Balloon-Frame" – erstmals von B+E angewendet –, außen mit Sperrholz beplankt, Steinwolledämmung, innen Rigips. Die Holzteile des Wohnteils wurden abgelängt geliefert und an einem Tag mit vier Mann in Eigenleistung montiert. Unkonventionelle Mischung aus tradiertem Satteldachtypus mit klassisch perspektivischer Zimmer-Enfilade, in modernen Einheits-Raum verwandelbar. Jeder Raumteil hat direkten Ausgang zum Garten. Zufahrt: Hofer Straße, Ruggburgstraße, Am Reutelebach, Sonnenhalde.

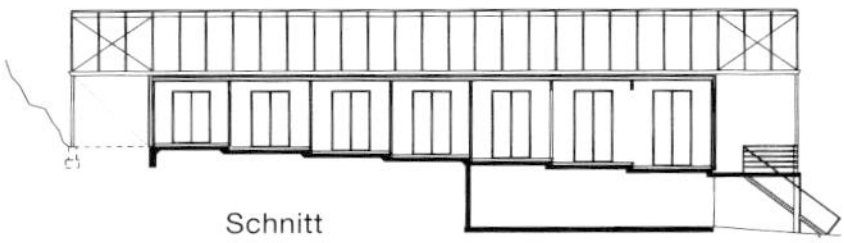

Schnitt

Berkmann Anlagenbau 1996 - 97

Hörbranz, Allgäustraße 5

Ulrich Grassmann

Die funktionelle Nähe zu hochrangigen Verkehrswegen prägt heute die Konzeption im Gewerbebau. Der nötige Schallschutz führt zur Hermetik; die Optimierung der Arbeitsplätze verlangt nach Licht und qualitativem Umfeld; die Corporate Identity will Zeichenhaftigkeit und Repräsentation – und, all das billig. Diesen heterogenen Ansprüchen gab schon die Lagertechnik Wolfurt von Baumschlager/Eberle eine kontrastreiche Antwort. Grassman setzt hier fort. Am Autobahnknoten Hörbranz bringt die glitzernde, abgetreppte und gekurvte Schallschutzfassade als „Käs' mit Löchern" die Signatur. Hinter diesem Schild ist die offene Skelettstruktur, großzügig verglast, mit Außenjalousien beschattet. Produktionshalle unten, dann Werkstätten, Büros; zuoberst Chefetage und Schulung, mit jeweils vorgelegten, großen Terrassen. Außen kaum spürbar: die Stiegen-Halle hinter dem Bug.

1

36

Doppelhaus H. und H. 1995 – 96

Hörbranz, Leiblachstraße 8a

Helmut Dietrich

Ein beengtes, interessantes Grundstück neben einer Kapelle am Mühlbach, der hier die Leiblach im Grenzgebiet zu Bayern linksseitig begleitet. Das Haus ist an Straße und Bach herangerückt und reagiert auf deren Verlauf. Zwei hintereinander geschaltete Wohneinheiten bilden einen langen, leicht geknickten Baukörper mit flachem Pultdach. Die Wohnbereiche befinden sich im Obergeschoß, das in Holzskelettbauweise errichtet und mit Lärche verschalt ist. Im massiven, verputzten Sockelgeschoß liegen die Schlaf- und Nebenräume. Eine Idylle, nur 300 m vom Autobahnzollamt entfernt. Zufahrt von Lochau: Alberlochstraße, nach dem Salvatorkolleg links abzweigend die Leiblachstraße.

Kindergarten 1991 – 92

Hörbranz, Staudachweg 4a

Jakob Albrecht

500 m westlich der Ortsmitte an der Lindauerstraße – etwas zurückgesetzt. Eine unspektakuläre, doch äußerst brauchbare, ausgereifte Lösung eines 2-Gruppen-Kindergartens mit Bewegungsraum; Nebenräume und Gangzone liegen nordseitig, der Gang ist durch Dachhochzüge mit Fensterbändern auch von Süden belichtet; Garderoben und Sanitäreinheiten zwischen den Gruppen mit Glasvordächern zum Garten; die Südseite in leichten Holz-Glas-Rastern ganz geöffnet, davor ein Stück Wiese. Unterspanntes Pfettendach, Blechdeckung, Fußbodenheizung. Die Dachschräge ist bei den Gruppen zur Einfügung einer zweiten Ebene genützt.

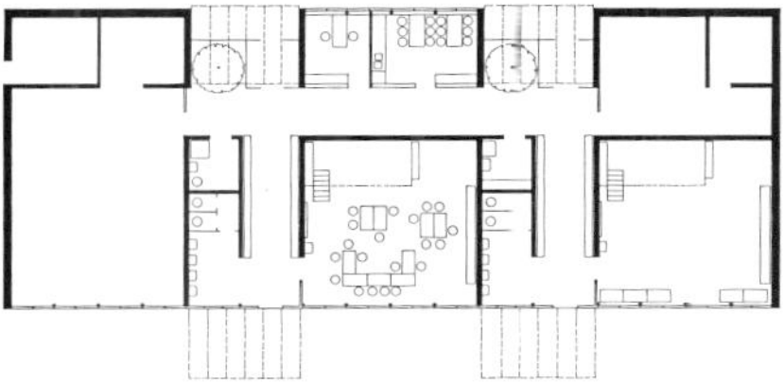

Erdgeschoß

1

38

Wohn- und Geschäftsgebäude 1994–96

Hörbranz, Lindauer Straße 71

Anton Fink

Aufgrund der verkehrsgünstigen Lage zählt die weitverstreute 5000 Ew-Gemeinde zu den am stärksten expandierenden des Landes. Unter den vielen Neubauten der letzten Jahre gehört die Apotheke konzeptionell und gestalterisch zum Erfreulichsten, sie ist einer der Bausteine in der Aktualisierung der kommunalen Infrastruktur. Die variable Mischung der Funktionen – neben der Apotheke ein Café im Erdgeschoß mit Durchgang zum Parkplatz, darüber Physiotherapeutische Praxis (rollstuhltauglicher Lift) und Büro/Wohnung, zuoberst die Apothekerwohnung –, aber auch die spannungsreich dosierte Transparenz der Innenräume, das Niveau von Möblierung, Farbe und Details sind symptomatisch für eine qualitative, urbane Neuorientierung des Ländlichen.

Alters- und Pflegeheim 1994–96

Hörbranz, Heribrandstraße 14

Dietmar Walser, Erwin Werle

Großzügige Erweiterung und Adaptierung eines bestehenden Altersheimes. Der Neubau schließt nordostseitig im Winkel an den Bestand an. Ein zweigeschossiger, abgesetzter Teil mit dem neuen Haupteingang bildet das transparente Gelenk zwischen Alt- und Neubau. Zugang und Erschließung sind so angelegt, daß das gesamte Parterre schwellenlos erreicht werden kann. Südostseitig erstreckt sich vor dem neuen Trakt eine Terrasse mit Wasserbecken, Grünfläche und neuen Bäumen als Freiraum vor den erdgeschossigen Gemeinschaftsbereichen. Darüber sind die Zimmer mit Loggien und Terrassen ebenfalls auf diese Seite orientiert, nach NW liegen ausschließlich Nebenräume.

Sportheim
Zubau
1995
Flurweg
D. Walser
E. Werle

Haus H.
1981–82
Leonhardstraße 10
W. K. Holzmüller

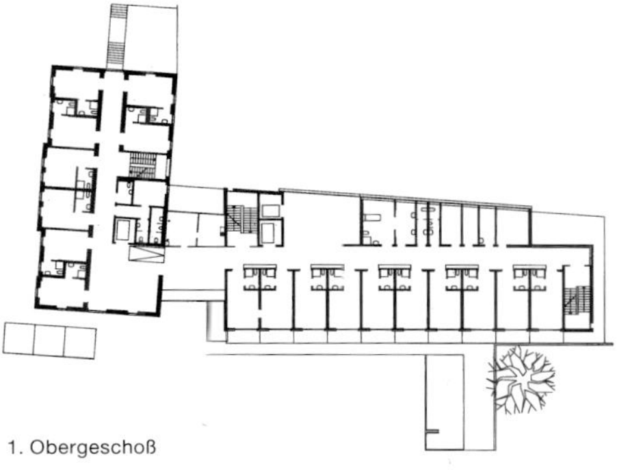

1. Obergeschoß

1
40

Hauptschule, Erweiterung 1989–92

Hörbranz, Lindauer Straße 57

Dietmar Walser, Erwin Werle

Wohnanlage
1995–97
Lindauer
Straße 36a–d
W. Wertaschnigg

Reihenhäuser
1996–98
Am Giggelstein
A. Früh
D. Sauter

1989, im Jahr ihrer Bürogründung, gewannen Walser/Werle vier Wettbewerbe, darunter auch den für die Erweiterung der Hauptschule Hörbranz. Der Bau ist räumlich viel komplexer, als der äußere Eindruck vermittelt. An den N–S gerichteten Bestand ist westlich ein Paralleltrakt gestellt, der Zwischenraum als helle, glasüberdachte Halle mit dem neuen Eingang ausgeführt. Diese Halle greift zweigeschossig bis zur halben Trakttiefe auch in den Altbau, dessen Außenwand in Stützen aufgelöst wurde, und integriert so auch die alte Treppe. Die Südhälfte des Neubaus enthält in 3 Etagen Klassen und Werkräume, der Nordteil, mit eigenem Abgang, den ins Souterrain versenkten Turnsaal. Darüber liegt der Saal des örtlichen Ringervereins. Die Garderoben unter dem Vorplatz sind durch Glaskuppeln belichtet.

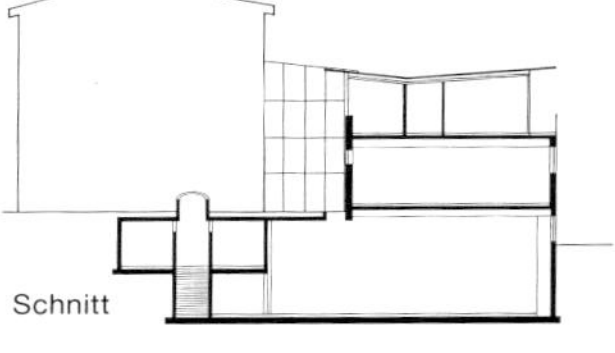

Schnitt

Haus F. 1981 – 83

Hörbranz, Am Halbenstein 11

Walter K. Holzmüller

Holzmüller hält in der Baukünstler-Szene eine Sonderstellung. Vor allem seine anspruchsvollen, perfekten Innenausstattungen vermitteln eine bis ins Kleinste präzisierte, urbane Noblesse, die aber niemals dogmatisch wird und stellenweise – bei den Fassadenlösungen – sogar zum heiteren, gelassenen Spiel mit heterogenen Formen fähig ist. Dieses Haus für eine Landarztfamilie enthält auch die Praxis. Es ist eine frühe Arbeit des Architekten, die das postmoderne Flair dieser Jahre individuell interpretiert, ohne den Platitüden der Postmoderne als Stil zu verfallen. Der schmale, zum Hang parallele Bau faßt in der formal punktuell „überhöhten" Typologie ein komplexes Raumprogramm, komponiert auf die Achsen von Ausblick und Sonneneinfall, um eine durch Firstverglasung belichtete Bibliothek im Zentrum.

Wohnanlage
1980 – 81
Backenreuthe
19 – 23
Cooperative –
D. Eberle
W. Juen
M. Koch
N. Mittersteiner

Haus E.
1992 – 95
Schmitten-
straße 16
H. Dietrich

Vor mehr als dreißig Jahren trat eine junge Generation von Architekten in das Baugeschehen Vorarlbergs, die vorwiegend bei Roland Rainer in Wien studiert hatten und von dort mit den klassischen funktionalistischen Grundsätzen vertraut waren. Ausgestattet mit diesem Grundwissen schufen diese Architekten in ihrer Arbeit und ihren architektonischen Ansprüchen einen Zugang zur Mentalität einer Bevölkerung, die von außen als pragmatisch, nüchtern, rechtschaffen charakterisiert wird. Die den Kriterien einer modernen Architektur verpflichteten Leitbilder – offener Grundriß, sichtbare Konstruktion, systematisierte Produktion usw. – paarten sich mit dem Anspruch an Kostengünstigkeit und unprätentiöser Benutzbarkeit. Die vorhandene Holzbautradition wurde zwar nicht als Beziehungspunkt verstanden, doch konnte man an die tradierte handwerkliche Zimmermannskultur anschließen und so die beschriebenen Leitbilder unter Anwendung einer nicht-traditionell verstandenen Holzskelettbauweise realisieren.

Bruno Spagolla

Im internationalen Vergleich liegt der Vorarlberger Holzbau im oberen Drittel, was Menge und Qualität angeht.

Thomas Herzog

Seit einigen Jahren spricht man von einer zusammenwachsenden, bandstadtähnlichen Agglomeration im Rheintal, wobei die am stärksten expandierenden Regionen im Bodenseeraum liegen, südlich der Bregenzerach. Die Gemeinde Lauterach etwa, 1985 erst zum Markt erhoben, bietet eine ideale Mischung aus intakter Landwirtschaft, hoher Wohnqualität, gesunder Industrialisierung, wertvollen Naherholungsgebieten und erschwinglichen Baulandreserven – in unmittelbarer Nachbarschaft zur Landeshauptstadt und ihrer gesamten Infrastruktur, mit kurzem Weg zur Autobahn und Blickkontakt zu den Bregenzer „Hausbergen". Mit 28,8% Zuwachs an Hauptwohnsitzen von 1981 bis 1996 ist dies die weitaus am schnellsten wachsende Gemeinde im ganzen Land, mit Abstand gefolgt von Wolfurt, der östlichen Nachbargemeinde. Seit 1980 wurden in dem nun 8.200 Einwohner zählenden Lauterach rund 140 Bauten von Architekten erstellt. Zur Unterstützung des örtlichen Bauamtes agiert hier seit 1992 ein mit drei nichtansässigen Architekten besetzter Gestaltungsbeirat.
Wolfurts Vorteile – die Lage am Berghang und ein gepflegter Dorfkern mit revitalisierten Altbauten entlang der alten Rheintalstraße, enthalten auch Nachteile, da einerseits die bauliche Entwicklung durch natürliche Parameter stärker eingeengt ist und andererseits die Autobahntrasse, die exakt an der Grenze zu Lauterach verläuft, eine klare Barrierewirkung ausübt. Beide Orte konzentrieren die Gewerbegebiete im Norden – an der Dammstraße – und im Süden, im Bereich der Kreuzungen von Autobahn, B 190 und der Eisenbahntrasse. Hier entstand mit dem Güterbahnhof Wolfurt der regional wichtigste Umschlagplatz, vom Siedlungsgebiet durch einen breiten Streifen geschützter Riedlandschaft gesondert. Hard, am See zwischen der Mündung von Rhein und Bregenzerach gelegen, expandierte vor allem südöstlich zur Bahntrasse.

Hinweis
Hard, Vorarlberger Kammgarnspinnerei errichtet ab 1896: modellhaftes Industrie-Ensemble mit Werkssiedlung aus der Ära um 1900 (bei 2.8).

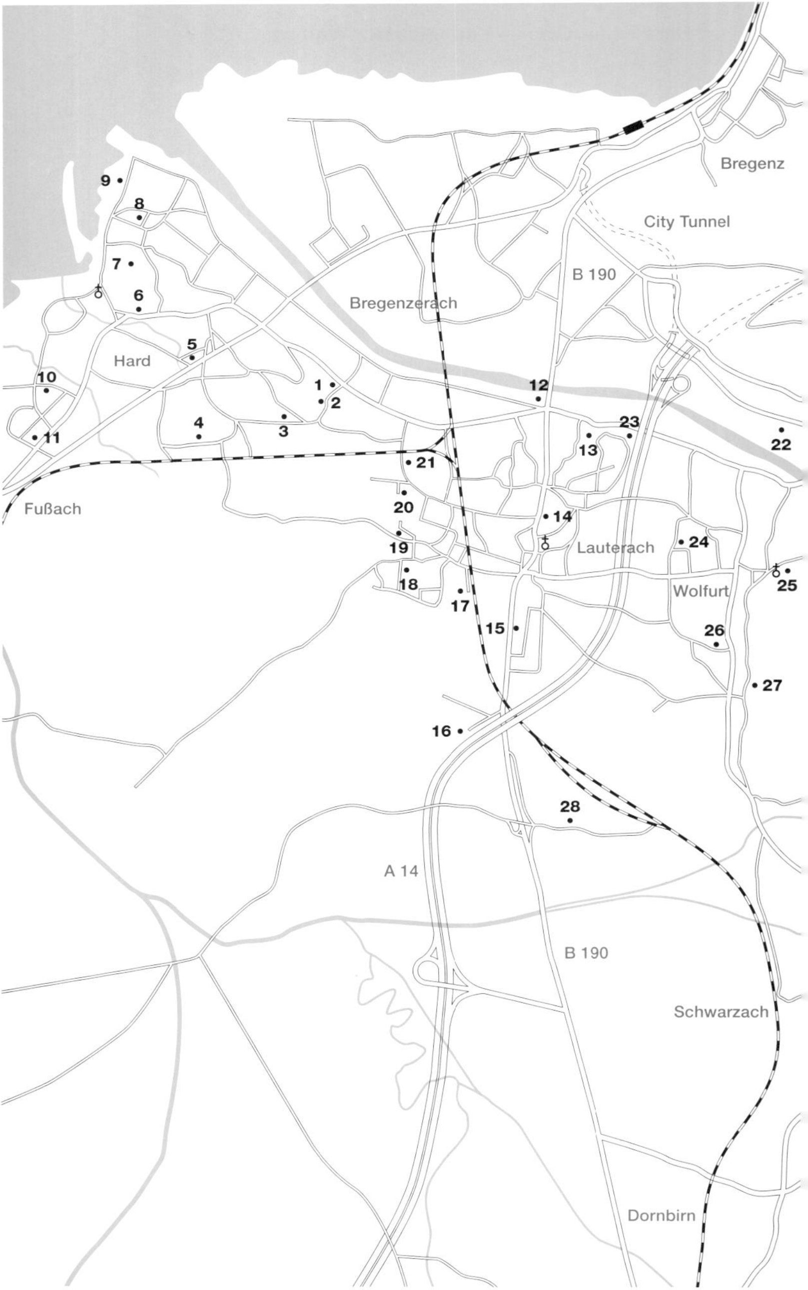

Bregenz
City Tunnel
B 190
Bregenzerach
Hard
Fußach
Lauterach
Wolfurt
A 14
B 190
Schwarzach
Dornbirn
1
2
3
4
5
6
7
8
9
10
11
12
13
14
15
16
17
18
19
20
21
22
23
24
25
26
27
28

Hard

1 **Wohnanlage**
Hofsteigstraße

2 **Kindergarten**
Hofsteigstraße 146

3 **Wohnanlage**
Rauholzstraße 76

4 **Volksschule Mittelweiherburg**
Flurstraße 12

5 **Haus E.**
Herrengartenweg 23

6 **Wohnanlage**
Hofsteigstraße 11–13

7 **Haus C.**
Am Sägenkanal 11

8 **Wohnanlage**
Spinnereistraße

9 **Schiffsanlegestelle**
Hafenstraße 15

10 **Haus H.**
Mockenstraße 23

11 **Wohnanlage**
Kiesestraße 2

Lauterach

12 **Gewerbepark**
Dammstraße 4

13 **Haus H.**
Weidachstraße 33

14 **Gemeindezentrum**
Montfortplatz 3–8

15 **Turnhalle, Zubau**
Bundesstraße 109

16 **Sporthaus, Sportanlage Ried**
Scheibenstraße 1

17 **Haus G.**
Bahnweg 12

18 **Haus S.**
Mäderstraße 1

19 **Kindergarten**
Bachgasse 14

20 **Haus L.**
Unterfeldstraße 21a

21 **Wohnanlage**
Buchenweg 10–24

Kennelbach

22 **Haus G.**
Schindlersiedlung 4

Wolfurt

23 **Betriebsgebäude Lagertechnik**
Achstraße 53

24 **Wohnanlage**
Fliederweg 17

25 **Haus A.**
Rüttigasse 7

26 **Veranstaltungssaal**
Wälderstraße 4

27 **Wohnanlage**
Eulentobel 5

28 **Kaufmann Holzbauwerk**
Senderstraße 18b, Güterbahnhof

2

1

Wohnanlage 1990–96

Hard, Hofsteigstraße – Schäfferhofstraße

C4 – Max Fohn, Karl Sillaber; Anton Fink; Wolfgang Ritsch; Gunter Wratzfeld (federführend)

Wohnanlage
1996–98
Lochbachstraße
A. Früh
D. Sauter

Fahrradbrücke
1994
Rheinstraße
M. Häusle
E. G. Steinmayr
K. Bollinger

Ein feurroter, extensiv verglaster Riegel an der Hauptstraße von Hard nach Lauterach entpuppt sich aus der Nähe als „Logo" und Schallschutz-Schirm für ein größeres Wohnquartier. Eingespannt zwischen die südseitige Straße und das nördlich anschließende Gewerbegebiet bietet die Mischung aus drei- bis viergeschossigen Punkthäusern und kurzen Zeilen ein vom Verkehrslärm geschütztes, autofreies Wohnmilieu mit eher informellen Außenräumen. Der klare räumliche und strukturelle Ansatz der Straßenfront – vier Punkthäuser, die mit brückenartig vorgezogenen, verglasten Veranden verbunden sind (W. Ritsch) – bleibt von den übrigen, eher konventionellen Geschoßbauten aber isoliert.

Kindergarten 1989

Hard, Hofsteigstraße 146

Lothar Huber, Andreas Cukrowicz, Anton Nachbaur-Sturm

Kombination des Kindergartens – vier Gruppenräume erdgeschossig gereiht – mit Wohnungen für Gemeindebedienstete im Stockwerk darüber. Im Untergeschoß ein kleines Jugendzentrum, belichtet über einen ins Gelände eingetieften Hof an der Südwestseite. Durch tragende Betonwände in der Querrichtung gegliedert, ist der Bau linear in vier Schichten konzipiert: als „Rückgrat" eine sehr helle Gangzone (durchgehendes Oberlicht) und darüber der schmälere Laubengang für die Wohnungen, nordwestlich davon im EG die mit dunklem Eternit verkleideten Boxen der Garderoben und Nebenräume, südwestlich alle Haupträume, vollflächig zum Garten verglast, samt gedeckten, beschatteten Übergangsbereichen. Ein kompakter Typus, von den Böden bis zum abgesetzten Pultdach in Material und Details elegant und robust.

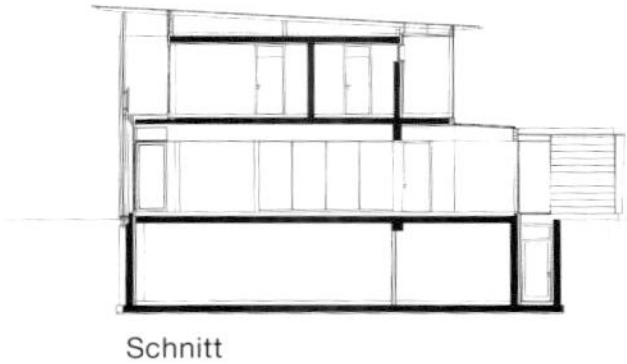

Schnitt

2

3

Wohnanlage 1986–89

Hard, Rauholzstraße 76

Helmut Dietrich, Christian Lenz

Haus N.
1989–90
Rauholzstraße 66
R. Felber

Textilmuseum
Mittelweiherburg
Umbau
1996–97
H. Dietrich
W. Felder

Zwei äußerlich unspektakuläre Volumina, doch optimal auf die Bedingungen des dreieckigen Grundstückes zugeschnitten und mit einer räumlich differenzierten Wohnungstypologie ausgestattet, die subtil auf die jeweilige Position im Gebäude bzw. zum Außenraum reagiert. An den Enden Etagenwohnungen – im EG mit Garten, im OG mit Loggien –, im Mittelteil schmalere, zweigeschossige Maisonetten, im DG wieder Etagen mit beidseitigen Terrassen; offene Erschließung über Lauben, die Treppe zum Dach durchgesteckt; Tiefgarage und Keller als unterirdische Verbindung. Eine der ersten „weißen" Wohnanlagen aus der Szene der Baukünstler.

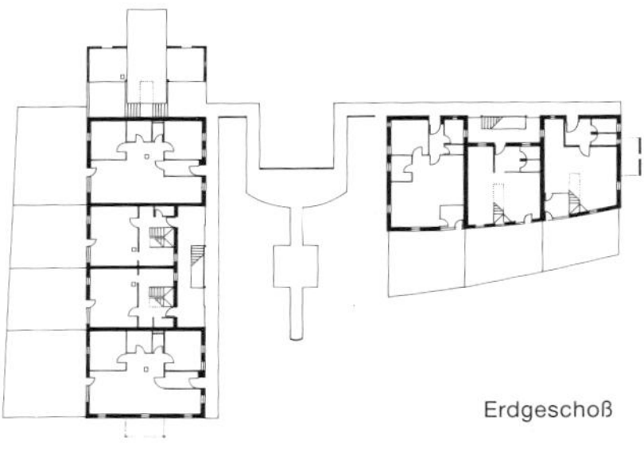

Erdgeschoß

Volksschule Mittelweiherburg 1989

Hard, Flurstraße 12

Much Untertrifaller sen., Much Untertrifaller jun.

2

4

Der Bau steht am Beginn einer Welle von Schulneubauten oder Erweiterungen, mit denen Land und Gemeinden auf die Bevölkerungsentwicklung in den späten 80er Jahren reagierten. Als landesweiter Wettbewerb ausgeschrieben, zeigt das siegreiche Konzept eine signifikante Abkehr von den Typologien und Technologien der 70er Jahre, die sich in der benachbarten Hauptschule exemplarisch manifestieren. In den Details eher derb, ist der südwärts geöffnete, schlichte Hoftypus mit der innen umlaufenden, zweigeschossigen Erschließungshalle und der vorgelegten Arkade eine ungemein großzügige, robuste und vielfältig nutzbare Lösung, die spontan anspricht und einen adäquaten Übergang zum anschließenden Landschaftsraum darstellt.

2

5

Haus E. 1995–96

Hard, Herrengartenweg 23

Walter K. Holzmüller

Haus H.
1995–96
Herrengarten-
weg 13
W. Juen

Umbau und Erweiterung einer Villa von 1906. Holzmüller vereinte die neue Garage und Küche in einem Zubau, der im südöstlichen Winkel mit dem Bestand dem Hauptgeschoß eine neue Terrasse anfügt und dessen Dach auch das Obergeschoß mit einer weiteren Terrasse ausstattet. Die ausgekehlte „Attika" des Anbaus paraphrasiert die Gesimsausbildung des Altbaus. In Technologie, Farbe und Proportionen dem Bestand angeglichen, setzt sich die Erweiterung – auch des Haupteinganges – durch die horizontale Nutung aber auch deutlich ab. Das Innere wurde unter Beibehaltung der Stiege und substanzieller Teile in eine bis zur kleinsten Fugen- und Achsenteilung kohärente, neue Raumsequenz gestaltet, die eine spannungsreiche Mischung alter und neuer Möblierungen ebenso nobel wie akkurat integriert.

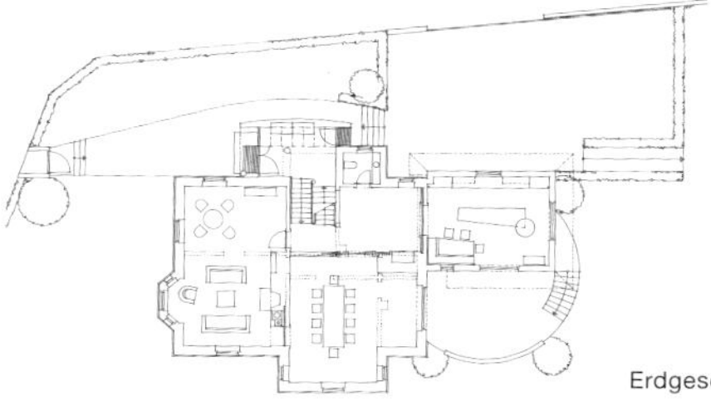

Erdgeschoß

Wohnanlage 1993 – 96

Hard, Hofsteigstraße 11 – 13

Helmut Dietrich, Much Untertrifaller

Gemischtes Nutzungsangebot nahe dem Ortskern. Zwei kontrastierende Baukörper stoßen stirnseitig an die Straße und bilden eine trapezförmige Erweiterung des Straßenprofils. Trotz erheblicher Verdichtung eine gelungene Integration in den Kontext durch die Stellung der Volumina und die Freihaltung von Durchblicken. Zur Straße liegen ebenerdig jeweils Läden bzw. die Bank, darüber Büros, verbunden mit verglasten Brücken. Im östlichen massiven Trakt hofseitig noch eine Kleinwohnung, darüber eine Maisonette mit Dachterrasse. Im längeren Westteil neun O – W orientierte Etagenwohnungen, am Dach Penthousetypen und breite Terrassen. Dieser Trakt ist ein Skelettbau mit ausfachenden Paneelen. Viel Glas und sehr große Loggien stimulieren die Verbindung ins Grün.

Ost-Ansicht

2

7

Haus C. 1996 – 97

Hard, Am Sägenkanal 11

Much Untertrifaller

Haus L., Umbau 1994 – 95 Am Sägenkanal 2 W. Unterrainer

Das Grundstück liegt südwestseitig an einem dicht bewachsenen Bachufer, ist im NO aber von teilweise gewerblich genutzter Bebauung bedrängt. Das nicht unterkellerte Haus ist deshalb nach NO geschlossen, eine ebenerdige Box aus schwarzem Sichtbeton enthält hier die Nebenräume, an der NW-Ecke eine analoge Ausstülpung für Garage und Windfang. Die mit Lärchenlattung verkleidete Betonwand umfaßt das schlanke, hohe Volumen an drei Seiten; in sie ist eine Holzkonstruktion aus Lärchenleimbindern eingeschoben. Die SW-Seite ist völlig verglast, die abschließenden Stahlrahmen tragen Sonnenschutz und Balkongeländer; zweigeschossiger Wohnraum mit Galerie zur Stiege liegt an der NO-Wand.

Wohnanlage 1993–96

Hard, Spinnereistraße 13–17, Achstraße 1–11

Helmut Dietrich, Much Untertrifaller

Zeilenstruktur auf dem Areal der alten Kammgarnspinnerei, deren flachgestreckte Shedhallen nördlich anschließen. Der offene Duktus der Bebauung soll den Zusammenhang der Freiräume mit dem nahen Seeufer erhalten. Der harte Kontrast zwischen den niedrigen Reihenhäusern und dem hohen Laubengangriegel ist also ein Versuch, aus der vorgegebenen Baudichte ein Optimum an Durchlässigkeit zu gewinnen. Der Nordtrakt hat Etagenwohnungen mit Loggien bzw. Wintergärten nach Süden, erschlossen durch Lifte und Laubengänge mit „leisen" Streckmetallböden. Der Westtrakt enthält Zweispänner- und Penthousewohnungen, die gereihten Maisonetten sind 4-Zimmerwohnungen mit 10 x 10 m großen Gärten und Grasdächern. Primärstruktur in Stahlbeton und Ziegel, südseitig Holz- und Glaspaneele, vorgehängte Schiebeläden.

Wohnanlage
1993–95
Achstraße 10–14
T. Lang
K. Schwärzler

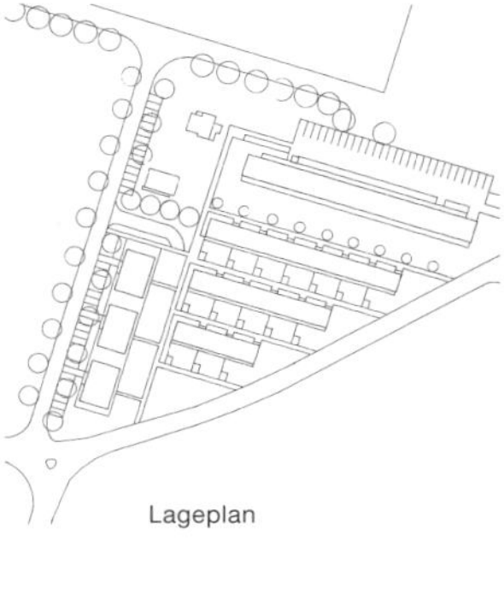

Lageplan

2

9

Schiffsanlegestelle 1990–93

Hard, Hafenstraße 15

Helmut Dietrich, Much Untertrifaller;
Hanns Kastner, Michael Schluder

Haus St.
1991–92
Hafenstraße 20
W. K. Holzmüller

1990 gewannen die vier Architekten den Wettbewerb für ein Hafengebäude in Hard. Dann wurde das Programm aber wieder grundsätzlich in Frage gestellt. Die danach ausgeführte Lösung, von Kastner/Untertrifaller überarbeitet, verwirklichte nur einen Teil des ursprünglichen Konzeptes. Ohne platte nautische Rhetorik formt das blaue Prisma mit dem leichten Stahl-Baldachin davor, der glitzernden Wellblech-Box daneben und dem schräg angedockten Steg für den legendären Salondampfer „Hohentwiel" ein frisches Ensemble und bringt in die verträumte Back-Stage-Atmosphäre dieses Kais relativ unangestrengt eine punktuelle, zeitgenössische Verdichtung.

Haus H. 1994 – 95

Hard, Mockenstraße 23

Carlo Baumschlager, Dietmar Eberle

Eine minimalistische, streng formalisierte Struktur mit einfachen proportionalen Entsprechungen zwischen Grundriß und Ansichten, Binnenraum- und Fassadenteilungen. Die fast tempelhafte, zwölfachsige Hieratik des südseitigen Rahmenwerks und die hermetisch die übrigen Seiten ausgrenzende Sichtbetonschale schafft für die insuläre Lage auf der (noch) „ortlosen" Wiese ein autonomes, introvertiertes Wohnmilieu, dessen Innenleben, von den Fassadensymmetrien losgelöst, mit wenig Aufwand eine spannungsreiche räumliche Partitur von Innen und Außen, von Durch-, Auf- und Tiefblicken entfaltet. Die Durchfahrt mit den Eingängen trennt die Hauptwohnung – mit zweigeschossiger Halle und Dachterrasse – von der ebenerdigen Einliegerwohnung auf der Ostseite.

Erdgesc

2

11

Wohnanlage 1982–86

Hard, Kiesestraße 2

Hans Purin, Wolfgang Ritsch

Eines der ersten Projekte großer Bauträger mit Planern aus der Szene der Baukünstler. Drei Baukörper mit je sechs Wohnungen umfassen über der Tiefgarage den nach Süden offenen Hof, der zur Straße zusätzlich durch eine kräftige Betonbrüstung abgeschirmt ist. Zweispännertypologie mit plastisch vorspringenden Wintergärten in Holzkonstruktion; Garagenaufgänge in den nördlichen Ecken, ein Fußweg außen rundherum, begleitet von gemauerten Schuppen in der Art früher Werksiedlungen. Vier Platanen beschatten den gut proportionierten Hof und filtern die Sicht zwischen den Häusern. Am Höhepunkt der Postmoderne entworfen, zeigt der Bau eine subtil verfeinerte Sprache des Alltags und bietet – mehr als ein Dutzend Jahre in Gebrauch – ein solide detailliertes, vorstädtisches Milieu.

Gewerbepark 1996–98

Lauterach, Dammstraße 4

Carlo Baumschlager, Dietmar Eberle

2
12

Massiver Eingriff an der Kreuzung der B 190, die da zur Achbrücke ansteigt, mit den parallel zur Ach gelegenen, lokalen Hauptstraßen. Der Bau bildet den östlichen Abschluß des zwischen Fluß und Harder Straße entwickelten Gewerbeareals und faßt mit den im Winkel hochgezogenen Teilen die aufeinandertreffenden städtebaulichen Räume. Den Geländesprung ausnützend, ist das große Volumen des Baumarktes hinter die Straßenrampe gesetzt und hat den Haupteingang mit Parkplätzen und Zufahrten an der abgeschirmten Westseite. Rolltreppen und Lifte führen zum Autohaus im Obergeschoß, das zur B 190 nun erdgeschossig anschließt und einen bepflanzten Innenhof umfaßt; Bankfiliale an der offenen Ecke, Büros und Wohnungen in den weiteren Stockwerken; fast fensterlose, vorpatinierte Kupferblechfassade als Lärmschild.

Betriebsbau
Hinteregger
1991–92
Dammstraße 14
H. Kaufmann

Fahrrad- und
Fußgängersteg
1993
Lauteracher Brücke
M. Häusle
E. G. Steinmayr
K. Bollinger

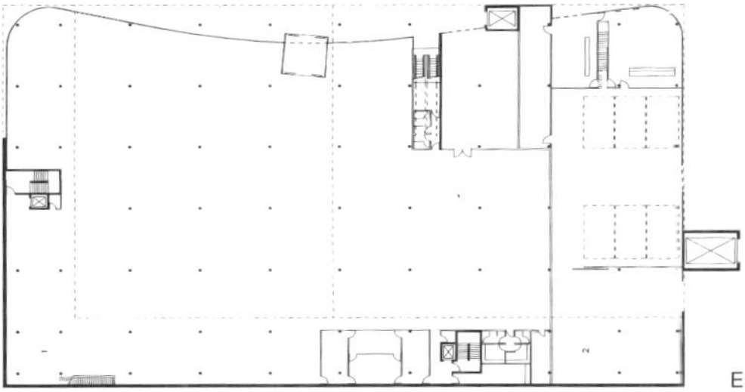

Erdgeschoß

2

13

Haus H. 1993 – 94

Lauterach, Weidachstraße 33

Carlo Baumschlager, Dietmar Eberle

Wohnanlage
1995 – 96
Herrengut-
gasse 19
M. Untertrifaller

Haus H.
1984 – 85
Weidach-
straße 10
S. Larsen

Einer Visitkarte gleich versammelt das – auf Fotos viel größer wirkende – Haus die aktuellen Elemente aus dem Repertoire von B+E auf kleinstem Raum: die klare, einfache Geometrie von Raum und Volumen; den Schleier aus Lamellen – hier aus Holz – vor vollflächig verglasten Außenwänden als Wetterschutz, Sicht- und Sonnenfilter; die perforierte Tür als Zitat aus den 50er Jahren und die Brechung der rektangulären Rationalität durch eine organhafte Form – hier das elliptische Stiegenhaus. Es führt im Erdgeschoß als plastischer Körper die Wege um sich herum, schirmt eine zum Garten hin offene, weit ins Volumen hineingeschnittene NW-Terrasse vom Wohn-Eßbereich ab und definiert einen lichtdurchfluteten Luftraum als Zentrum des Obergeschosses.

Obergeschoß

Gemeindezentrum 1991 – 94

Lauterach, Montfortplatz 3 – 8

Much Untertrifaller, Hanns Kastner, Michael Schluder

Umbau und Aufstockung einer Anlage aus den 60er Jahren (C 4 – Fohn, Pfanner, Sillaber, Wengler), zugleich Neufassung der indifferenten Freiräume an der stark befahrenen B 190. Der Montfortplatz ist nun verkehrsfrei, leicht erhöht, durch eine glasgedeckte Passerelle von der Straße getrennt. Das Rathaus wurde mit den Läden durch eine leichte Arkade verbunden, die auch die adaptierte Sparkassenfiliale gegenüber integriert. Aufstockung der Ladenzeile mit Wohnungen in Leichtbauweise (Holzkastenelemente, 3S-Platten). Der platzseitige Laubengang ist glasgedeckt und die Brüstung mit siebbedrucktem Glas sinnreich als Werbefläche integriert. Ein öffentlicher Raum mit wenig auffallender „Gestaltung", doch mit dezent angebotenem, vielseitigem Nutzwert.

Volkschule
Zubau
1990 – 92
Schulstraße 5
H. Kuess

Haus A.
1994
Rosenweg 3b+c
H. Kaufmann

2

15

Turnhalle, Zubau 1992 – 93

Lauterach, Bundesstraße 109

Helmut Kuess

Wohnanlage
1992
Bundesstraße 88a – e
M. Untertrifaller

Eine alltägliche, fast banale Aufgabe, die mit dosierter Angemessenheit modellhaft bewältigt wurde – in einer fast anonymen Selbstverständlichkeit, die heute überhaupt nicht selbstverständlich, sondern eher selten ist. Die typische Turnhalle aus der Zwischenkriegszeit hatte bereits straßen- und nordseitige Vorbauten, doch wurden zusätzliche, modernisierte Räume nötig. Kuess entfernte den Portikus, überbaute und ergänzte den nördlichen Anbau und versammelte den neuen Eingang mit allen Nebenräumen in einem eigenständigen, holzverschalten Trakt, von der Halle durch ein „Gelenk" im Mauerwerk (sanierter Bestand) klar abgesetzt. Der Anbau ist als geschlossenes Volumen konzipiert, das sich nur mit dem Clubraum zum Sportplatz öffnet. Das Fensterband „erleichtert" das Dach und bringt auch den Nebenräumen Tageslicht.

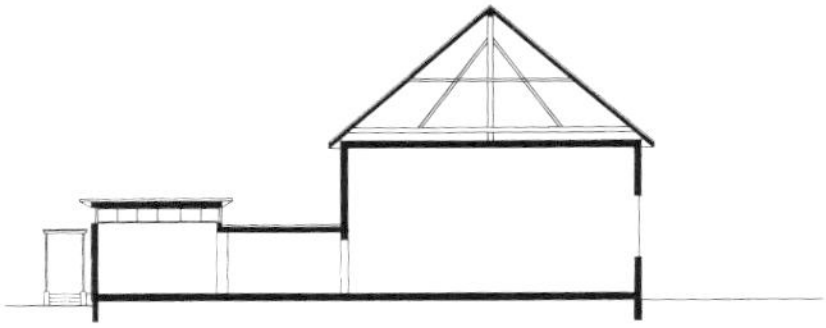

Schnitt

Sporthaus, Sportanlage Ried 1989

Lauterach, Scheibenstraße 1

Dietmar Walser, Erwin Werle

Nachträgliche Ausstattung der beiden Fußballplätze mit der für einen zeitgemäßen Trainingsbetrieb nötigen Infrastruktur. Der flache Bau „verlängert" die vorhandene, im Lauteracher Ried einmalige Birkenallee und schirmt den Platz gegen die östlich vorbeiführende Autobahn ab. So wird die räumliche Situation eindeutig gemacht, ohne den Durchblick ganz abzuriegeln. Massivbauweise mit leichten Fassadenelementen, im Bereich der Lagerräume Holzriegelwerk; Außenhaut aus großformatigen, beschichteten Sperrholzplatten; Dach-Primärkonstruktion als Stahlbau, ausgefacht mit Holzdielen.

Wohnanlage
1993–95
Lindenweg
C. Baumschlager
D. Eberle

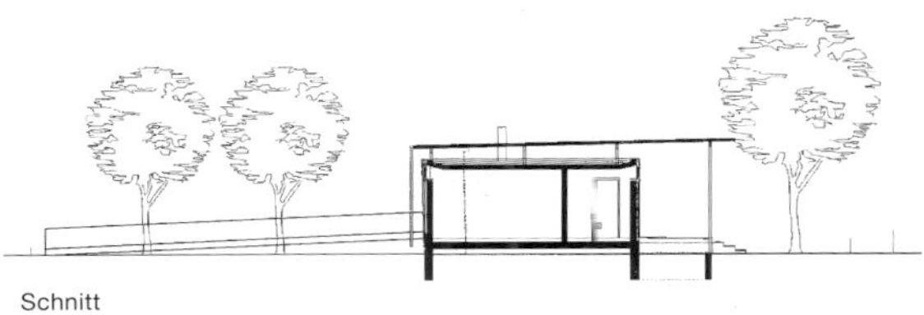

Schnitt

2

17

Haus G. 1994–97

Lauterach, Bahnweg 12

Ulrich Grassmann

Seifenfabrik
Revitalisierung
1989
Bahnhof-
straße 3
H. Kuess

Haus S.
1995–96
Bahnweg 2
D. Sauter

Eingekeilt zwischen Bahndamm und sehr nahen Nachbarn realisierte Grassman seinen Atelier-Wohnbau als Variation des klassischen Würfelhaus-Themas: 11 x 11 m im Grundriß und halb so hoch, räumlich in vier Quadranten geteilt, wobei der nordwestliche als ummauerter Hof aus dem Volumen herausgeschnitten ist. Das Umfeld demonstrativ ausgrenzend ist der Bau mit Sichtbetonwänden an drei Seiten fast ganz geschlossen, die Südseite – und die Schnittflächen des NW-Quadranten sind dafür mit Fixverglasungen, abwechselnd mit Schiebe-Fenstertüren, vollflächig geöffnet. Das „Innenhaus" ist als Holzkonstruktion in die Betonschale eingefügt, das Erdgeschoß durch Küchenblock, Stiege, Regalwand und Garderobe in Atelier und Wohnbereich gegliedert.

Haus S. 1996 – 97

Lauterach, Mäderstraße 1

Walter Unterrainer

Kompakte Verbindung von Tierarztpraxis im EG mit Wohnbereichen im OG. Der Bau nimmt straßenseitig die Flucht des benachbarten Trafo-Turmes auf und definiert mit dem bis zum Gehsteig reichenden Vordach des Ordinationseinganges die öffentliche Vorzone. Der private Zugang erfolgt nordseitig, gedeckt durch einen Gebäuderücksprung. Die SO-Terrasse mit Abgang zum Garten, der Dacheinschnitt im Flurbereich (beidseitige Belichtung und Belüftung aller Wohnräume) differenzieren den Umriß. Zur Eleganz und optischen Leichtigkeit trägt auch die intensive Fassadenverglasung bei, die Unterrainers System der aktiven Dämmung aus Kartonwaben über vorgefertigter Holztafelbauweise verkleidet. Energieoptimierung durch kontrollierte Belüftung mittels Erdwärmetauscher.

Haus Sch.
1985
Bleicheweg 18
R. Wäger

Wohnhaus
Revitalisierung
1992 – 93
Lauterach
Pariserstraße 30
C. Lenz

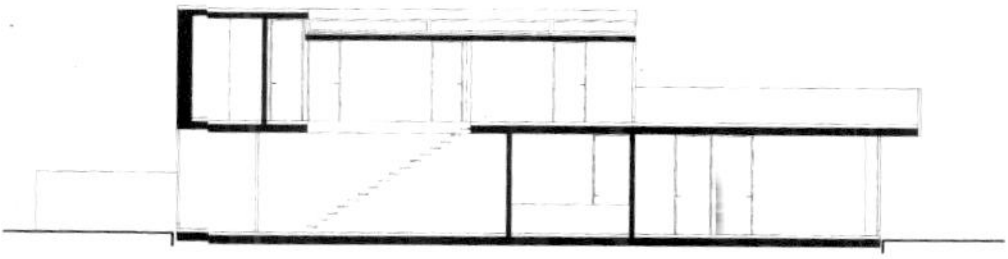

Schnitt

2

19

Kindergarten 1992

Lauterach, Bachgasse 14

Helmut Dietrich, Much Untertrifaller

Haus St.
1996–97
Unterfeld-
straße 19c
W. Wertaschnigg

Als Alternative zu einer bereits angebotenen Containerlösung wurde bei gleichem Preis und gleicher Montagezeit ein Holzbausystem entwickelt. Ein zweihüftiges, linear addierbares Konzept für temporär in neuen Siedlungen benötigte Kindergärten, die billig errichtet und auch an anderer Stelle wieder aufgebaut werden können. Der Mittelgang dient auch als Garderobe und wird einerseits von der Nebenraumzeile, andererseits von der Gruppenraumzeile flankiert, die eine größere Raumhöhe und eine verglaste Ostfassade aufweist. Holzskelettbau mit Fichtenleimbindern im 1,2 m Raster, außen mit Stülpschalung in Lärche beplankt, innen mit Gipskarton; abgehängte Decken mit Sperrholzplatten. Das „Provisorium", auch an anderen Orten eingesetzt, wurde in Lauterach jedenfalls – farblich inzwischen etwas verändert – zur Dauerlösung.

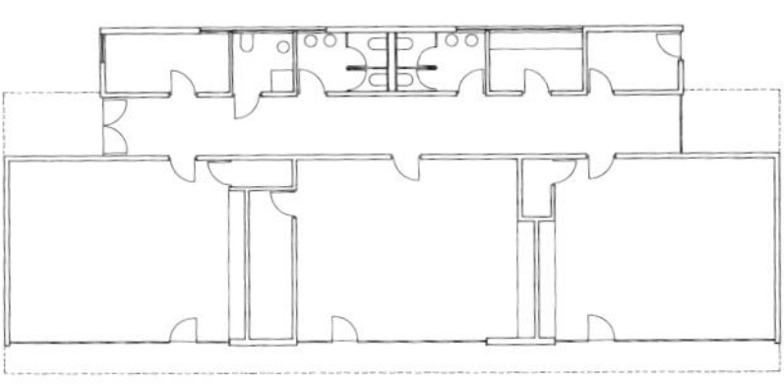

Grundriß

Haus L. 1995 – 96

Lauterach, Unterfeldstraße 21a

Christian Lenz

Die Nachbarschaft zeigt ein in den letzten Jahren sprunghaft angewachsenes Siedlungsgebiet mit einer ungewöhnlichen Dichte an Wohnhäusern, die von Architekten geplant wurden. Der vorgestellte Bau von Christian Lenz ist sehr klar proportioniert, der Grundriß auf 7 x 14 m in zwei Quadrate eingeschrieben und von der Nord- zur Südseite in durchgehende Längsschichten zoniert. Massivbau mit zusammengefaßten Öffnungen aus Leichtelementen und Flachdach in Holzkonstruktion. Die westlich vorgesetzte Auto- und Fahrradgarage bildet ein weiteres, hinter die Erschließungsachse des Hauses gerücktes Quadrat, schirmt den Eingang und die Gartenterrasse ab und definiert einen internen Vorplatz.

Haus G.
1990 – 91
Unterfeld-
straße 21
W. Ritsch

Haus H.
Umbau
1994 – 95
Kreuzgasse 1
H. Kuess

Erdgeschoß

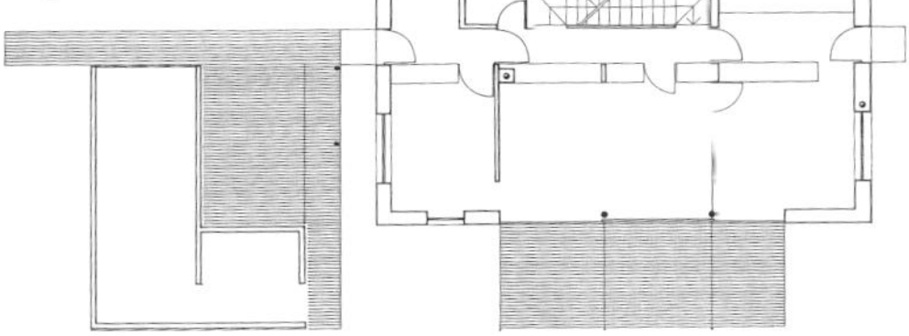

2

21

Wohnanlage 1992–95

Lauterach, Buchenweg 10–24

Carlo Baumschlager, Dietmar Eberle

Haus M.
1996–97
Fichteweg 4b
R. Wäger

Modellhafte Anwendung des von B+E verfolgten Konzeptes, größere Wohnanlagen in Punkthäuser zu portionieren und so einen typologischen Zusammenhang mit den traditionellen Bebauungsmustern herzustellen, aber auch den maßstäblichen Bruch zur neueren „Verhüttelung" zu mildern. In der informellen Randlage reagieren hier fünf idente Häuser mit je 12 Wohnungen auf die dahinterliegende Bahntrasse. Im Gegensatz zu neueren Anlagen ist das Verhältnis von Volumina und Freiräumen gut ausgewogen. Die zentralen Stiegenhäuser sind großzügig und gut belichtet; Massivbauweise, verputzt; Sonnenfilter vor den südseitigen Loggien und Wohnräumen; die nach Norden liegenden Wohnräume mit größeren, nach Süden herausgedrehten Balkonen versehen; südlich vorgelagerte Zeile mit zweigeschossigen Reihenhäusern.

Haus G. 1989–90

Kennelbach, Schindlersied ung 4

Roland Gnaiger

Haus Sch.
1988–90
Klosterfeld-
straße 14
H. Kuess

Variation der im Haus G. in Lustenau (s. 3.20) erprobten Prinzipien im Hinblick auf die unterschiedliche Lage und eine weiter verbesserte Energiebilanz: Wohnräume im OG, Kinderräume im EG (leicht umbaubar als Einliegerwohnung), 3 m Konstruktionsraster, Mauerwerk mit Außendämmung und Holzschalung. Grundrißzonierung mit Nebenräumen nach N, Küche und Eßplatz nach O. Südseite im OG zur Gänze verglast, dahinter liegt eine „wärmeproduzierende" Pufferzone, mechanisch einstellbar für Abluft (Sommer) oder Zuluft zum Wohnbereich bzw. in die massive Speicherschicht in dem Glas-Luft-Mauersandwich. Noch nicht ausgeführt ist der dem Obergeschoß südöstlich vorgelagerte Freisitz. Eine perfekte Synthese von Energie- und Raumkonzept, Komplexität und Einfachheit.

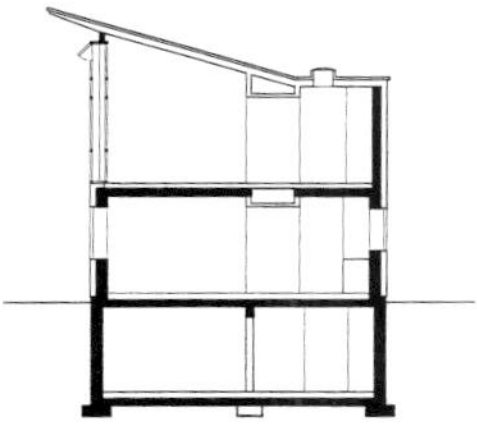

Schnitt

2
23

Betriebsgebäude Lagertechnik GmbH 1993

Wolfurt, Achstraße 53

Carlo Baumschlager, Dietmar Eberle

Haus T.
1989–90
Dammstraße 71
H. Kuess

Haus M.
1992
Inselstraße 13a
W. Ritsch

Aussagestarke Modulierung des Container-Typus für Werkshallen und Büros. Vier verschiedene Fassaden: im Norden, zur Straße, in einer dezenten Hülle aus Gußglas, die Autos im Hochregallager geparkt – das Firmenprodukt als Signatur des Gebäudes. Ostwärts trotzt eine dicke, mit Fensterluken perforierte Betonwand dem Lärm der nahen Autobahn. Nach Süden raumhohe Glaswände mit einem Schleier aus Alulamellen. Nach Westen ein selbsttragendes Betongerippe, ein Raster seichter „Loggien" mit Holz-Schiebeläden. Geschoßübergreifende, verglaste Lufträume trennen den Straßentrakt vom übrigen, als Betonskelett konstruierten Volumen, ein weiterer Schlitz trennt die oberen Etagen von der Ostwand. Großräume ebenerdig und östlich, Einzelbüros nach Westen.

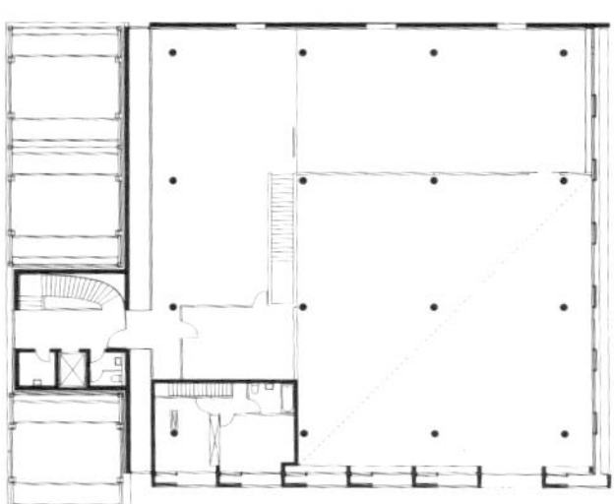

1. Obergeschoß

Wohnanlage 1992–95

Wolfurt, Fliederweg 17

ARTEC – Bettina Götz, Richard Manahl

Zweigeschossige Reihenhauszeilen mit O–W orientierten Wohnungen und kleinen Westgärten als Übergang von der dreigeschossigen Bebauung im Süden zu den Einfamilienhäusern im Norden. Die notwendige Dichte bedingte einen minimierten Abstand zwischen den Zeilen. Um deshalb die Bauhöhe möglichst zu drücken und den Lichteinfall zu verbessern, modellierten die Architekten das Obergeschoß mit unterschiedlichen Dach- und Wandschrägen und erreichten durch Schrägverglasungen unter dem First auch Tageslicht für die innenliegenden Flurzonen und Badezimmer. Die kompakte Plastizität der Bauten wird allerdings durch die Verkleidung mit verschiedenen Eternitplatten relativiert. Die westlichen Nachbarzeilen, von M. Untertrifaller konzipiert, wurden vom Bauträger stark verändert realisiert.

Bank- und Wohnhaus
1995–98
Unterlinden 25
C. Baumschlager
D. Eberle

Kirchberger Haus
Umbau 1991–94
Kellhofstraße 3
H. Dietrich
M. Untertrifaller

Kindergarten
Umbau 1990–92
Kirchstraße 7
H. Dietrich
M. Untertrifaller

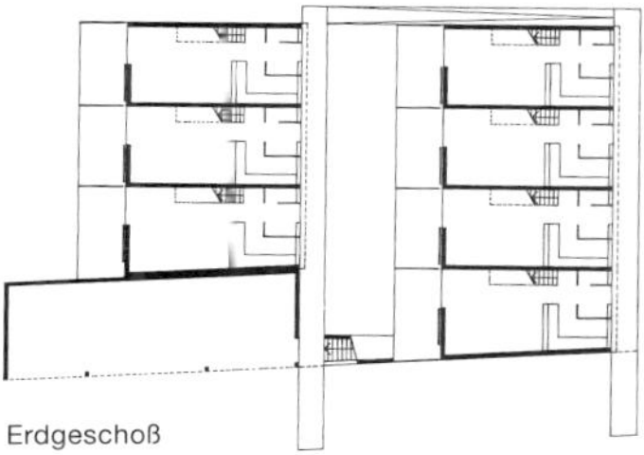

Erdgeschoß

2

25

Haus A. 1994–95

Wolfurt, Rüttigasse 7

Ernst Hiesmayr

Doppelhaus
B. und K.
1989–90
Rüttigasse 3a–b
H. Kaufmann

Haus K.
1993
Bucher-
straße 10e
C. Lenz

Haus T.
1997–98
Schloßgasse
E. Hiesmayr

Ein ungewöhnlicher Haustyp am Waldrand über dem Dorfkern. Mit einer Betonwand im NO-Winkel gegen den Berg gesichert, ragt der ansonsten in Holz konstruierte dreigeschossige Bau aus dem Hang heraus. Das Pultdach spreizt sich zum Wald nach Osten auf und holt mit einem Lichtband über die an der massiven Ostwand hochführende Stiege noch Morgenlicht und Bergsicht in die Schlafräume. Auf der mittleren Etage blickt der Wohn-Eßraum mit großen Eckfenstern süwestseitig talwärts. Hier öffnet sich die Stiege am Podest mit einem Erker zum Hang. Hiesmayrs spezielle Intention auch an diesem Bau: die Wege im Haus nicht mathematisch zu minimieren, sondern durch die Führung der Treppen, der Wendungen und Gänge die ganze Plastizität des Volumens und seiner Umraumbeziehungen zu entfalten.

Veranstaltungssaal 1994–98

Wolfurt, Wälderstraße 4

Lothar Huber, Andreas Cukrowicz, Anton Nachbaur-Sturm

Zwischen dem Vereinshaus und der Hauptschule in einen großzügigen Freiraum plaziert, setzt der Saal dem Ort neue Maßstäbe. Das strenge Volumen erhält durch asymmetrische Öffnungen Spannung und Vitalität, durch die Bekleidung mit Schieferplatten auch Noblesse und verhaltene Besonderheit. Vom doppel-quadratischen Grundriß, den Kohärenzen in Binnenteilung und Querschnitt bis zu den Fenster- und Plattenteilungen klare, präzise Proportionen. Nach Süden öffnet nur ein niedriges, mit einem Gitterdach beschattetes Glasband, nach Norden dominiert das hohe Bandfenster vor den Holz-Fachwerkträgern der Saaldecke, im Osten zelebriert ein zweigeschossiges „Schaufenster" den Haupteingang und die Galerietreppe. Innen Birnen- und Birkenholz. Die Eröffnung vereinte Trachentanz und Square Dance Crew.

Reihenhäuser
1985–87
Moosmahdgasse
R. Gnaiger

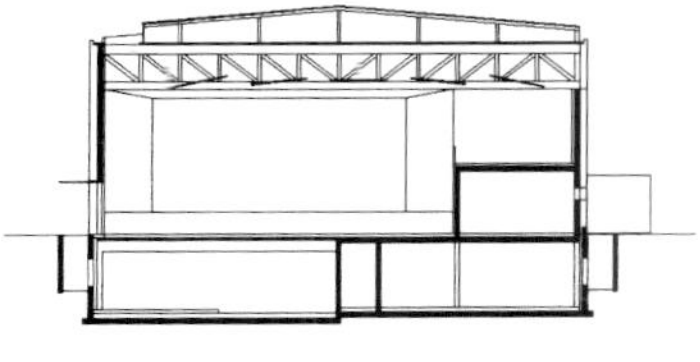

Querschnitt

2
27

Wohnanlage 1993–95

Wolfurt, Eulentobel 5

Carlo Baumschlager, Dietmar Eberle

In der Umgebung aus Einfamilienhäusern fast versteckter Terrassenbau für gehobene Wohnansprüche. Entwurfsparameter waren das dreieckige Grundstück am Osthang und ein mächtiger alter Baum am höchsten Punkt. Im oberen, flachen Teil ein breiter Trakt, hinter den Baum zurückgesetzt: drei erdgeschossige Wohnungen mit durchgebundenen Wohn-Eßräumen und kleinen Gärten nach Westen; darüber größere Maisonetten mit den Wohn-Eßbereichen im Obergeschoß samt südlich anschließenden Terrassen. Im unteren Abschnitt ein viel schlankerer Baukörper, dreimal den Hang hinuntergetreppt und räumlich ähnlich organisiert, wobei die Terrassen sich jeweils aufs Dach der nächstunteren Einheit erstrecken. Ziegelmauerwerk mit hinterlüfteter, gedämmter Stülpschalung in Lärche.

Kaufmann Holzbauwerk 1989–90

Wolfurt, Senderstraße 18b, Güterbahnhof

Hermann Kaufmann

Kaufmann Holzbauwerk zählt zu den führenden Herstellern von Leimholzprodukten, Schaltafeln bzw. -trägern und modernen Holzkonstruktionen in Europa. Die Firma hat fast alle innovativen großen Holztragwerke der letzten Jahrzehnte in Vorarlberg gefertigt bzw. durch ihr technisches Know-how überhaupt ermöglicht. Die 6.500 m² große Halle in Wolfurt dient in Zusammenhang mit dem Güterbahnhof als Distributionszentrum für Zuschnitte und Verpackungen, ausgestattet mit LKW-Container-Docks und einem integrierten Bürotrakt an der Westseite. Primärstruktur aus eingespannten Stahlstützen, überdeckt mit vollwandigen Brettschichtholzträgern und abgehängten Pfettenlagen. Am Platz daneben eine Cable-Car-Modellanlage der Firma Doppelmayr, des weltweit erfolgreichen Seilbahnproduzenten.

Ich habe anfangs versucht, bewußt gegen den Traditionalismus zu bauen. In meiner Lehrzeit als Zimmermann habe ich mitbekommen, wie gedankenlos das sogenannte traditionelle Bauen war. Diese klischeehaft gebauten Häuser waren keine eigentlich traditionellen Bauten. Der Gegensatz dazu war und ist für mich deshalb ein Thema. Mit Holz zu bauen heißt in erster Linie konstruieren. Wenn darüber der Raum vergessen wird, wird Konstruieren allerdings zum Selbstzweck.

Rudolf Wäger

Ich baue mit Holz, weil ich durch meinen Vater – er führt eine Zimmerei – von Kindheit an eine Beziehung zu diesem Baustoff aufgebaut habe. In Vorarlberg sind wir in der außergewöhnlichen Lage, durch den gegenseitigen Ansporn von Architekten und Handwerkern eine hochstehende, moderne Holzbaukultur erreicht zu haben.

Hermann Kaufmann

Die Orte am Rheindelta waren früher sehr arme Bauerngemeinden, die durch Überschwemmungen periodische Rückschläge erlitten. Fußach wurde zu Beginn des Eisenbahn- und Schiffsverkehrs der wichtigste österreichische Hafenplatz am Bodensee, verlor jedoch seine strategische Position, als 1900 zum Hochwasserschutz der Neue Rhein angelegt wurde und die Fußacher Bucht schnell verlandete. Zwischen Altem und Neuen Rhein liegt als Grenzort und Verkehrsknotenpunkt Höchst. Zwischen diesen beiden Kommunen erstreckt sich zum See heute ein streng geschütztes Naturreservat. In den 60er Jahren kam es hier zu scharfen Interessenskonflikten. Gemeinden und Landwirte waren gegen die Ausweitung der geschützten Gebiete, da sie hier die agrarische Nutzung intensivieren wollten. Andererseits stand das Areal auch als Standort eines großen Bodenseehafens bzw. eines Flughafens zur Diskussion.
Lustenau ist mit knapp 19.000 Einwohnern die größte Marktgemeinde Österreichs. Ihren wirtschaftlichen Aufschwung ab der Mitte des 19. Jh.s verdankt sie der Maschinenstickerei. Die Umwandlung von einer Agrargemeinde in eine wohlhabende Industriegemeinde bewirkte eine rasante, lange Zeit unkontrollierte Ausweitung der Siedlungsflächen. Die negativen Begleiterscheinungen – Zersiedelung in orientierungslose Streuflächen, unwirtschaftliche Erschließung, Verlust von Natur- und Erholungsräumen – führten dazu, daß 1977 durch die überörtliche Raumplanung im Rheintal die Siedlungsflächen klar abgegrenzt wurden. So blieben hier große Freiräume – die alten „Rieden" – erhalten, die heute ausschließlich agrarisch genutzt werden bzw. als Naturreservate definiert sind. In Lustenau wurde zudem 1985 erstmals in Vorarlberg ein unabhängiger Gestaltungsbeirat etabliert, um die Qualität der Bautätigkeit im allgemeinen, jedoch speziell bei größeren und öffentlichen Vorhaben zu heben und zu unterstützen.
Wie sehr neue Eingriffe ins Ortsgefüge immer noch umstritten sind, zeigte die lokalpolitische Aufregung um die Neugestaltung des Lustenauer Kirchplatzes. Nach der Auftragsvergabe fand eine Volksbefragung zur Gestaltung statt – mit negativem Ausgang, was die Realisierung aber nicht verhindern konnte.

Hinweis
Lustenau, Museum „Rhein-Schauen" an der Bahn-Haltestelle. Darstellung der Entwicklung der Rheinregulierung seit 1900, gestaltet 1989–92 von G. Wratzfeld, geöffnet Mai bis September (bei 3.10).

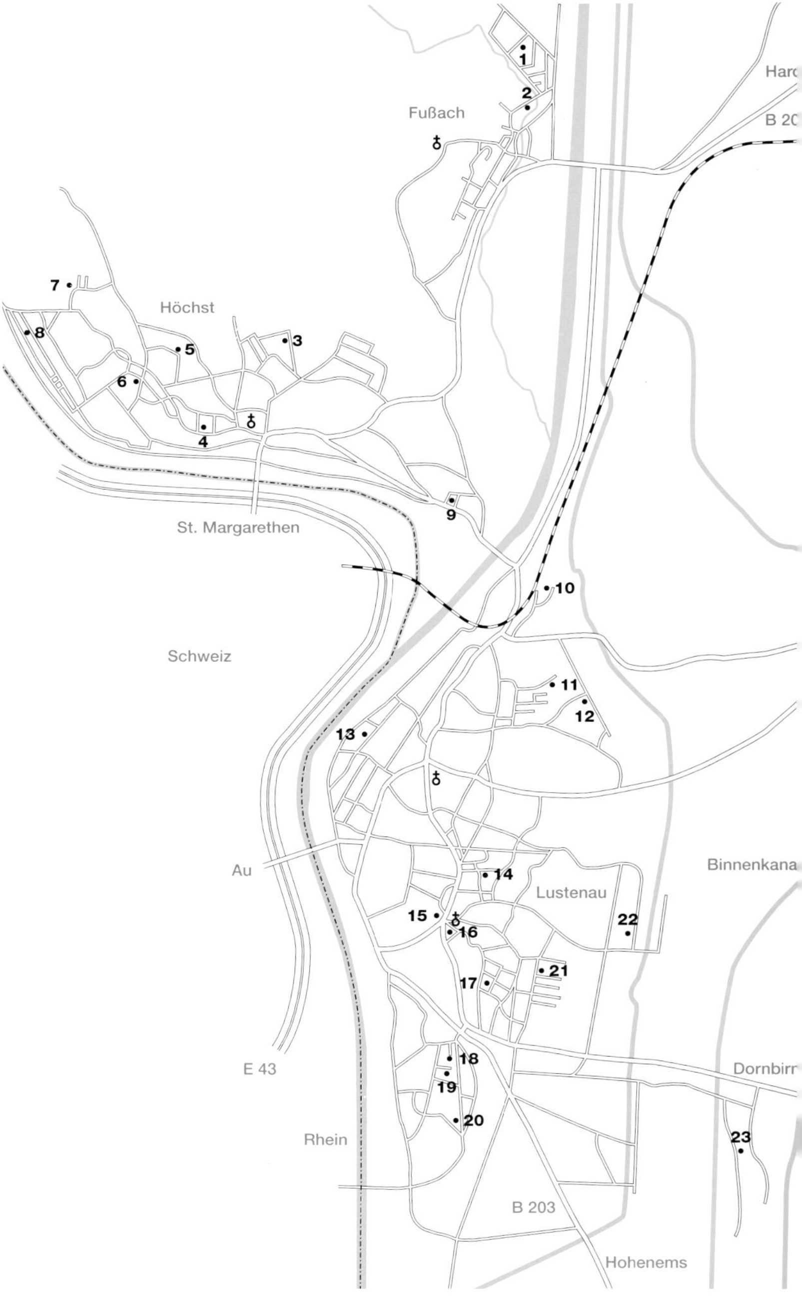

Fußach
Harc
B 20
Höchst
St. Margarethen
Schweiz
Au
Lustenau
Binnenkana
Dornbirr
E 43
Rhein
B 203
Hohenems
1
2
3
4
5
6
7
8
9
10
11
12
13
14
15
16
17
18
19
20
21
22
23

Fußach

1 **Bürogebäude RSB**
Schilfweg 1

2 **Wohnanlage Nachtgärtle**
Kanalstraße 18

Höchst

3 **Reihenhäuser**
Lerchengasse 21–25

4 **Bürogebäude Julius Blum**
Industriestraße 1

5 **Wohnanlage**
Kornfeld – Mühleweg

6 **Haus H.**
Sandgasse 15

7 **Wohnanlage Im Fang**
Gärtnerweg 9

8 **Haus G.**
Waldstraße 59

9 **Wohnanlage**
Bitzestraße – Brugger Straße

Lustenau

10 **Doppelhaus S. und W.**
Bahngasse 17b–c

11 **Kindergarten**
Am Schlatt

12 **Betriebsgebäude Heizbösch**
Rasis-Bündt-Straße 12

13 **Haus S.**
Badlochstraße 2c

14 **Haus F.**
Winkelstraße 11b

15 **Einkaufszentrum Kirchpark**
Kaiser-Franz-Josef-Straße 2

16 **Rathaus, Erweiterung**
Rathausstraße 1

17 **Haus N.**
Mähdle 43

18 **Wohnanlage**
Negrellistraße 6

19 **Hauptschule**
Hasenfeldstraße

20 **Haus G.**
Flurstraße 21a

21 **Haus G.**
Binsenfeldstraße 22b

22 **Haus N.**
Feldkreuzstraße 33

23 **Vetterhof**
Alberried 14

3 | 1

Bürogebäude RSB Rundstahlbau 1988–89

Fußach, Schilfweg 1

Ernst Giselbrecht

Ambitionierter Nutzbau, mit dem die Bauherrschaft nicht nur ihre einschlägige technologische Kompetenz, sondern auch kulturellen Anspruch repräsentiert. Der zweigeschossige Mittelgangtypus hat ein Betonskelett als Primärstruktur, ist in eine differenzierte Stahl-Glas-Haut gehüllt und im Prinzip erweiterbar. Da die südöstliche Raumschicht weitgehend erdgeschossig mit Dachterrasse ausgeführt ist, erhält auch die Gangzone über das durchgehende Fensterband hier reichlich Tageslicht. Am Nordende erweitert sich der Gang als Kreissegment zum Eingangsbereich mit Windfang und Halle. Das mit Fachwerksträgern von der Decke distanzierte Stahldach stützt sich an der NW-Seite auf ein Spalier von Stahlprofilen. Der darin integrierte Putzsteg ist zum Eingang als autonomes, plastisches Zeichen verlängert.

Wohnanlage Nachtgärtle 1982–84

Fußach, Kanalstraße 18

Wolfgang Juen

Konsequenteste Realisierung aus der Phase „Gemeinsam bauen und wohnen" um 1980. Sechs Wohnungen je 130 m² plus großzügige Gemeinschaftsbereiche (Kinderraum, Sauna), geplant und zu 20% selbst gebaut von einer Eigentümergemeinschaft, der auch der Architekt angehört. Der O–W gelagerte Bau ist in zwei konträre Längsschichten geteilt. Zur Straße private „Reihenhäuser", integriert in eine „öffentliche", gemauerte Architektur mit einfachen, klassischen Formen. Zum Garten die breite, „private" Raumschicht der Wintergärten in leichter Holz- und Metallstruktur mit großen Glasflächen; dazwischen drei Holzkuben: oben Abstellräume, unten die kollektiven Funktionen. Individuelle Innenfassaden mit Fenstern und Türen aus Abbruchhäusern. Wohnbereiche im Obergeschoß mit Galerien unter dem offenen Dachstuhl.

Haus R.
1991–92
Kanalstraße 10
C. Baumschlager
D. Eberle
U. Grassmann

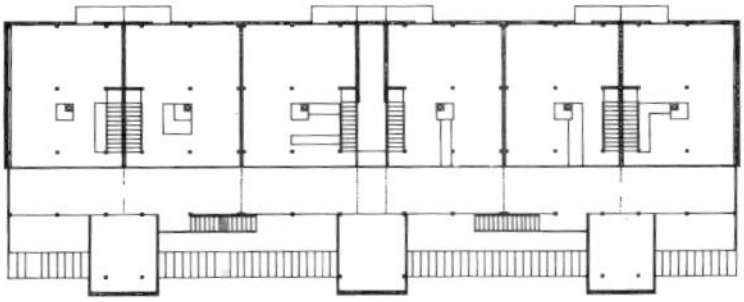

Obergeschoß

3

3

Reihenhäuser 1993 – 94

Höchst, Lerchenstraße 21 – 25

Robert Felber

Haus Sch.
1991 – 92
Lerchenstraße 19
A. Bereiter

Domizil dreier Schwestern mit unterschiedlichem familiären Stand und Flächenbedarf, realisiert am Ortsrand als plastisch gegliederte Zeile, mit feinen Variationen eines gemeinsamen Raumkonzeptes. Der Typus hat je eine gartenseitig einspringende Terrasse im EG, überdacht von der mit Glasbausteinen perforierten Platte des Balkons im OG. Ein straßenseitiger Rücksprung bildet den analog überdeckten Carport, an dem auch die Treppe anliegt. Das System ist bei den nördlichen Einheiten mit Volumens- und Fassadenvariation gereiht, beim Südteil gespiegelt. Mit massiven Mauern, Winkeln und Scheiben kubisch moduliert, öffnet sich die Struktur erdgeschossig zum Garten in ein von Glaswänden und Paneelen umhülltes Skelett. Am Südende die Sonderform des vertikal akzentuierten Atelierhauses.

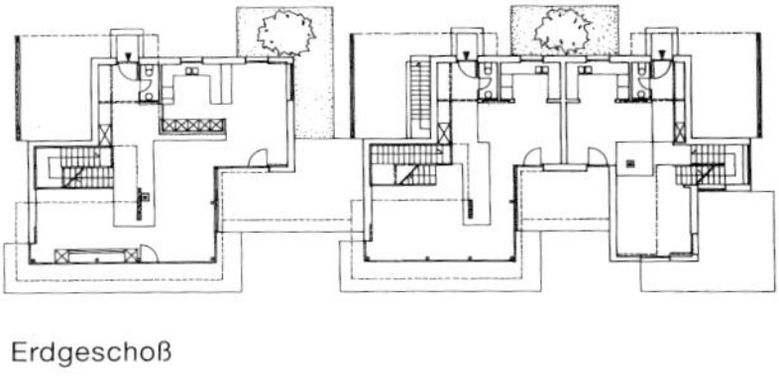

Erdgeschoß

Bürogebäude Julius Blum 1992

Höchst, Industriestraße 1

Arno Bereiter

Die Firma ist weltweit Marktleader in Beschlägen und produziert in Höchst primär für den europäischen Raum mit 90% Exportanteil. Das Entwicklungszentrum ist speziell für Computer-Arbeitsplätze konstruiert. Tageslicht wird mit Lamellen vor den fixverglasten Fenstern soweit weggefiltert, daß keine Blendwirkungen entstehen. Die auf den ersten Blick minimale Grundhelligkeit kann durch dosiert zugeschaltetes Kunstlicht bzw. individuell verstellbare Lamellen ergänzt werden. Erstmals in Vorarlberg wurden zur Klimatisierung Kühldecken eingesetzt, konnte der Luftwechsel auf nicht mehr spürbare Werte reduziert werden. Wegen der großen Ersparnis gegenüber einer Tiefgarage wurden die zwei Etagen mit vorgespanntem Beton hochgestelzt. Die Stützen spreizen sich nach oben jeweils in drei schlanke „Äste" auf. Der Schatten und Kühlung spendende Baum war hier Metapher für das formal punktuell exzessive, technologisch spannende Konzept einer Baustruktur, die Arbeitswärme in Raumkühlung verwandelt.

3
5

Wohnanlage 1988 – 90

Höchst, Kornfeld – Mühleweg

Wolfgang Juen, Norbert Mittersteiner

Sechs dreigeschossige Wohnhäuser mit sieben Wohneinheiten, von den Besitzern mit 1800 Stunden Anteil Eigenleistung pro Haus errichtet. Südseitig orientiert, haben die Häuser zweigeschossige Wintergärten, darüber die Terrassen der dritten Etage. Nordseitig erschließt der Laubengang die Wohn-Eßbereiche im 1. Obergeschoß. So kann das Erdgeschoß jeweils auch als Einliegerwohnung abgetrennt werden. An der Haupttreppe liegt ebenerdig die allgemeine Waschküche und darüber ein Kinderspielraum. Das gerundete Dach ist begrünt, in der Firstlaterne befinden sich Warmwasserkollektoren und zusätzliche Belichtungsöffnungen. Zentrale Heizung mit Gas-Brennwertkessel und getrennten Wohnungskreisläufen. Ein ausgereifter, in Variationen mehrfach realiserter Haustyp.

Haus H. 1995

Höchst, Sandgasse 15

Christian Lenz

Auf das in dichten Altbestand eingezwängte Grundstück zugeschnitten ein sehr schmales, langes weißes Prisma; zum Garten hin sind Küche und Eßplatz holzverschalt ausgestülpt, darüber die Terrasse vor der großzügigen Diele des Obergeschosses. Auf 4 x 21 m sind die Räume von der mittig an der Nordseite gelegenen Stiege aus linear organisiert. Das Auto wird neben dem Eingang in einer Durchfahrt abgestellt, daneben als ostseitiger Abschluß des Erdgeschosses ein „Schopf" für Zweiräder und anderes. In unmittelbarer Nachbarschaft ein altes Rheintalhaus mit einer kompletten Peripherie an Schuppen, Geräten und Lagern: ein anschauliches „Biotop der Handarbeit". Zufahrt: Landstraße, Zehentstraße, Sandgasse.

Haus H.
1994–97
Grünau 15
A. Roventa

Wohnanlage
1993–94
Grünau 1–1a
N. Mittersteiner

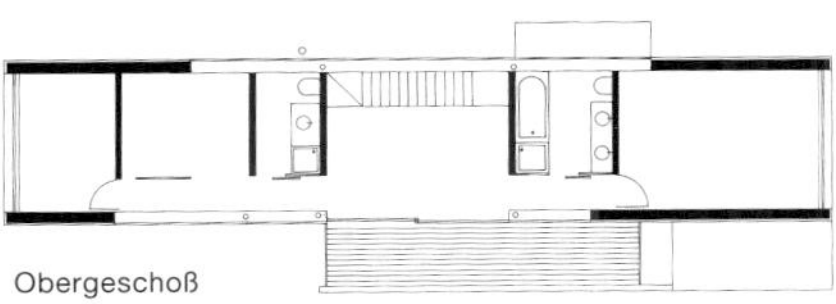

Obergeschoß

3

7

Wohnanlage Im Fang 1978–79

Höchst, Gärtnerweg 9

Cooperative – Dietmar Eberle, Wolfgang Juen, Markus Koch, Norbert Mittersteiner

Noch während des Studiums der Beteiligten konzipiert, begründete „Im Fang" nach den prototypischen Bauten von Purin, Wäger u.a. die zweite Generation „Vorarlberger Baukünstler". Ihre Maximen: möglichst einfache Methoden zu finden, die es auch Laien ermöglichen, daran mitzubauen, sodaß auch junge Familien, die sonst nicht zu einem Haus gekommen wären, dies ohne lange Belastung mit Rückzahlungen leisten konnten. „Im Fang" ist ein Holzskelettbau im Rastermaß 3,6 m, vom Zimmermann in 6 Tagen abgebunden. Dachdeckung, Spengler- und Installationsarbeiten von Professionisten, das übrige in Eigenleistung. Fünf zwei- bis dreigeschossige Häuser mit verglasten Veranden sind durch den gedeckten Innenhof verbunden, an dem die Hauseingänge und Gemeinschaftsräume liegen. Heizung mit Grundwasserwärmepumpe. Komplexe Raumfolgen innen, außen lapidar und „schön wie alte Scheunen". Ein zeitrichtiges Experiment, heute großteils mit neuen Bewohnern eingewachsen.

Erdgeschoß

Haus G. 1992

Höchst, Waldstraße 59

Hugo Dworzak

Von der Rationalität der Szene abweichend zeigte Dworzak – nach Studien in den USA – hier erstmals seine Auffassung vom Gebäude als „techno-psycho-physisches Organ". Von der niedrig hingestreckten NO-Seite steigt das Haus zur dreigeschossigen SW-Seite hoch. Dort schiebt sich gegenläufig vom Hang her die Natur als Wintergarten unter den Bau hinein. Kopf („Gehirn") des Ganzen sind die über dem Wintergarten auskragenden Studierzimmer, leicht nach vorn geneigt. Der zentrale Stahlbetonkamin enthält das Heizsystem und bildet das statische Rückgrat für die gesamte Holzkonstruktion. In seinem Fundament „wurzelt" der Keller. Wegen der starken Winde ist die NW-Alufassade geneigt, als reagiere sie auf diesen Druck, und schiebt das Vordach auf der SO-Seite schützend über die Holzplattenfassade hinaus.

Haus F.
1994
Waldstraße 52
J. Hutter

Haus E.
1991
Waldstraße 26
H. Purin

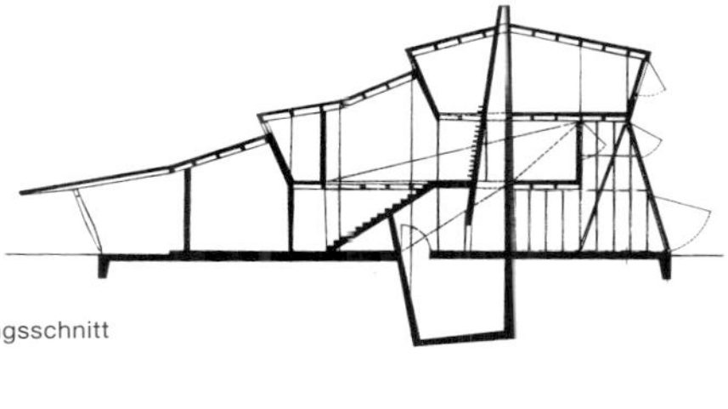

Längsschnitt

3

9

Wohnanlage 1994 – 97

Höchst, Bitzestraße – Brugger Straße

Rudolf Wäger

Wohnanlage
1991 – 96
Bitzestraße –
Rheinstraße
C. Baumschlager
D. Eberle

Wenige würden auf den ersten Blick die Handschrift eines Pioniers der minimierten Raumkonzepte und der strukturellen Konstruktionsökonomie erkennen. In dem vom Bauträger vorgegebenen Korsett an Flächen- und Ausführungsstandards erreichte Wäger aber immerhin die optimale Einfügung eines beachtlichen Volumens in den kleinkörnigen Baukontext. Um den westlichen und östlichen Nachbarn nicht zu massiv nahe zu rücken, wurde das Hauptvolumen in zwei Riegeln so weit an die Ost- bzw. Südseite des Grundstückes geschoben, daß gerade noch Platz für die Gartenflächen blieb. Die Ecke des nun zur Straße geschaffenen Platzraumes wird durch einen kleineren, freistehenden Baukörper definiert, der auch zum Maßstab der Nachbarbauten übergeleitet. Im W-Block große Maisonetten mit Gärten, darüber Kleinwohnungen, im S-Teil Etagenwohnungen am Laubengang.

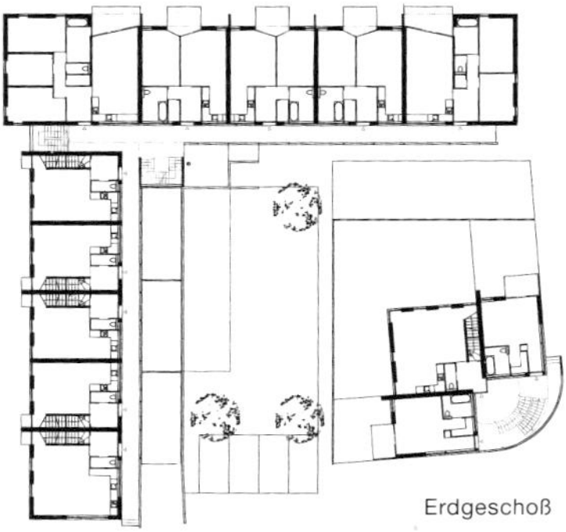

Erdgeschoß

Doppelhaus S. und W. 1990–93

Lustenau, Bahngasse 17b–c

Hermann Kaufmann, Walter Unterrainer

3

10

Ebenso seltene wie sinnvolle Kooperation zweier Familien mit zwei Architekten, die auf benachbarten Gründen zuerst unabhängig bauen sollten und dann flächensparend ein Doppelhaus mit gemeinsamem Windfang und einheitlichem Energiebaukonzept realisierten. Holzskelettbau mit südwärts aufgespreizten Pultdächern, Grundrisse und Fassaden im gemeinsamen Modul individualisiert, rückbezüglich abgewandelt auch die Farbe der doppelten Holzverschalungen. Die Südseiten sind voll verglast mit großem Anteil an Trombe-Wänden, durch äußere Rolläden verschattbar. Hypokaustenheizung. Keller nur unter den nördlich vorgelagerten Garagen.

Schnitt

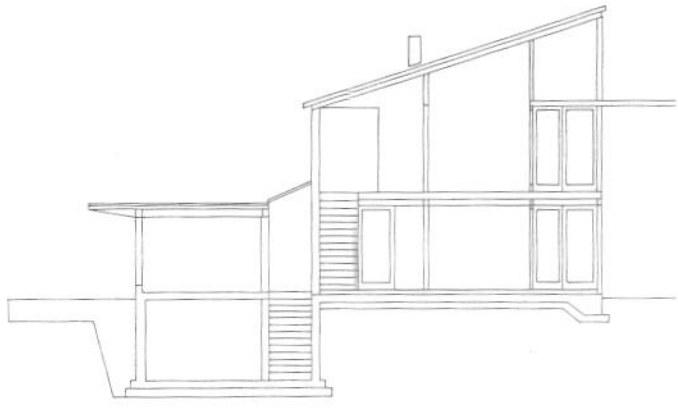

3

11

Kindergarten 1992–94

Lustenau, Am Schlatt – Andreas-Hofer-Straße

Marianne Burkhalter, Christian Sumi

Wohnanlage
1986–88
Bruggerwiesen 11
C. Baumschlager
D. Eberle
M. Koch

Die Priorität an der Einführung der Schachbrettfassaden im Lande ist umstritten. Bei diesem Kindergarten ist das Versetzen der Fenster jedenfalls klar vom Innenraum (auch von der versetzten Grundrißfigur der Baukörper!) her entwickelt und nicht – wie sonst oft – reine Fassadengrafik. Schlichte Kuben sind hier einfach aneinandergelagert – auch in den Farben ähnlich einem Baukasten. Sorgfältige Möblierung und Detaildurchbildung. Vorgefertigte Holzständerkonstruktion mit hinterlüfteter Holzschalung, massive Holzdielendecke. Außen angeschlagene Fenster, die verleimten Ständer innen sichtbar. Innenverkleidung aus Birkensperrholz. Ein frischer, im Œuvre des Schweizer Duos und in der regionalen Szene vielbeachteter Bau. Ein pointierter Ort in disperser Umgebung. Zufahrt: Bahnhofstraße, Bettleweg.

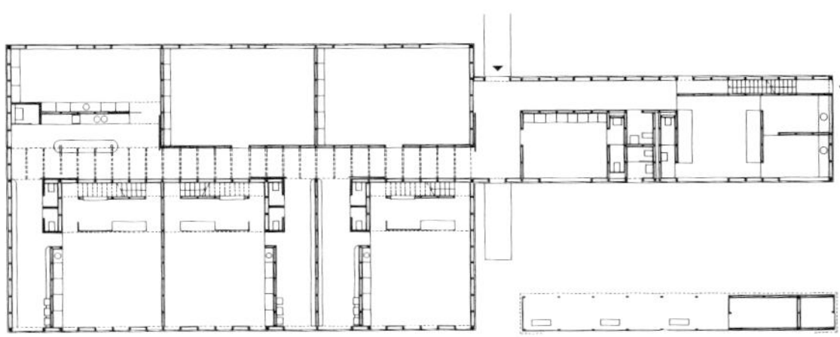

Erdgeschoß

Büro- und Betriebsgebäude Heizbösch 1987–90

Lustenau, Rasis-Bündt-Straße 12

Erich G. Steinmayr

In dem an bedeutenden historischen Industrieanlagen reichen Land steht dieser Bau am Beginn einer Industriebau-Renaissance in den 80er Jahren. Im Nutzbau atypisch, spielten dabei landschaftliche Aspekte eine Rolle. Die neue Zentrale des traditionsreichen Heiztechnik-Produzenten entstand in einem als Industriezone gewidmeten Streifen, in einer vorher intakten Wiesenlandschaft. Um das Wohngebiet nicht völlig von den Rieden abzuriegeln, sind die Volumina so gesetzt, daß ein Grünstreifen durch die Gewerbezone hindurch freibleibt und ein mit Pappeln markierter Straßenraum entsteht. Die Hallen selbst sind sehr transparent, mit großen Fensterbändern und Torverglasungen. Eine perfekte Kohärenz aller Elemente vom Tragsystem bis zu den Details in Stahl und Aluminium.

Haus B.
1993–94
Lehargasse 1
H. Kaufmann

Haus K.
1988
Stalden-
straße 41b
R. Felber

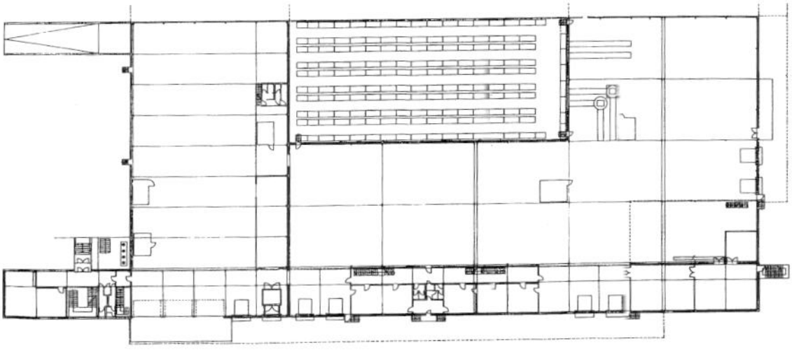

Erdgeschoß

Haus S. 1992–94

Lustenau, Badlochstraße 2c

Wolfgang Ritsch

Der moderne Holzbau resultiert in Vorarlberg aus verschiedenen Quellen. Ritsch etwa betreibt seine Recherche mit der Akribie eines Stahlbauers (und er hat in Dornbirn auch ein Stahlhaus gebaut) oder besser gesagt: mit der Präzision des gelernten Möbeltischlers. Das Haus S. ist für zwei Familien konzipiert: ebenerdig die Garagen und eine Kleinwohnung, darüber die größere Wohnung mit Arbeitsraum und gedeckter Westterrasse; Südbalkon als „Reinigungssteg"; ein „Koffer" von Einbauschränken entlang der Nordostfassade. Das Volumen ist in acht Felder zu je 3 m Spannweite geteilt; Dielendecken in Holz, Fassaden als vorgefertigtes Rahmensystem, an der Südseite horizontal, sonst vertikal gegliedert. Ein probates, feines Modell für größere Aufgaben.

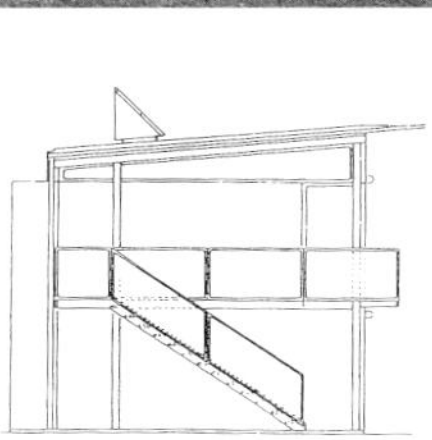

West-Ansicht

Haus F. 1993–94

Lustenau, Winkelstraße 11b

Rudolf Wäger

Für eine Familie (3 Kinder) mit kleinem Budget auf 8,5×8,5 m Grundfläche ein Minimalhaus – und zugleich ein Meisterstück. Wegen des Grundwassers ragt der Keller relativ weit übers Niveau, seine massiven Außenwände sind bis zum Parapet des Hauptgeschosses hochgezogen. Darauf sitzt ein leichtes Holzskelett aus Schalträgern (beide Etagen stützenfrei), außen verschalt, innen vom Hausherrn mit Sperrholz und Leichtwänden ausgebaut. Fensterbänder über dem EG-Parapet und unter dem Dach, ergänzt durch die Südverglasung des Wohnbereichs und wenige senkrechte Fensterschlitze an den übrigen Seiten – das ergibt innen viel nutzbare Wände und außen ein erstaunlich großzügiges Fassadenbild. Extrem kompakte Erschließung, Fußbodenheizung, Erdspeicher, Kollektoren.

Volksbank
1990–96
Maria-Theresien-Straße 17
H. Dietrich
M. Untertrifaller

Haus Sch.
1986
Holzmühlestraße 23
W. Ritsch

Haus G.
1989–90
Staldenstraße 22a
W. Ritsch

Wohngeschoß

3

15

Einkaufszentrum Kirchpark 1990 – 96

Lustenau, Kaiser-Franz-Josef-Straße 2

Daniele Marques, Bruno Zurkirchen

Kirchplatz
Platzgestaltung
1997 – 98
Daniele Marques

In der städtebaulich unklaren Ortsmitte versucht der Bau – im Spiel mit Kirche und Gemeindesaal – eine neue Ordnung herzustellen. Das Einkaufszentrum ist als Markthalle konzipiert, wo Läden, Restaurants und Autos gestapelt sind unter einem gemeinsamen Dach, das mit großer Geste auch den Vorplatz als geschützten Raum des Wochenmarktes überdeckt. Ein Holzständerbau trägt fünf gewaltige Dachbalken – 60 m lange, 2,5 m hohe Brettschichtträger mit 20 m Auskragung zum Platz. Kontrastierend zur rohen Kraft seiner Struktur hat der Bau eine Hülle aus fragil wirkenden, durchscheinenden Polykarbonatplatten, welche die Konstruktion spürbar lassen. Verstärkt durch das Lichtkonzept, verleihen sie dem Ganzen eine Aura der Entmaterialisierung, ohne die aggressiven Spiegelwirkungen von Glasfassaden aufzuweisen.

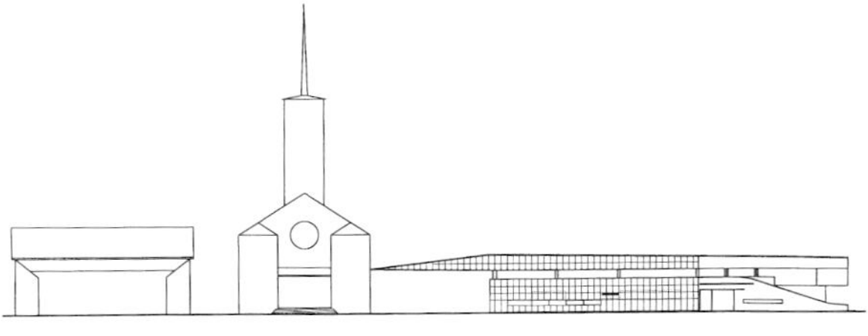

West-Ansicht

Rathaus, Erweiterung 1991 – 96

Lustenau, Rathausstraße 1

Erich G. Steinmayr, Richard Dünser

3

16

Exemplarische Arbeit zum Thema zeitgemäße Ergänzung von Altbauten, wobei hier das „Alte“ aus den erst seit einiger Zeit wieder geschätzten 50er Jahren stammt. Der Neubau erforderte den Abbruch des Ost-Annexes des Gemeindesaales. Er schließt nun an die stehengelassene Stirnscheibe dieses Annexes an und übernimmt sogar dessen Dachkontur. Im feinfühligen Reagieren auf die Rhythmen und Farben des Altbaus zeigt das Neue doch sehr pointiert heutige Technologie, eine hochkomplexe und zugleich gestalterisch ganz straffe Schichtung der Struktur in Stahl, Glas und Aluminium. Das Raumprogramm forderte drei Geschosse. Bei gegebener Traufe führte dies zur Ausbildung eines Tiefgeschosses mit abgesenktem Licht- und Gartenhof (Gartenplanung durch Kienast, Vogt + Partner).

Haus Z.
1987 – 88
Kaiser-Franz-Josef-Straße 16
R. Gnaiger

3

17

Haus N. 1985–88

Lustenau, Mähdle 43

Wolfgang Ritsch, Elisabeth Rüdisser

Umdeutung des alten Typus des Mittelflurhauses in einen straff komponierten Würfel von 8,3 m Seitenlänge: ein feines Holzhaus, in noblem Weiß gestrichen; 130 m^2 Nutzfläche, die Räume in den einfachen Verhältnissen des konstruktiven Moduls (1:2, 1:3, 3:3, 3:4, 4:4, 4:8), auch Fenster und Türen in diesen Proportionen. Ebenerdig Mittelflur, Garage, Archiv, Waschküche und Vorräte; Wohnraum, Küche und Arbeitsraum darüber – schon in den Baumkronen; Nachträume unter dem offenen Dachstuhl.

Wohnanlage 1992–94

Lustenau, Negrellistraße 6

Carlo Baumschlager, Dietmar Eberle

3

18

Hasenfeld, ein erst seit den 60er Jahren gewachsener, mit öffentlichen Bauten versehener Ortsteil, erfuhr seit 1990 eine Verdichtung mit neuen Wohn- und Schulanlagen. Der lange, viergeschossige Block nützt ein schmales Grundstück am Ufer des alten Grindelkanals, neben dem Schulzentrum. Die spezielle Bautypologie bewahrt dem Grünraum eine gewisse Kontinuität, denn die beiden unteren Etagen bilden vier mit grünen Zwischenbereichen locker gereihte Kuben mit Kleinwohnungen. Zugleich definiert die Anlage mit dem aufgesattelten Riegel der Obergeschosse dem Rand des ganzen Wohnquartiers zum Naturraum. Zum Bach transparente Stiegenhäuser; kein spezielles Energiekonzept, dennoch einer der besten Wohnbauten von B+E.

Wohnanlage
1990–96
Grindelstraße – Negrellistraße
C. Baumschlager
D. Eberle
N. Schweitzer

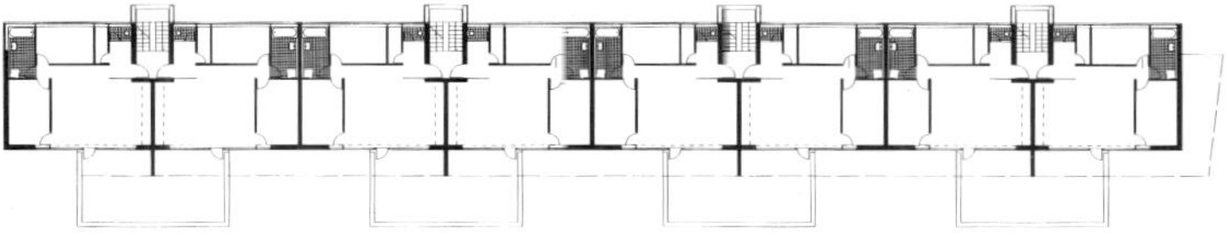

2. Obergeschoß

Hauptschule 1988 – 92

Lustenau, Hasenfeldstraße – Pestalozziweg

Peter und Jörg Quarella

Hauptschule und Sporthalle ergänzen in Maßstab und Materialien die Pavillons der 1961 von der Gruppe C 4 geplanten Volksschule. Die Hauptschule kombiniert einen Werktrakt mit der nördlich über den Haupteingang anschließenden, zweigeschossigen Pausenhalle und dem dreigeschossigen Klassentrakt, der diese beiden umgreift und mit seiner Biegung dem Bachbett folgt. Großzügige Transparenz der Westfassade zu den begrünten Hofbereichen, alle Klassenräume sind nach Osten orientiert. Die Doppel-Turnhalle ist um ein Geschoß ins Terrain versenkt, sodaß ihr Volumen sich dem Kontext einpaßt. Tageslicht kommt über die verglasten Nordseiten der hochgezogenen Dachbinder (Primär- und Sekundärträger in Holz) und seitliche Fenster. Sieger im stark besetzten Wettbewerb 1988 waren ursprünglich Bily/Katzberger.

Haus G. 1988

Lustenau, Flurstraße 21a

Roland Gnaiger

Augenscheinlich sehr simpel, tatsächlich aber ein Prototyp für Innovation, die aus einer uneitlen, komplexen Ergründung des Alltags entsteht: Volumen 6 x 18 x 9 m, 130 m² geförderte Nutzfläche; im EG Nebenräume, Kinderbereich mit Spieldiele, Garage; im OG Wohnbereich mit westlich angesetzter Pergola unter den Bäumen, Elternzimmer, Trockenboden. Außenwände gemauert, gedämmt, verschalt; Struktur der Holzdecke über dem EG als Modul vielfältiger, nutzungsneutraler Raumfigurationen; einfach teilbar in zwei Wohnungen bzw. eigenen Arbeitsbereich; einfachste, nachhaltige Bauweise, von den Nutzern komplettierbar; trotz kleinem Volumen großzügig durch offene Blickachsen; wenige, einfache, perfekte Details. Ein schlichtes Haus „mit Dach", jedoch moderner als die meisten „ohne".

Reihenhäuser
1995–97
Wiesenrainstraße
H. Kuess

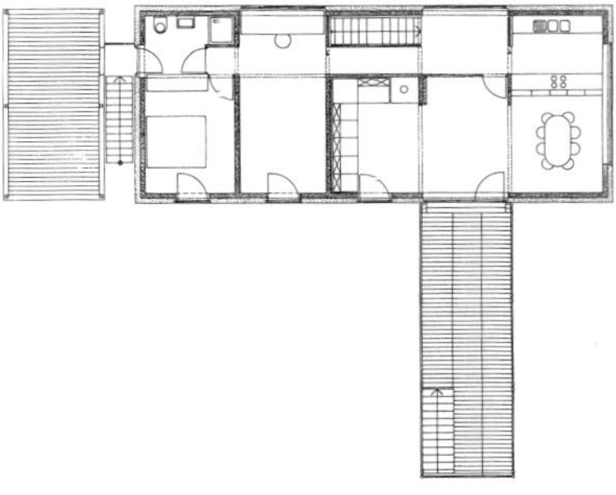

Obergeschoß

3

21

Haus G. 1993–95

Lustenau, Binsenfeldstraße 22b

Arno Bereiter

Betriebsgebäude
Saeco
1995–98
Sägerstraße 90
C. Baumschlager
D. Eberle

Riskante Extravaganz im Persönlichen ist im alemannischen Sprachraum nicht gerade hoch geschätzt. Dafür haben die Fleißigen einfach (noch) keine Zeit. Mit der Globalisierung des Rheintales lockern sich langsam auch solche Normen. Für einschlägige bauliche Avancen ist Bereiter ein bestens geeigneter Partner. Um die speziellen Gewohnheiten der Auftraggeber und den freigehaltenen Blick zwischen dem alten Elternhaus und einem fernen Birkenhain zu inszenieren, wurde kein konstruktiver Aufwand gescheut, sodaß ein an sich kleines Haus in origineller Weise zur raumbeherrschenden, expressiven Skulptur wird.

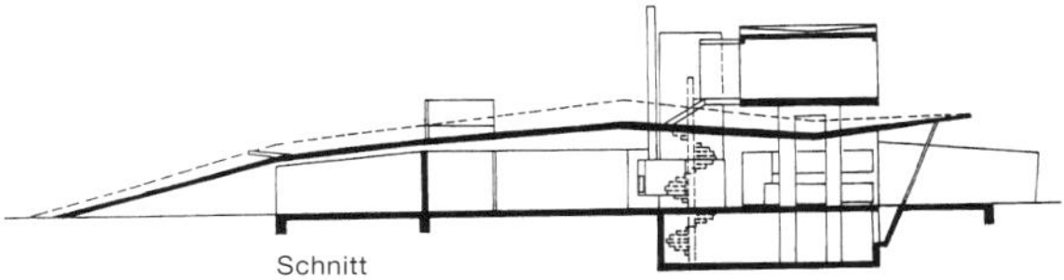

Schnitt

Haus N. 1995

Lustenau, Feldkreuzstraße 33

Peter Hafner

Der früh verstorbene Architekt, ein bewährter Mitarbeiter bei H. Kaufmann, konnte nur wenige Arbeiten selbständig realisieren. Dieser Bau beeindruckt durch die räumliche Ökonomie, durch die Spannung zwischen den strengen Umrissen und Fassaden einerseits und den subtilen Abweichungen von Symmetrie und Rechtwinkeligkeit in Grundriß und Innenraum andererseits. Wegen der speziellen Bodenverhältnisse steht das Haus auf 14 m tiefen Betonpfählen und ist um einen halben Meter über das Terrain angehoben. Sichtbetonfassaden nach Osten und Westen, Holzverschalung auf der Nord- und Südseite.

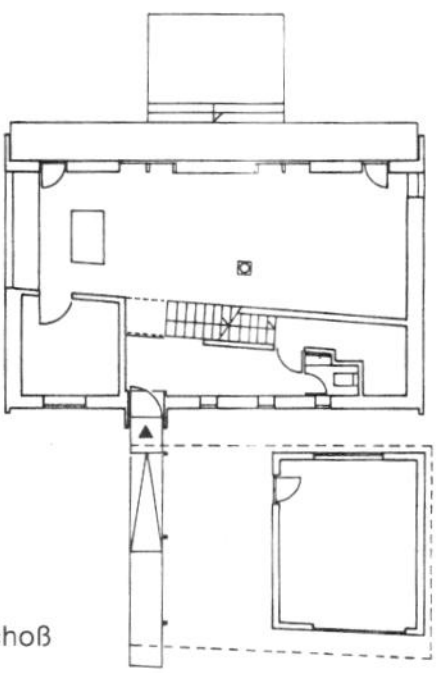

Erdgeschoß

3

23

Vetterhof 1992–96

Lustenau, Alberried 14

Roland Gnaiger

Betriebsgebäude
Alcatel Austria
1992
Sägerstraße 100
C. Baumschlager
D. Eberle

Am Anfang stand für die Familie Vetter die Frage: Was ist die Zukunft regionaler Landwirtschaft im Rahmen der EU? Der Bauernstand wird nur überleben, wenn er hochwertige Produkte erzeugt und den Mehrwert aus ihrer Veredlung selbst schöpft. Die Maximen für diese Modellanlage waren also: biologisch wirtschaften, selbstbestimmt, verbunden mit den Konsumenten, vernetzt mit überregionalen Alternativen. Der Bauernhof der Zukunft muß ein komplexes Bündel an Aufgaben integrieren, er wird zugleich Arbeits-, Wohn-, Verkaufs-, Erlebnis-, Begegnungs- und Bildungsstätte sein. Dazu kamen die landschaftlichen Bedingungen. Hart an der Grenze zum Naturschutzgebiet ist das Gelände stark dem NW-Wind und dem Lärm von Autobahn und B 204 ausgesetzt. Aus diesen Prämissen formte Gnaiger den Hoftypus. Die langgestreckte, introvertierte U-Form aus drei Baukörpern umfaßt zwei große Höfe, die von der Durchfahrt getrennt werden: den Wohnhof im westlichen Bereich mit Laden, Lehrküche, Arbeits- und Seminarräumen, Gästehaus sowie den Viehhof im Osten mit den zum Laufhof offenen Ställen und dem Melkturm. Ähnlich grundsätzlich die Bauweise: einfach, robust, Konventionelles zu nachhaltiger Innovation verknüpfend. Holz, Ziegel, Beton, Lehmputz; die gesamte Außenfassade als Skelett mit vorgefertigten Lamellen funktionell differenzierter Ausführung verkleidet. Biomasseheizung mit solarer Unterstützung, alle Stoffwechselprozesse sind zu Kreisläufen geschlossen. Eine autonome Welt wie die alten Höfe – auf zeitgemäßem Niveau. Gruppenführungen nach Anmeldung, Telefon 05577/85030.

Schnitt

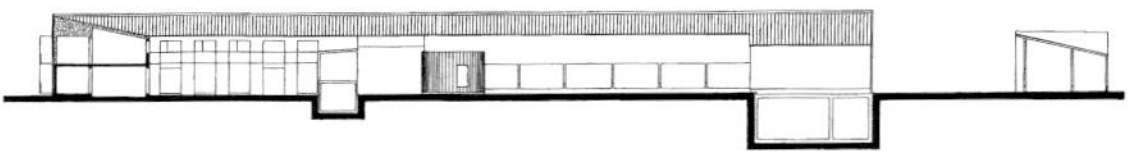

Grundriß

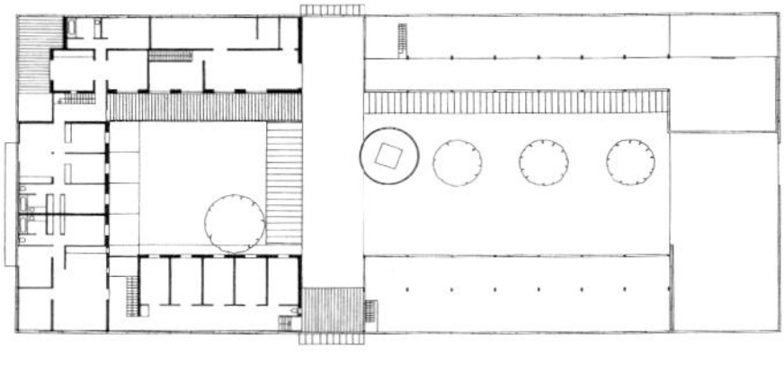

Die weitläufig verstreute „Stadt Vorarlberg" funktioniert weit weniger bürokratisch als eine richtige Stadt gleicher Größe. Die Zersplitterung in kleine Dorf- und Stadtautonomien unterstützt eine sehr direkte Entscheidungs- und Sozialstruktur. Alles rund um das Bauen, so scheint es, ist noch personalisierbar. Dazu kommt ein Selbstverständnis der Architekten, das sich in erster Linie als Problemlöser in einer Dienstleistungsgesellschaft versteht. Vernunft, Ökonomie und die für alle Beteiligten befriedigende Lösung sind die Diskussionspunkte. Über Architektur wird dabei selten gesprochen. Die entsteht ganz einfach, weil sie vernünftiger und ökonomischer ist.

Dietmar Steiner

Wir haben es mit Menschen zu tun, die sehr wohl einen besseren, einen schöneren Ort wollen; diese Voraussetzung ist gut. Architektur muß besprechbar, diskutierbar, vermittelbar sein. Auch für jeden Laien, der offen und interessiert ist. Architektur kann, ja soll intelligent sein, aber nicht intellektualistisch.

Roland Gnaiger

Vieles, was im Boom der letzten Jahre gebaut und publiziert wurde, ist offenbar auch unter der Devise entstanden: wir bauen billig, koste es, was es wolle ...

Bruno Spagolla

895 erstmals urkundlich erwähnt, liegt Dornbirn am östlichen Rand des Rheintales, das hier ca. 10 km breit ist. Auf den Schwemmflächen der Wasserläufe, geschützt vor den periodischen Hochwässern, hatten sich erste Siedlungsstrukturen entwickelt. Die heutige Stadt ist aus vier Dörfern zusammengewachsen, die früher durch Obstgärten und Wiesen getrennt waren: Hatlerdorf, Haselstauden, Oberdorf und Niederdorf (Markt). Seit dem 18. Jh. zum bedeutenden Textilort avanciert, erhielt die Kommune 1901 das Stadtrecht.
Dornbirns Marktplatz ist der größte Stadtplatz in Vorarlberg. Sein Reiz liegt in dem Kontrast zwischen den alten Giebelhäusern der Bürger, dem noch älteren Blockbau des „Roten Hauses", der klassizistischen Monumentalität der Pfarrkirche und dem seitlich gestellten, prismatischen Turm mit gotisierendem Spitzhelm. Die baulichen Collagen der heutigen Rheintal-Agglomeration sind hier sozusagen „in nuce" vorgezeichnet.
Die mit 42.000 Einwohnern größte, als Messestandort auch wirtschaftlich stärkste Stadt des Landes ist heute noch weitgehend ländlich geprägt. Die Besiedlungsdichte ist nur ein Viertel jener von städtischen Gründerzeitquartieren. In der Stadtplanung verfolgt man seit den 80er Jahren einen pragmatischen Weg, wobei je nach der Problemlage Teilkonzepte erstellt werden – Landschafts- und Grünraumkonzept, Kindergarten-, Sport- und Schulkonzept, Verkehrskonzept, verbunden mit der Einführung des „Stadtbusses". Im Sinne der Eindämmung weiterer Zersiedelung sind derzeit Studien zur Nachnutzung alter Betriebsareale aktuell. Auf dem alten Mäser-Areal etwa entsteht innerhalb eines Masterplans von Lang/Schwärzler die große Wohnanlage „Kehlerpark" von Dietrich/Untertrifaller. Spektakulärste Baustelle war im Sommer 1998 die neue Messe-Mehrzweckhalle von L. Kaufmann.
In der Nachbargemeinde Schwarzach boomte zuletzt das Bauen auf exponierten Wohnlagen an den schönen Hängen östlich des alten, bäuerlichen Ortskernes.

Hinweise
Den schönsten Blick auf die Stadtstruktur von Dornbirn und die Topografie des ganzen unteren Rheintales bietet die Bergstation der Karrenseilbahn (1995–96, L. Kaufmann, bei 4.16).
Eine weniger bekannte Rarität ist die Evangelische Heilandskirche (1930–31, O. Bartning) mit einem oktogonalen Innenraum in Holzkonstruktion (bei 4.6).
Auf dem Weg nach Kehlegg (bei 4.23) liegt im engen Tal eines der zahlreichen lokalen, historischen Fabriksensembles – Steinebach, gegründet 1846 – in besonders romantischer Lage und neu genutzt

Lauterach
Wolfurt
Schwarzach
B 190
A 14
Dornbirn
B 200
Watzenegg
B 204
Gütle
Kehlegg
Dornbirner Ach
Hohenems
1
2
3
4
5
6
7
8
9
10
11
12
13
14
15
16
17
18
19
20
21
22
24
25
26
27
28
29
30
31
32
33
34
35
36
37
38

Dornbirn

1 **Stadtbus-Umsteigstelle**
Riedgasse – Klostergasse

2 **Sparkasse Dornbirn**
Bahnhofstraße 2

3 **Lugerhaus, Umbau**
Marktplatz 9

4 **Hotel Martinspark**
Mozartstraße 2

5 **Verwaltungsbau VOGEWOSI**
St.-Martin-Straße 7

6 **Wohnanlage**
Rosenstraße – Wingatstraße

7 **Wohnanlage**
Pongartstraße 4–6

8 **Wohnanlage**
Kehlerstraße 19

9 **Wohnanlage Ölzbündt**
Hamerlingstraße 12

10 **Feuerwehrhaus**
Siegfried-Fussenegger-Straße

11 **Wohnanlage**
Rohrbach 1–3

12 **Tischlerei Ritsch**
Schwefel 90

13 **Wohnanlage**
Forachstraße – Unter der Mühle

14 **Haus W.**
Millöckergasse 28

15 **Betriebsgebäude Elmar Graf**
In Steinen 5

16 **Haus Z.**
Am Bürgle 3

17 **Turmhaus H.**
Hatlerstraße 10a

18 **FH Vorarlberg, Revitalisierung**
Achstraße – Spinnergasse

19 **Doppelhaus K. und Sch.**
Bergstraße 28

20 **Haus F.**
Bödelestraße 7a

21 **Kirche**
Watzenegg

22 **Haus R.**
Watzenegg 54

23 **Haus Sch.**
Kehlegg 109

24 **Haus G.**
Oberfallenberg 31

25 **Haus H.**
Stüben 17

26 **Reihenhäuser**
Kehlerstraße 91

Schwarzach

27 **Rieger Orgelbau, Erweiterung**
Hofsteigstraße 120

28 **VN Medienhaus**
Gutenbergstraße 1

29 **Haus L.**
Riedstraße 10

30 **Wohnanlage**
Dammstraße – Bahngasse

31 **Haus R.**
Linzenberg 80

32 **Häuser G. und G.**
Linzenberg 115

33 **Kindergarten**
An der Minderach 6

34 **Haus S.**
Bildsteinerstraße 53

35 **Haus R.**
Sonnengasse 8

36 **Doppelhaus, Prototyp**
Klosterwiesweg 17–19

37 **Clubhaus**
Klosterwiesweg 25

38 **Lagerhalle**
Staudachstraße 3

4
1

Stadtbus-Umsteigestelle 1991

Dornbirn, Riedgasse – Klostergasse

Wolfgang Ritsch

Wohn- und Gewerbebau 1985 Riedgasse 11 A. Fink

Wohn- und Geschäftsbau 1995–97 Stadtstraße – Kreuzgasse P. Schaffer

Der Dornbirner Stadtbus ist ein städtebauliches Projekt, eine exemplarische Leistung – mit Folgewirkung in Bregenz, Feldkirch und im ganzen Land –, ein komplettes Konzept, bei dem Politik, Stadtplanung und Design kooperierten. Am Beginn stand die Vision der Stadtplanung, durch ein öffentliches Nahverkehrssystem der prekären Verkehrs- und Zersiedelungstendenz entgegenzuwirken. Das Liniennetz entwarf 1987/88 die Gruppe Metron: 6 Durchmesserlinien, 30-Minuten-Takt, zentraler Umsteigepunkt, max. 500 m Abstand der Stationen. Eine Studie der Zürcher Schule für Gestaltung brachte generelle Leitlinien für das Erscheinungsbild. 1991 gewann Ritsch mit dem Grafiker Reinhold Luger den Designwettbewerb. Das Resultat ist von der Ausstattung und Farbgebung der Busse, vom Logo und der Fahrplangrafik bis zum Haltestellendesign ein integriertes, auf Anhieb erfolgreiches Produkt.

Sparkasse Dornbirn 1992 – 95

Dornbirn, Bahnhofstraße 2

Much Untertrifaller sen., Much Untertrifaller jun.

Umbau und Erweiterung der 1910/11 erbauten Sparkasse, Abbruch der späteren nördlichen Anbauten für einen neuen, zweihüftigen Trakt, der von der Straße (4 Geschosse und Dachgeschoß) sich zum Hof abstuft, mit neuer Tiefgarage, Hofgestaltung und Nebeneingang. Der Haupteingang erfolgt wieder durch die alte Arkade an der Ecke, die Stufen wurden hier entfernt, um das Niveau zwischen Gehsteig und Halle zu egalisieren. Von da erschließt sich der strahlend helle, zweigeschossige Kundenraum, der über die Öffnung zu den großzügigen Mittelgang-Galerien auch noch von Westen und Norden (Dachverglasung) Licht erhält. Alt- und Neubau werden durch diesen über alle Geschosse reichenden Lichtschlitz „verklammert". Kontextuell differenzierte Fassaden.

Modehaus
Sagmeister
1990
Marktplatz 3
H. Dietrich
M. Untertrifaller

4

3

Lugerhaus, Umbau 1988 – 89

Dornbirn, Marktplatz 9

Robert Felber

Raiffeisenbank
1995 – 96
Rathausplatz 2
H. Dietrich,
M. Untertrifaller

Hypobank
1988 – 92
Rathausplatz 6
A. Fink,
G. Hörburger

Das Lugerhaus, ein Bürgerhaus aus dem 18. Jh., hatte 1901 – zur Stadterhebung – eine schmückende Fassade im secessionistischen Heimatstil erhalten: eine Silhouette, die durch zahllose gezeichnete, gemalte oder fotografierte Veduten Teil des symbolischen Inventars der Kommune wurde. Die äußere Dekoration umhüllte eine kleinräumige innere Holzstruktur. Diese wurde durch einen Brand 1987 zerstört. An ihrer Stelle wurde eine fünfgeschossige Struktur aus dünnen Stahlbetonelementen eingefügt, deren Stützen von den alten Mauern zwei Handspannen weit auf Distanz stehen. Am Ort der alten Treppe erstreckt sich ein eleganter Stiegen- und Aufzugschacht. Er ist in Stahl, Glas und schimmernde Steinböden aufgelöst und durch ein Dachoberlicht reichlich belichtet. Ein seltener Fall von substanzsteigernder „Entkernung“.

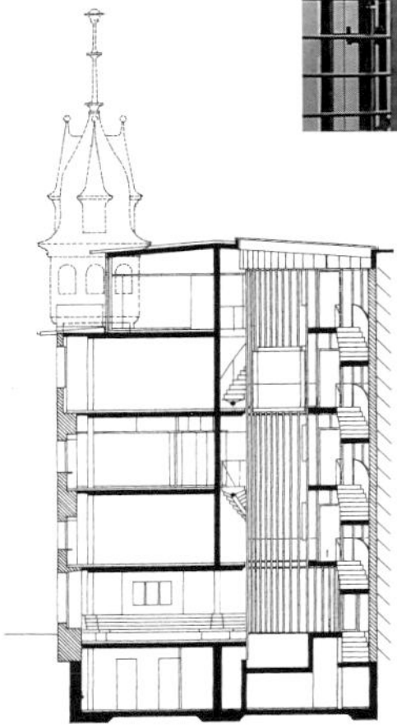

Schnitt

Hotel Martinspark 1992–95

Dornbirn, Mozartstraße 2

Carlo Baumschlager, Dietmar Eberle

4

4

Der damals größte privatfinanzierte Bau im Land entstand als „fliegender Planwechsel" auf vorgegebenen, frisch betonierten Fundamenten. Die beste Leistung von B+E lag hier darin, die Baumasse mit dem komplexen Programm leicht, nobel und gelassen ins Zentrum zu gliedern. Das große, zentrale Kaufhaus ist unten von arkadengesäumten Läden, darüber von Hotelzimmern und Büros, „on top" zurückgesetzt von Wohnungen ummantelt. Stadträumlich eher versteckt (die Fotos täuschen) das Hotel-Entree mit dem hochgestelzten, angedockten „Beiboot" des Restaurants und der ovalen Lobby. Geschmackvolle Details bis in die Möblierung und die integrierte Kunst. An großer Baukunst gemessen – etwa dem sehr ähnlich verknautschten Finnland-Pavillon '92 in Sevilla – ist aber manches doch zu leichthändig (Fassadengrill, Beiboot-Gelenk), zu rasch entstanden. Insgesamt ein wichtiger, urbaner Zuwachs für die Stadt.

Wohnanlage
1995–96
Mozartstraße 5
C. Baumschlager
D. Eberle

Parfumerie
„Le Duigou"
1995
Marktstraße 8
W. Ritsch
M. Hämmerle

Haus K.
1989–91
Sandquelle 41
W. Ritsch

Nord-Ansicht

4

5

Verwaltungsgebäude VOGEWOSI, Aufstockung 1995–98

Dornbirn, St.-Martin-Straße 7

Wolfgang Ritsch

Umbau der Zentrale dieser großen Wohnbaugesellschaft, bei laufendem Betrieb durchgeführt. Die Konstruktion des alten Walmdaches wurde beim Ausbau als Gerüst verwendet und durch ein asymmetrisches, nach Süden stärker aufgespreiztes Knickdach ersetzt. Die neuen Außenwände des Dachaufbaus sind aus vorgefertigten Holzelementen, verkleidet mit grauen Eternittafeln, das auskragende Dach ist extrem leicht konstruiert. Das Grau der Untersicht entspricht den Wänden, ist aber viermal so hell getönt. Den Verhältnissen im übrigen Haus angepaßt, wurde auf eine eigene Klimatisierung der neuen Direktions- und Konferenzräume verzichtet, die thermische Qualität des Ausbaus jedoch mit Computersimulation optimiert. Ein scheinbar alltägliches Projekt, technisch und formal jedoch ein hochkomplexer Eingriff.

Wohnanlage 1997 – 99

Dornbirn, Rosenstraße – Wingatstraße

Roland Gnaiger, Udo Mössler

Die Umgebung bildet die schönste, zentrale Wohnlage am Südostrand des Stadtkernes inmitten alter Villen und großer Gärten. Dem Kontext (und dem Grundpreis angemessen) bietet das „Atriumhaus Rosenstraße" außergewöhnliche Qualitäten: 14 Eigentumswohnungen, z.T. über 130 m², rund um ein glasüberdachtes Atrium, mit großen Balkonen bzw. geschoßweise versetzten Loggien, Raumhöhen von 2,6 bis 3,2 m. Hochwertige Ausstattung und Ausführung als Energiesparhaus, Teilbarkeit der Wohnungen vorkonzipiert, eigene Besucherparkplätze in der Tiefgarage; Stahlbetonskelett, ausgefacht mit Ziegeln, Korkdämmung, verputzt; integriertes Kunstkonzept von Ingmar Alge. Die kompakte Form verbindet ein Maximum erhaltener Gartenfläche mit einem Optimium nutzbarer, Außenbereiche. Gartengestaltung: Ilse Huber, Barbara Bacher.

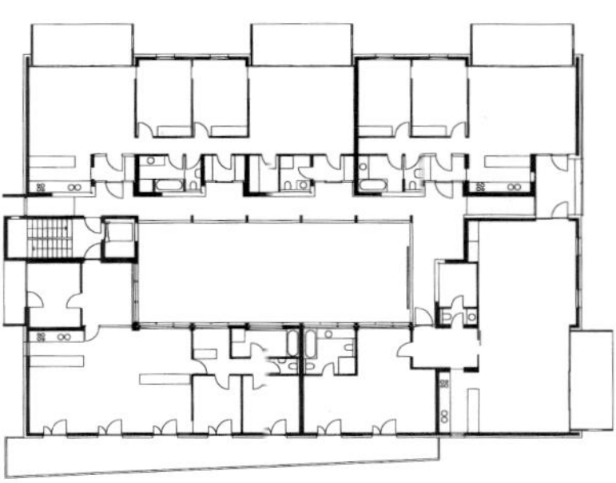

Obergeschoß

Wohnanlage 1994 – 96

Dornbirn, Pongartstraße 4 – 6

Carlo Baumschlager, Dietmar Eberle

Zwei leicht variierte Prismen 13 x 18 x 9 m – ihre Rigidität im klassischen Schindelpanzer getarnt – schaffen es, auf dem engen Grundstück sechzehn Wohnungen samt Tiefgarage ohne harten Maßstabssprung in die kleinkörnige Bebauung rundum zu integrieren. Lapidare Fassaden, durchwegs Französische Fenster, diesmal ohne Schachbrettmuster, dafür mit horizontal verschalten Loggien aufgelockert.

1. Obergeschoß

Wohnanlage 1990–94

Dornbirn, Kehlerstraße 19

Carlo Baumschlager, Dietmar Eberle

An einer Stelle, wo die umgebende offene Bauweise schon in Sichtkontakt mit zusammenhängenden, „urbanen" Bereichen steht, ist diese Wohnanlage sehr genau auf die baulichen Proportionen und die räumlichen Parameter des Geländes abgestimmt. An der Straßenkreuzung wird einerseits die Ecke durch den dreigeschossigen Westtrakt klar markiert, andererseits entsteht ein Bereich für Besucher-PKW und ein mit Hecken abgeschirmter Vorplatz vor dem deutlich von der Straße abgesetzten Osttrakt. Den Hangverlauf nützend, sind die Stellplätze mit Zufahrt vom Norden ebenerdig unter die Wohnungen eingeschoben. Die überdachte Außentreppe mit breitem Laubengang bildet das räumlich ansprechende, offene Gelenk, das die im Winkel hier aneinanderstoßenden Trakte bzw. Hof- und Straßenbereich verbindet.

4
9

Wohnanlage Ölzbündt 1997

Dornbirn, Hamerlingstraße 12

Hermann Kaufmann

Richard Neutra – nicht nur er – träumte in den 20er Jahren davon, daß moderne, preiswerte Wohnbauten einmal industriell erzeugt würden – vom Fließband, wie damals der „Ford T". Trotz vieler Versuche in dieser Richtung blieb das ein Traum. Das System „Ölzbündt" unternimmt wieder einen, allerdings sehr konkreten Schritt zu seiner Realisierung. Es vereint die Vorteile hochwertiger Holz-Fertigteiltechnologie mit den Maximen ökologischer Energieoptimierung und bietet absolut erschwinglich erstmals Passivhaus-Werte im Geschoßwohnbau an. Die 13 Wohneinheiten wurden in 18 Wochen errichtet. Der standardisierte „Holzbaukasten" (Außenwände mit 36 cm Mineralwolledämmung, werksseitig bereits eingebaute Naßzellen und Fenster, Innenausbau mit Gipskartonwänden) erlaubt verschiedenste Varianten. Laubengang, Balkone und Stiegenhaus in Metall sind nur punktweise an die Fassade gehängt. Eine kontrollierte Warmluftheizung mit Erdwärmetauscher und Wärmerückgewinnung aus der Abluft sowie Nachheizung mittels Kleinstwärmepume versorgt jede Wohnung individuell mit erwärmter Frischluft. Die Heizung ist hier zugleich Lüftung, die Fenster sollten allerdings nur im Sommer länger geöffnet werden. Ein elegant und innovativ detailliertes Angebot, billiger als viele konventionelle Wohnbauten, dafür ein Energiebedarf von nur 7,3 kWh/m^2 im Jahr! Das ist – zum Vergleich – noch unter dem 3-Liter-Auto.

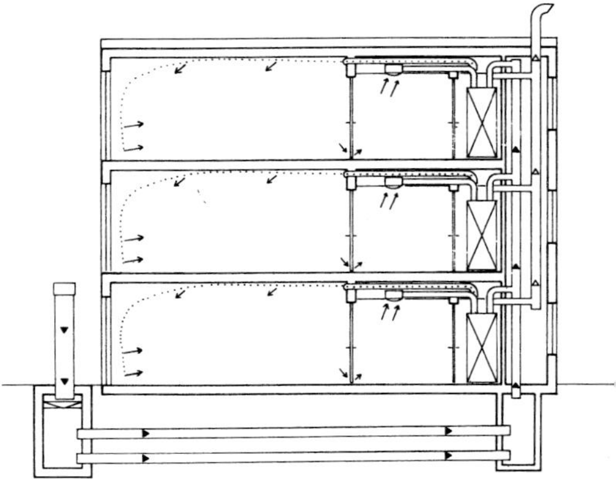

Schnitt

4

10

Feuerwehrhaus 1991 – 95

Dornbirn, Siegfried-Fussenegger-Straße – Ludwig-Kofler-Straße

Wolfgang Ritsch

Schon der Farbklang des klassischen Konstruktivismus in schwarz, weiß und rot signalisiert die spezielle Funktionalität des Gebäudes: Alarmbereitschaft, Schnelligkeit, reibungsloses Teamwork von Mensch, Bau und Maschine in höchster Gefahr. Entsprechend klar und übersichtlich ist auch die Verteilung der Funktionsabläufe in ein Gefüge von vier Prismen mit jeweils eigenem Zuschnitt. Verwaltungstrakt mit Haupteingang; Bereitschaftstrakt mit Alarmrampe; Fahrzeughalle mit Alarmausfahrt; Schlauchturm mit Übungspodesten und Funkmast. In diese schnörkellose Sachlichkeit bringt neben der Farbe auch der Lageplan Spannung: die streng orthogonal auf freie Sichtkontakte zwischen allen Bereichen gegliederte Figur erzeugt innerhalb der gekurvten Grenzen des Grundstückes ganz verschiedene, doch jeweils selbstverständliche Außenräume, mit dem Turm städtebaulich richtig akzentuiert. Konstruktiv eine Kombination von Stahlbeton- und Stahlbau. Die transparenten Außenwände als vorgehängte Metall-Holz-Glas-Fassaden, die geschlossenen Teile mit Alu-Wellblech verkleidet. Integrierte Kunst von Brigitte Kowanz, Siegrun Appelt und Nikolaus Walter fügt dem angeschlagenen Thema sinnreiche Facetten hinzu. Für den an vielen Wohnbauten bewährten Architekten nach dem gewonnenen Wettbewerb die bisher größte Realisierung.

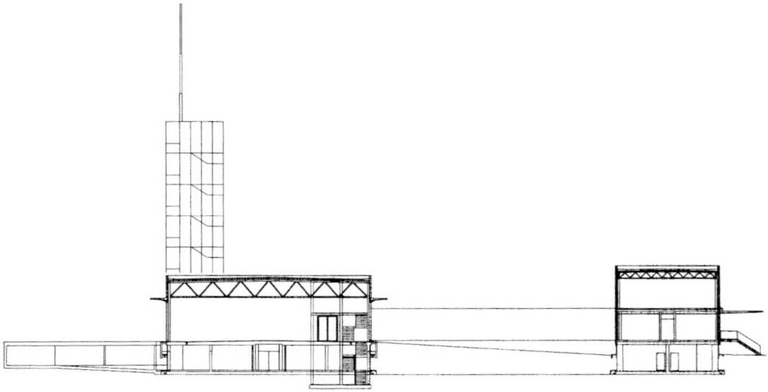

Schnitt

12
13

4

11

Wohnanlage 1989 – 93

Dornbirn, Rohrbach 1 – 3

Carlo Baumschlager, Dietmar Eberle, Ulrich Grassmann

Wohnanlage
1993 – 97
Weihermähder
D. Walser
E. Werle
A. Cukrowicz
A. Nachbaur-Sturm

Haus F.
1991 – 92
Weizenegger-straße 6
H. Kaufmann

Erste Anwendung des Punkthaustypus für Geschoßwohnungen durch B+E, aus dem Kontext der vorstädtischen Situation auf dem Parkgelände einer alten Villa entwickelt. Trotz der im Süden angrenzenden Bahnlinie hohe Wohnqualität durch den prächtigen Baumbestand im großzügigen Grünraum, der auch durch einen öffentlichen Weg (Auflage der Stadtplanung) erschlossen wird. 4 x 3 Wohnungen pro Haus, Erschließung im Zentrum (Dachoberlicht, mit schmalem Luftraum aufgeweitete Stiege), rundherum die Eingangszonen und Nebenräume fixiert, die Zimmer variierbar. Putzfassade und Fensterläden in klassischer Farbpalette, große Glas-Loggien für die südlichen, herausgeschwenkte Balkone für die nördlichen Wohnungen. „Rohrbach 2" in rotem Beton gegenüber (1996–97) zeigt schon die härtere Gangart der späten 90er Jahre.

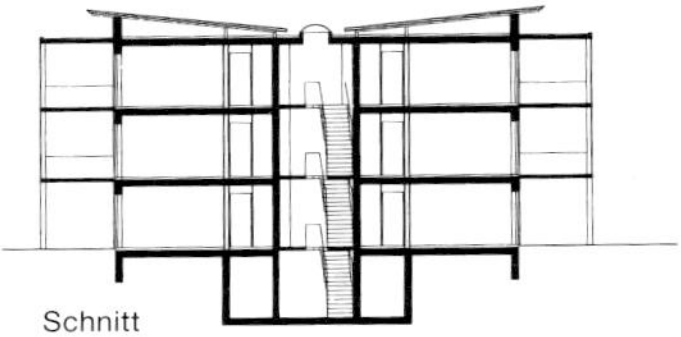

Schnitt

Tischlerei Ritsch 1993 – 94

Dornbirn, Schwefel 90

Wolfgang Ritsch

Sanierung und Erweiterung der vorhandenen Werkstatt – mit einem Technikgeschoß über Dach für Zuluft und Abluftfilter nach den aktuellen Normen – und Anbau von straßenseitigen Präsentations- und Büroräumen. Die zweigeschossige „Box" hat Holz-Glas-Fassaden aus vorgefertigten Elementen. Im Gegensatz zu den älteren Bauten an dieser Verkehrsachse, die wegen der schräglaufenden Parzellen eher beziehungslos zum Straßenraum stehen, wurde hier der Vorderbau – schräg zum Bestand – parallel zur Straße gesetzt. Man klagt in Österreich gerne über das unterentwickelte Architekturbewußtsein von Industrie und Gewerbe. In Vorarlberg wird dies seit gut zehn Jahren von vielen kleinen und mittleren Betrieben bis zu großen Anlagen eindeutig widerlegt.

Geschäftshaus
Helene Möbel
1997
Schwefel 95
A. Fink

BMW Schifferer
1997 – 98
Stiglingen – Schwefel
J. Schwärzler
C. Thöni

4

13

Wohnanlage 1995–97

Dornbirn, Forachstraße – Unter der Mühle

Elmar Nägele, Ernst Waibel

Entstanden in Zusammenhang mit der Sanierung des großen F. M. Rhomberg Areals auf ehemaligem Werksgelände, südlich an den Werkskanal angrenzend, vermittelt die Anlage zwischen der benachbarten Einfamilienhausstruktur und den großen Fabriksbauten im Norden. Zwei Zeilen umfassen einen halböffentlichen, grünen Hof. Die dreigeschossige Südzeile besteht aus fünf mit lockerem Abstand gereihten Baukörpern mit schmal gelagerten Zweispänner-Wohnungen, wobei das Dachgeschoß durch große, teilweise gedeckte Terrassen zurückspringt, sodaß der Rhythmus der Nachbarschaft weiterklingt. Die Nordzeile ist viergeschossig, drei eng gestellte Volumina mit Lift, breitgelagerten Zweispännern und eigenen Treppen vom Stiegenhaus zum Grün am Bach. Solide eingepaßter, überdurchschnittlicher Wohnbaualltag.

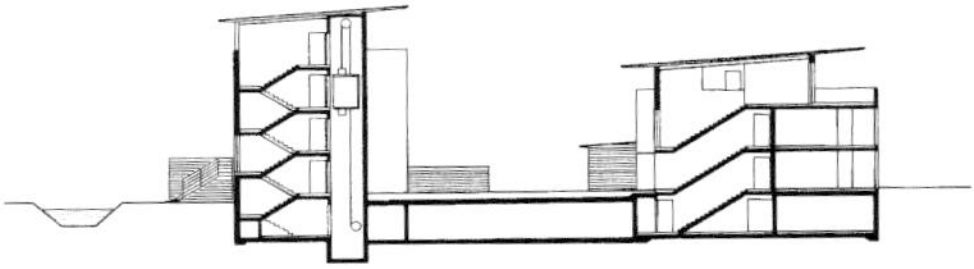

Schnitt

Haus W. 1989–90

Dornbirn, Millöckergasse 28

Michael Loudon

Das Haus wurde in wesentlichen Teilen von den Eigentümern selbst errichtet und hat ein ungewöhnliches. modulares Strukturkonzept. Eine zweigeschossige, nach Süden gerichtete Zone mit Wintergarten ist auf beiden Ebenen über die ganze Hauslänge von einem Korridor flankiert. Die Räume im Obergeschoß grenzen mit transluzenten Glaswänden an diesen Korridor. Raumhohe Glas-Schiebetüren öffnen wiederum den eingestülpten Wintergarten zum Flur; massive Außenwände an drei Seiten, Innenstruktur, Dach- und Südfassade in Holzkonstruktion. Das System „Haus mit einer Mauer" ist hier mit dem Schichtenprinzip des klassischen japanischen Hauses kombiniert.

Haus F.
1991–92
Neugrüt 15b
H. Dietrich

Messe-
Mehrzweckhalle
1996–98
Messestraße –
Roßmähder
L. Kaufmann
O. L. Kaufmann
J. Kaufmann

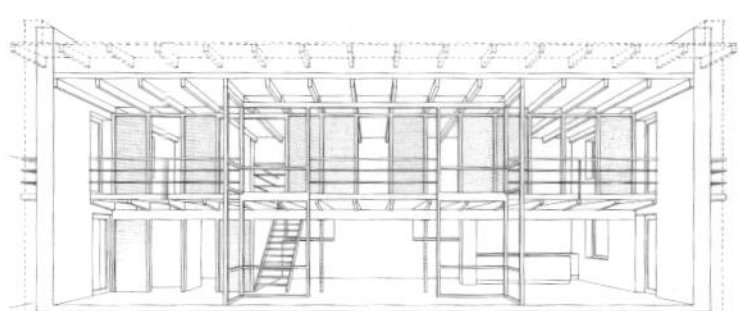

Strukturperspektive

4

15

Betriebsgebäude Elmar Graf 1994–95

Dornbirn, In Steinen 5

Carlo Baumschlager, Dietmar Eberle

Haus W.
Revitalisierung
1980–81
Badgasse 2
R. Gnaiger

Haus N.
1994–96
Ebnit
Badgasse 28c
N. Mittersteiner

Umbau und Erweiterung einer vorhandenen Betriebsstätte in idyllischer Lage. Neben dem eingeschossigen, mit Lärchen-Lamellen neu eingekleideten Bestand entstand eine neue Halle und Versuchsabteilung in Beton und Glas. Beides wurde verbunden durch ein Obergeschoß, eine steife Betonröhre, die auf Pilotis gestützt den nicht mehr belastbaren Altbau überbrückt und sich durch einen umlaufenden, nachts hinterleuchteten Glasschlitz von den Unterbauten abhebt. Dieser Teil enthält ein Großraumbüro mit Alu-Blechläden für das Stakkato der Fenster. Mit der Außenverkleidung aus roten Schichtholzplatten bildet er das weithin leuchtende bauliche Signal einer letztlich einfachen Anlage in Low-Tech-Manier, effektvoll und maßgeschneidert.

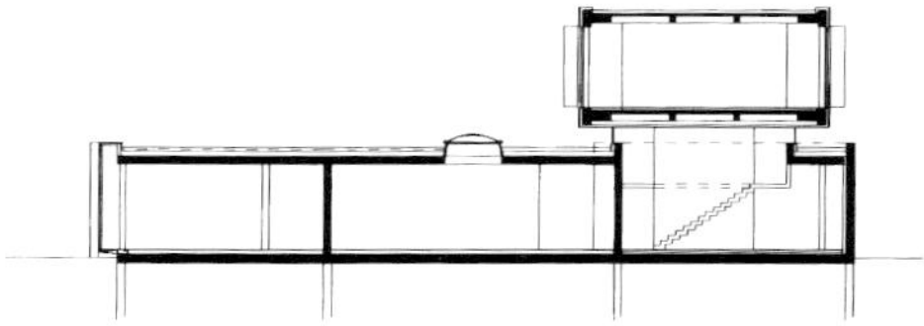

Schnitt

Haus Z. 1993–95

Dornbirn, Am Bürgle 3

Michael Loudon

Am Fuße des Karren gelegen, mit Blick über die Stadt zum Bodensee. In den Hang greift der gemauerte Sockel, darauf umfaßt das Wohngeschoß U-förmig einen nach Süden offenen, windgeschützten Hof; auf dem östlichen Flügel noch ein kleines Obergeschoß mit Südterrasse aufgesetzt; kräftig vorspringende, schattenspendene Dächer (Holzkonstruktion), mit wenigen Stahlstützen auf die lärchenverschalten Parapete gestützt; nach Westen und Süden durchgehende Fensterbänder. Um den Kinderzimmern auf Hofniveau mehr Sonne und Seeblick zu geben, ist der Westflügel (ein offener 50 m² Wohn-Eßbereich) über das Sockelquadrat nach NW zurückgeschoben und kragt über den Eingangsbereich aus. Souveräne Setzung ins Gelände, klare Proportionen.

Haus A.
1989–90
Unterer Kirchweg 11
A. Bereiter

Haus F.
1996
Haldengasse 32
A. Früh
D. Sauter

Wohngeschoß

4

17

Turmhaus H. 1994

Dornbirn, Hatlerstraße 10a

Angelo Roventa

Haus W.
1994–97
Bäumlegasse 39b
W. Ritsch

Haus M.
1989–91
Obere Härte 1a
W. Ritsch

Türme setzten seit jeher die herausragenden Male urbaner oder ländlicher Topografie. Dieser relativ schmächtige, eher provisorisch gebaute wurde an der Achbrücke durch seine Proportion, Stellung und Farbwirkung sofort ein städtischer Merkpunkt. Wegen der engen Lage, direkt neben einem alten Schuppen im Werkhof einer Textil-Künstlerin, ist der „Wohnturm" auf minimalem Grundriß von 5,7×6,4m entwickelt. Vier Etagen in Holzriegelbauweise, drei Seiten außen mit Schichtholzplatten in Metallprofilen beplankt, die Südseite mit Schiebefenstern verglast, verschließbar mit leuchtend bunten Stoffmarkisen, nach Westen im Oberstock ein auskragender Balkon, Wendeltreppe aus Betonfertigteilen. Roventa paart Einfachheit mit Spielerischem; ein unbekümmerter Nachfahre der Pionierzeit der Baukünstler.

Fachhochschule Vorarlberg, Revitalisierung 1996–98

Dornbirn, Achstraße – Spinnergasse

Hermann Kaufmann (FH 1), Wolfgang Ritsch (FH 2, Aula), Helmut Dietrich, Christian Lenz (FH 3, Foyer)

Die „Bundeslehr- und Versuchsanstalt für Textilindustrie", von Willi Ramersdorfer und German Meusburger 1958 realisiert, war zur Entstehungszeit formal völlig „up to date", bautechnisch eher sorglos. Nach 1981 funktionslos geworden, kam der schleichende Zerfall. Durch Initiative der Architekten, die in dem Bau nicht allein das historische Dokument, sondern die immer noch spürbare Frische des Ansatzes schätzten, wurde der Abbruch verhindert. Das Engagement der Stadt und schließlich auch der Landespolitik gab mit dem Entschluß zur Neunutzung als Fachhochschule den entscheidenden Impuls für die Revitalisierung. Bei der wärme-, schall- und brandschutztechnischen Sanierung waren äußerst knifflige Probleme zu lösen, u.a. wurde das Heizsystem auf Biomasse umgestellt. Es versorgt nun auch das Competence-Center und eine Wohnanlage in der Nachbarschaft.

Kochschule
1996
Kirchgasse 8
A. Fink

Haus F.
1984
Littengasse 5
W. Ritsch

4

19

Doppelhaus K. und Sch. 1995 – 96

Dornbirn, Bergstraße 28

Hermann Kaufmann

Typisches neues „Hinterhaus" in der 2. Reihe, die kleine Baufläche ist hier aber optimal und ökonomisch mit einem Energiesparbau über einer Tiefgarage genützt. Das zweigeschossige Holzhaus ist aus vorgefertigten Elementen mit gedämmter Steherkonstruktion ausgeführt und hat durchgehend Fußbodenheizung. Jährlicher Heizungsenergiebedarf: 53,5 kWh/m^2 Nutzfläche.

Haus F. 1994–96

Dornbirn, Bödelestraße 7a

Rainer Huchler

Wohnanlage
1995–97
Bödelestraße
H. Kuess

Ökologische Parameter haben die kompakte Bauform – die „Schachtel", die Frank Llyod Wright als erster konsequent aufgebrochen hatte – rehabilitiert. Der Außen-Bezug von Räumen muß heute nicht mehr mit der Vehemenz der modernen Pioniere demonstriert werden. Unter den weitergefaßten Prämissen des energetischen Bauens haben sich subtilere Mittel entwickelt, um „befreites Wohnen" zu leben, um die „Kiste" auf das Außen reagieren zu lassen. Huchlers lärchenverschalte Box steht an der Auffahrt zum Bödele vor einer herrlichen Aussicht auf Stadt und Tal und faßt dies ohne Überschwang in ein minimiertes, fast provisorisches Domizil, an dem nicht die große Geste, sondern die Differenziertheit der Holzanwendung, die Modularität von Fugen und Details, die undramatische Klarheit des Ganzen zu entdecken ist.

4

21

Kirche Maria, Königin des Friedens 1982–85

Dornbirn, Watzenegg

Rudolf Wäger, Wolfgang Ritsch, Siegfried Wäger

Doppelhaus
B. und G.
1993
Bantling
N. Mittersteiner

Sowohl im Kirchenbau als auch für die Gemeindesäle der 80er Jahre war dies regional der Prototyp. Auf dem gestreckten Grundrißquadrat ist der Raumquerschnitt basilikal gerichtet – durch das 45°-Dach und die Belichtung über den zum Raumfachwerk aufgelösten Mittelträger, der über das Volumen hinaus- und in die Vertikale übergeht. An der Westseite wird dadurch der „Glockenturm" gebildet – darin integriert die Marienkapelle, im Osten die Apsis, der Altarbaldachin. Der Holzträger mit Stahlverbindungsteilen und 16 m Spannweite wurde in einem Stück vom Kran auf die Stahlbetonwände aufgesetzt. Er hat seitliche Ausleger, die Dachflächen sind ebenfalls als vorgefertigte Elemente eingehängt. Unter den schlichten Höfen, auf der von Bäumen gesäumten Wiese ist das weiße, massiv-filigrane „Gotteszelt" die moderne Sonderform der alten Typologie von Haus und Scheune.

Haus R. 1984 – 88

Dornbirn, Watzenegg 54

Wolfgang Ritsch

Auf dem Westhang steht das Haus in Fallinie parallel zur nahen Kirche und orientiert sich quer nach Süden, auf den herrlichen alten Nußbaum und den Blick zur Säntisspitze. Zugang und Zufahrt von oben, neun Stufen vom Vorraum ins Hauptgeschoß hinunter – ein offener Wohn-Eßbereich, zur Südterrasse und nach SW verglast. Das Kellergeschoß steckt darunter im Hang, kommt am Westende aber mit einem vollwertigen Raum mit eigenem Ausgang heraus. Der Holzriegelbau ist horizontal verschalt und hellgrau gestrichen. Das Volumen – sehr kompakt und schlank gehalten (Raumhöhen 2,3 m, Hausbreite 5,5 m) – ist in allen Maßen und Rhythmen subtil proportioniert. Der Baubehörde paßte das damals nicht in die Landschaft, erst die dritte Einreichung war erfolgreich.

4

23

Haus Sch. 1986–87

Dornbirn, Kehlegg 109

Roland Gnaiger

Haus B
1988
Kehlegg 125
C. Lenz

Für einen kunstsinnigen Geschäftsmann mit praktischem Interesse an der Malerei geplant, enthält der außen unprätentiöse Bau ein reiches, polyvalentes Raumangebot. Über die zentrale Stiege, die über die Geschosse offenen Veranden und den zweigeschossigen Arbeitsbereich (Bibliothek und Schreibplatz auf der Galerie) ist der ganze Innenraum horizontal und vertikal durchlässig und komplex rhythmisiert. Im Norden Geräteschuppen und Werkstätte, darüber das Atelier mit eigenem Aufgang. An den Längsseiten sind Lauben vorgelagert. In diese Pufferzonen reichen einerseits die Veranden, andererseits bieten sie gut nutzbare Schwellenbereiche zum Garten. Ein hochgedämmter Holzskelettbau; Struktur des Bregenzerwaldhauses in moderner Fassung.

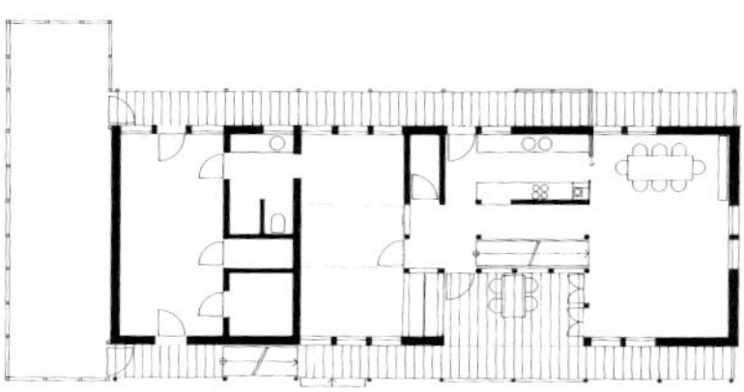

Erdgeschoß

Haus G. 1986–87

Dornbirn, Oberfallenberg 31

Carlo Baumschlager, Dietmar Eberle, Ulrich Grassmann

Exponierte Hanglage, einmalige Aussicht („Dreiländerblick") und bauliches Umfeld bestimmten den Entwurf. Das behördlich gewünschte Satteldach schwebt zitathaft auf filigranen Stahlstützen über dem Baukörper. Die massive Hangsicherung ergibt zwei Geschosse, erschlossen durch das leicht herausgedrehte Rückgrat der Treppe; Zugang straßenseitig im Obergeschoß, alle Räume zum Tal orientiert. Wohnraum (unten) und Studio wenden sich mit raumhoch verglasten Außenwänden im Viertelkreis zum Rheintalpanorama nach Süden. Auf dem geradezu klischeehaften Platz ein plakativ, doch elegant die Klischees strapazierendes Statement.

Erdgeschoß

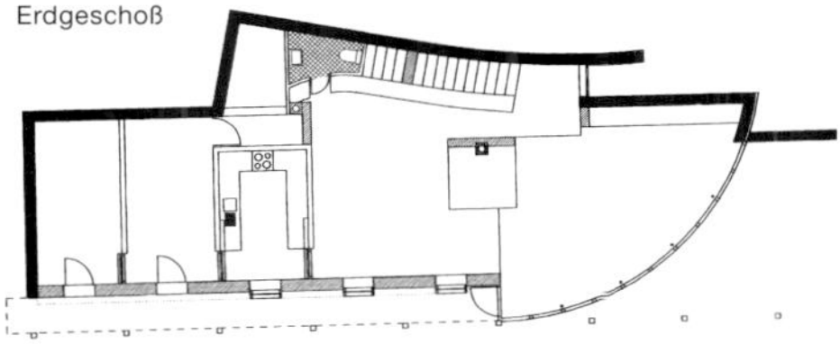

Haus H. 1990–92

Dornbirn, Oberfallenberg, Stüben 17

Walter Unterrainer

Das Haus steht auf dem Westhang in Fallinie, fluchtet mit dem benachbarten Bauernhof, greift durch die schmale Kompaktheit und den gestuften Sockel wenig in das natürliche Terrain ein, öffnet sich mit den Glasflächen quer nach Süden und stirnseitig nach Westen. Die Erschließung kommt von der Talseite durch einen massiven, aber nur seicht in den Hang geschnittenen Sockel, darüber liegen die Kinder- und Schlafräume, auf der obersten Etage unter dem Dach schließlich in der ganzen Länge der Wohn-Eßbereich. Die südseitige, verglaste Treppe fungiert auch als Wärmefalle. Ein Holzriegelbau, außen und innen mit Platten bekleidet, angedockt vor dem Wohngeschoß eine Terrasse und zur Wiese hinunter ein Steg in filigraner Metallkonstruktion.

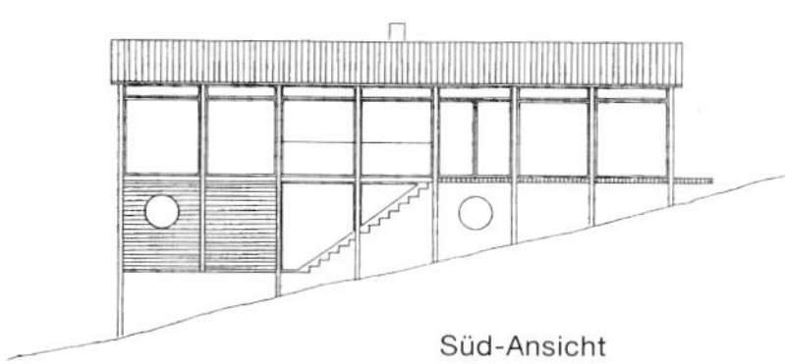

Süd-Ansicht

Reihenhäuser 1994 – 95

Dornbirn, Kehlerstraße 91

Kurt Schuster

Sechs integrierte Einfamilienhäuser am 30° geneigten Westhang, dreigeschossig organisiert. Im Sockel jeweils zwei gedeckte Stellplätze, Eingang, Geräteraum, Kellerräume und große Diele zur bergseitig hochführenden Stiege; im Hauptgeschoß darüber Küche, Wohn-, Eß- und Arbeitsbereich als offener Raum, nach Westen auf 3,2 m Raumlichte erhöht und L-förmig eine große Terrasse umgreifend; darüber dann drei Zimmer und Bad, auch von der Bergseite belichtet. Über dem massiven Sockel durchwegs gedämmte Holzkonstruktionen, an den westlichen Stirnseiten mit Aluwellblech, sonst mit 3S-Platten verkleidet.

Wohnanlage
1989 – 93
Gerbergasse
C4 – M. Fohn
K. Sillaber
A. Fink
W. Ritsch
G. Wratzfeld

Haus M.
1989 – 91
Kornfeld 11
W. Ritsch

Rieger Orgelbau, Umbau und Erweiterung 1992–93

Schwarzach, Hofsteigstraße 120

Hermann Kaufmann, Christian Lenz

Die Produktionsstätte der weltweit geschätzten Orgelbauer erhielt an der Straßenseite einen in rot gestrichener Holzschalung leuchtenden Kopfbau. Man erreicht ihn über einen Stahlsteg vom höhergelegenen Parkplatz, betritt unter dem aufgewölbten Dach die Büroetage und erhält aus dem dahinter sich öffnenden, verglasten Quergang – ein zweiter Steg, diesmal abgehängt von der Decke – Einblick in die tieferliegende Werkhalle. Von hier lenkt die Treppe quer zum Erdgeschoß hinunter. Das „fliegende" Dach aus vorgefertigten Holzleimelementen – von der Kämpferebene rundum mit Glas abgesetzt – führt wie ein Trichter reichlich Nordostlicht in die 7 m tiefen Büroräume, wirkt auch als bauplastisches Signal. Neue, gedämmte Verblechung der alten Hallenfassaden.

Vorarlberger Nachrichten – Medienhaus 1993 – 96

Schwarzach, Gutenbergstraße 1

Ernst Giselbrecht

Neben dem älteren Druckereigebäude arbeiten hier die Redaktionen der Vorarlberger Printmedien. Der 110 m lange Baukörper erstreckt sich unter dem auskragenden Dach in Ost-West-Richtung, mit einem forciert designten Entree an der Ostseite. Erstmals in Österreich wurde ein Heiz-Kühlsystem über die Speichermasse der gesamten Betonstruktur des Haues eingesetzt. Abwärme aus der Druckerei und Wärmepumpe liefern die nötige Heizleistung. Einzeln steuerbare Blechlamellen beschatten die südseitigen Fensterbänder, dieselbe Mechanik bewegt an der N-Fassade bündige Glaslamellen vor der inneren Fixverglasung. Totale Transparenz durch gläserne Innenwände. Modernste Büroausstattung. Eine Leuchtstele von Gottfried Bechtold interagiert mit dem Aktivitätspegel des Hauses.

Raiffeisenbank
Umbau
Hofsteig-
straße 75
H. Kaufmann
C. Lenz

Haus F.
1989
Im Weingarten 7
S. Larsen

Erdgeschoß

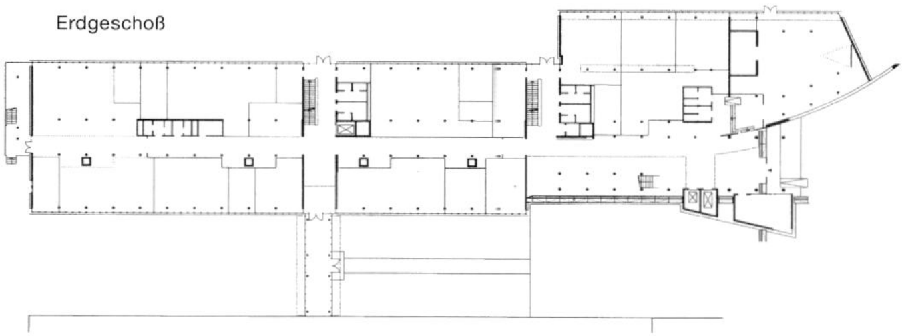

4

29

Haus L. 1995 – 96

Schwarzach, Riedstraße 10

Christian Lenz

Haus B.
Umbau
1990
Bahnhof-
straße 21
C. Lenz

Eine 22 m lange Holzschachtel „schwebt" – durch einen umlaufenden Lichtschlitz abgesetzt – über einem Erdgeschoß aus Sichtbeton und Glas, das sich mit Glas-Schiebewänden zum Garten öffnet. Wie immer bei Lenz gibt es eine lapidare, erst auf den zweiten Blick erkennbare Geometrie: Grundrißrechteck 1:3, die vorgelagerte Garage und der gerasterte Vorplatz je 1:1, die Binnen- und Fassadenstruktur aus den Mittel- oder Drittelteilungen gebildet. Das Ganze ist jedoch asymmetrisch gelockert, indem aus dem Erdgeschoßprisma ostseitig ein Sechstel durch den überdachten Freiplatz „herausgeschnitten" ist und aus dem Obergeschoß im selben Ausmaß eine gerahmte Terrasse an der Westseite.

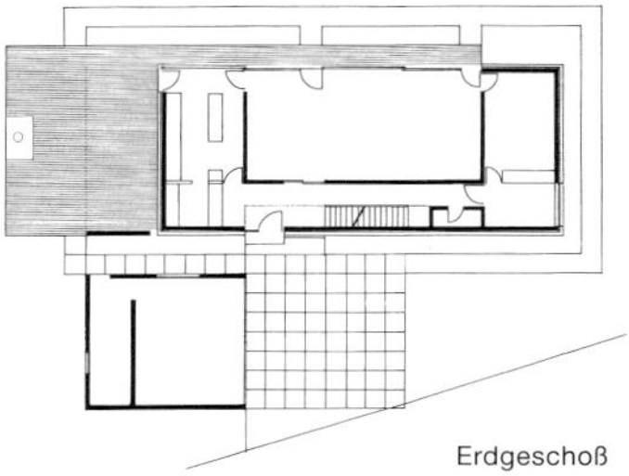

Erdgeschoß

Wohnanlage 1995–96

Schwarzach, Dammstraße – Bahngasse

Christian Lenz

Zwei spartanische, SW-orientierte Zeilen direkt neben dem Bahndamm. Erschließung durch bahnseitige Laubengänge, als minimale Metallstrukturen mit Eternitbrüstungen an die verputzten, dreigeschossigen Baukörper angehängt; südwestseitig analog vorgesetzte Balkone mit leuchtend bunten Brüstungen und Abschirmungen in Mattglas. Keine Keller, statt dessen gestapelte, in Holzlattung gehüllte Abstellboxen, mit den Laubengängen am Ostende jeder Zeile verbunden. Zwei- und Dreizimmerwohnungen.

Bahnhof
1993–94
Bahnhofstraße
C. Lenz

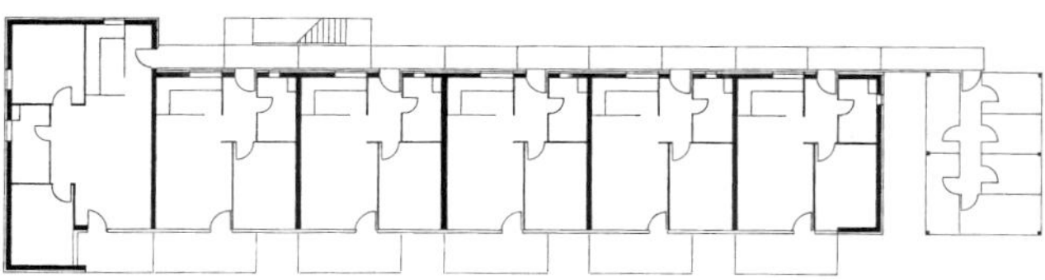

Obergeschoß

4

31

Haus R. 1995

Schwarzach, Linzenberg 80

Hugo Dworzak

In einer der schönsten Wohnlagen der Umgebung steht der Bau am Westhang, das Rheintal überblickend. Das Panorama wird vom Haus gegenüber eingeschränkt. Um dessen Alltäglichkeit auszublenden, teilt sich der Bau in zwei auseinandergespreizte Trakte, die exakt am Nachbarn vorbeisehen. Der zweigeschossige Zwickel dazwischen ist als Halle „im Freien" interpretiert. Diese wird als Eßplatz genützt, vom Steg zwischen den Obergeschossen durchquert und von einer freischwebenden „Wolke" aus Stahlblech überdacht. Geometrisch nach dem Sonnenlauf geformt, außen mit Holz verschalt, soll sie im Sommer beschatten, das tiefe Winterlicht jedoch nach innen reflektieren. Zugang aus einem in den Hang eingegrabenen Untergeschoß. Ein „Wolkenhaus" aus Stahlbeton verputzt, Stahl, Schalplatten.

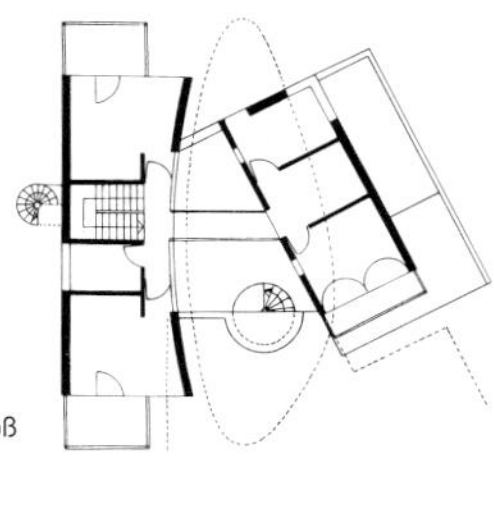

Obergeschoß

Häuser G. und G. 1978 – 80

Schwarzach, Linzenberg 115

Hans Purin

Nach seinen radikalen Pionierleistungen der 60er und frühen 70er Jahre widmete sich Purin mehr und mehr der Auseinandersetzung mit tradierten Typologien und Technologien. Die idyllisch gelegene, sorgsam plazierte Hausgruppe wirkt auf den ersten Blick selbstverständlich, „anonym", als sei sie immer schon dagestanden. Sie ist strukturell ganz klassisch geformt: weißer Mauersockel, darauf massives Holzständerwerk, Satteldächer, die am Giebel in weit vorspringende „Klebedächer" übergehen. Im Detail streng handwerklich, ist aber vor allem die ganz offene, ausgeklügelte Organisation der Innenräume auch absolut zeitgenössisch. Zufahrt vom Ortskern: „Heimathaus", Bildsteinerstraße, Linzenberggasse.

4

33

Kindergarten 1996 – 97

Schwarzach, An der Minderach 6

Helmut Dietrich, Much Untertrifaller

Typologische Weiterentwicklung des Kindergartens in Lauterach. Das enge Grundstück führte zu einer zweigeschossigen Anordnung der Nebenräume als Kopfbau. Die linear addierten Gruppenräume werden von einem verglasten Gang erschlossen, der auch als Garderobe dient. Das Untergeschoß bietet Spiel- und Bewegungsräume sowie Räume für externe Sportnutzung. Die Gruppenraumzeile ist als Holzskelett konstruiert, der Kopfbau massiv mit Lärchenschalung. Die ganze Anlage ist durch kontrollierte Be- und Entlüftung energetisch optimiert. Vom Ortskern: Bildsteinerstraße, dann links ab über die Brücke der Minderach.

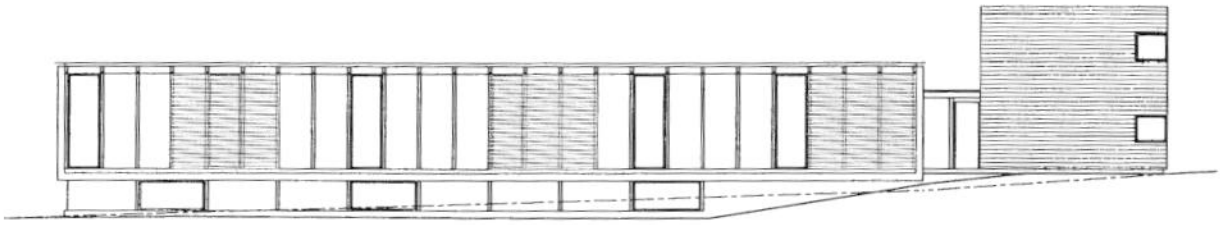

West-Ansicht

Haus S. 1994–95

Schwarzach, Bildsteinerstraße 53

Much Untertrifaller

4

34

Exklusive Lage oberhalb von Schwarzach am Waldrand mit unbebauten Nachbargrundstücken. Der offene Wohn- und Eßbereich liegt im Obergeschoß, wo sich durch ein über Eck gezogenes Fensterband das Panorama wie von einem Hochsitz aus darbietet. Im massiven Erdgeschoß der Haupteingang, Schlafzimmer, Bad und ein Musikraum mit raumhoher Übereck-Verglasung und eigenem Zugang. Da die Straße hinter dem Haus um ein Stockwerk ansteigt, liegt der Carport (über eine kurze Brücke erreichbar) im Obergeschoß überdacht an der Nordseite des Hauses. Leimbinder mit großen Spannweiten und Sperrholzplatten bilden die sichtbare Decken- und Dachkonstruktion. Durch verglaste Zwischenräume am Auflager der Auskragungen erscheint sie besonders leicht.

Haus V.
1996–97
Bildstein
Am Knobel 281
A. Bereiter

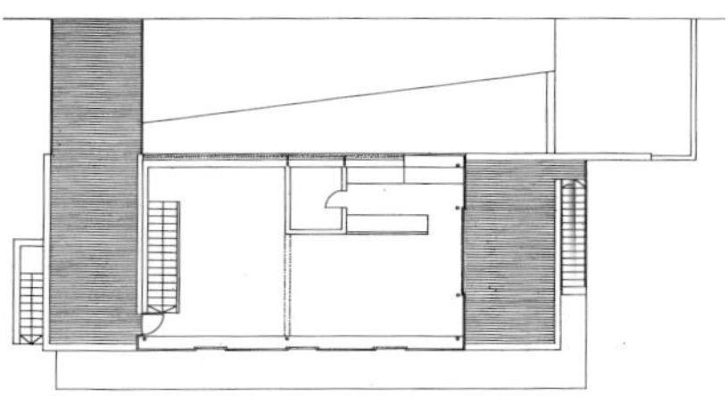

Obergeschoß

4

35

Haus R. 1988

Schwarzach, Sonnengasse 8

Christian Lenz

Haus K.
1989–90
Helbernstraße 17
C. Lenz

Äußerst noble Variation des archetypischen Giebelhauses, präzise ausgeführt in zweischaligem Ziegelmauerwerk mit Sichtklinkern und Steinstürzen über den Öffnungen – was im Lande zwar selten ist, doch gerade in Schwarzach durchaus auch Tradition hat. Wohl der im Œuvre von Lenz am strengsten geometrisch formalisierte Bau, mit einfachen Symmetrien und variierten Teilsymmetrien. Ein feiner Betonsockel regelt den Anschluß zum Gelände; Windfang im Norden, Eßplatz-Veranda im Süden als axiale Ausstülpungen, zwischen ihnen markiert die Stiege im Zentrum des Hauses die Kreuzung von Längs- und Querachse. Sie erschließt – vor dem Schlafbereich – eine Galerie, die mit dem bis unters Dach hinauf offenen Wohnraum kommuniziert.

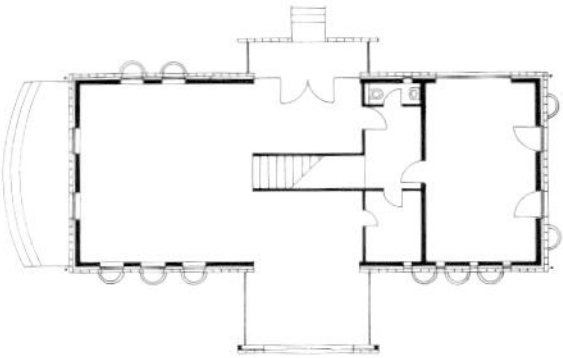

Erdgeschoß

Doppelhaus, Prototyp 1997 **4**

Schwarzach, Klosterwiesweg 17–19 36

Christian Lenz

Demonstrativbau für Fertigteilhäuser in massiver Brettstapeltechnologie. Das Leitbild war, einen 90 m^2-Typ zu entwickeln, dessen Energiewerte jene vergleichbarer Geschoßwohnungen unterschreiten. In diesem System können sowohl Reihenhäuser als auch mehrgeschossige Bauten ausgeführt werden. Außenwände massiv aus vertikalen, 10 cm starken Kantelholzdielen, Queraussteifung durch dahinterliegende OSB-Platten; Wärmedämmung; die außenliegenden OSB-Platten und Konterlattung auf die Dielen durchgeschraubt. Decken und Dach aus ähnlichen Elementen (insgesamt 14 pro Haus) mit fertigen Unterseiten, Brandschutz ohne zusätzliche Maßnahmen. Bodenplatte direkt auf Piloten aufgelegt, hinterlüftet. Ökonomie und Baubiologie in qualitativer Balance.

4

37

Clubhaus 1992 – 93

Schwarzach, Klosterwiesweg 25

Helmut Dietrich, Christian Lenz

Die Anlage liegt in einem landschaftlich und naturräumlich sensiblen Bereich zwischen bebautem Gebiet und der Riedlandschaft. Der zweigeschossige Bau ist betont leicht, transparent und linear gehalten. Das massive, mit Stülpschalung verkleidete Sockelgeschoß enthält die Garderoben, Naß- und Nebenräume. Darüber das sehr filigran konzipierte Clubgebäude, eine Stahl-Holzkonstruktion, die zweiseitig verglast ist. Der große Veranstaltungsraum ist durch Trennwände teilbar. Zum Spielfeld orientiert sich eine teilweise überdeckte Terrasse, südostseitig anschließend erstreckt sich die Sitztribüne. Behindertengerechte Rampen. Dachverblechung – als 5. Fassade – in Edelstahl. Eine klare Linie zwischen Bauland und Grünraum, robust konstruiert, durchlässig gestaltet.

Lagerhalle 1995

Schwarzach, Staudachstraße 3

Christian Lenz

In früheren Zeiten machte die Kontinuität des Handwerklichen auch noch das minderste, alltägliche Produkt logisch und ansehnlich. Die Bedingungen sind heute anders. Das Alltägliche zur Qualität zu bringen, ist oft nur durch hohe individuelle Leistung möglich. Diese Lagerhalle wird in keiner Architektur-Modeschau reüssieren Das Gerüst aus Stahlprofilen ist innen mit Holz, außen mit Faserzementplatten in feinem Rot verkleidet, hebt aber mit geringsten, doch kontrollierten Mitteln das Minimale zur Gestalt und läßt das industrielle Heutige neben dem benachbarten Zimmermannsbau selbstbewußt und selbstverständlich stehen.

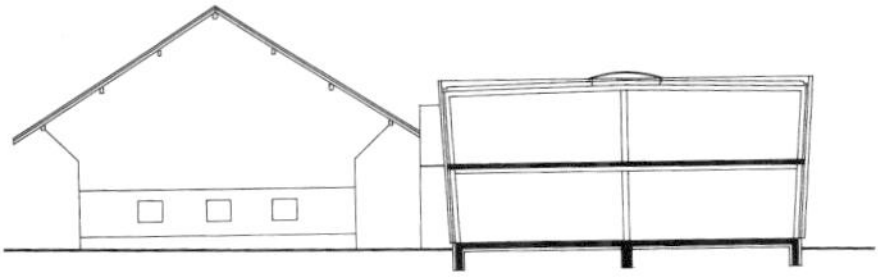

Schnitt

Seien wir also größenwahnsinnig: Das Vorarlberger Rheintal hat die Besiedlungsstruktur von Los Angeles. Lochau ist Malibu, Bregenz Santa Monica, Hard Venice, Dornbirn (Richtung Bödele) Beverly Hills, Hohenems (weil ich von dort bin) Hollywood, Feldkirch (das Studierstädtle) ist Westwood ... Es tut gut, sich auf diese Weise zu vergleichen. Dem Größenwahn folgt die Selbstverachtung auf dem Fuß: Das Vorarlberger Rheintal hat die Besiedlungsstruktur von Los Angeles – eines entenhausenhaft verkleinerten Los Angeles allerdings, in dem fast nur Mickey-Mäuse leben, kaum ein Donald Duck, sicher kein Dagobert, schon gar nicht ein Gustav Gans (dafür viele, die sich wie solche aufführen).

Michael Köhlmeier

Vom Westen her kommen Wind und Wetter mit wochenlangen Regengüssen, welche die Menschen in ihre Behausungen zwingen. Nicht von ungefähr ist der bäuerliche Haustyp des Bregenzerwaldes als das höchstentwickelte österreichische Bauernhaus zu bezeichnen, Der Vorarlberger will auch im häuslichen Bereich sein eigener Herr sein und siedelt bis in die jüngste Zeit fast ausschließlich im Eigenheim. Dieser Hang zum freistehenden Einfamilienhaus ist für die Zersiedelung auf den schwierigen Böden des Rheintales bis hinein in die vom Fremdenverkehr beschlagnahmten Bergtäler verantwortlich zu machen.

Jakob Albrecht

Hohenems, die jüngste und kleinste Stadt des Landes, kann darauf verweisen, daß sie in der Neuzeit auch Residenz von Territorialherren war, dokumentiert durch ein repräsentatives Renaissanceschloß, das für das heutige Siedlungsbild strukturbildend wirkte. Seit dem 17. Jh. besaß der Ort auch eine starke jüdische Gemeinde, aus der die Fabrikantenfamilien Löwengardt und Rosenthal hervorgingen. Der jüdische Friedhof und die Villa Heimann-Rosenthal – heute das Jüdische Museum – sind unter anderem noch als bauliche Zeugen erhalten. Die Stadt liegt am Fuß des Schloßberges auf Schuttfächern und Ablagerungen des Emsbaches.
Während in Götzis vor 100 Jahren kaum 20 nennenswerte Gewerbebetriebe bestanden, gehört dieser Ort (10.000 Ew.) nun zu den führenden Wirtschaftsgemeinden in Vorarlberg. Textil, Metallverarbeitung und High-Tech sind in Götzis ebenso vertreten wie ausgezeichnete Fachgeschäfte. Der betriebliche Schwerpunkt entstand ab den 70er Jahren nach der Errichtung der Autobahn und der Lastenstraße, die den örtlichen Durchzugsverkehr auslagert, in der 70.000 m² großen, neuen Gewerbezone zwischen diesen beiden Trassen. Ein 1997 erstellter Entwicklungsplan soll den Ortskern wieder attraktiv machen. Mit Einbeziehung des alten Vereinshauses entsteht u.a. ein neuer Gemeindesaal an der Ringstraße.
Götzis ist aber auch in geschichtlicher Hinsicht bedeutsam. Hier verlief die Grenze zwischen den Bistümern Chur und Konstanz, und die Vorstöße der Alemannen erfolgten bis in diesen Raum, sodaß sich hier quer durchs Tal eine Völkergrenze zwischen Alemannen und Romanen zog.
Altach – ursprünglich ein Bauerndorf, zwischen Götzis und Hohenems inmitten sumpfiger Auen und Torfmoore gelegen und oft (wie auch Mäder) vom Rhein überschwemmt – erlebte im 19. Jh. mit dem Aufkommen der Stickerei- und Webereibetriebe eine erste massive Ausweitung der Bausubstanz und präsentiert sich heute ebenfalls – seit 100 Jahren durch die Rheinregulierung geschützt – als florierende, ländliche Industriegemeinde.
Bemüht sich Götzis, die alte Mitte wieder aufzuwerten, so hat sich Mäder soeben mit einem eindrucksvollen Ensemble von Bildungsbauten ein neues Zentrum geschaffen.

Hinweis
Hohenems, Seelsorgezentrum St. Konrad, Nibelungenstraße – Konrad-Renn-Straße (1966–74; J.G. Gsteu): ein städtebaulicher Fokus in der Streusiedlung, Turm später hinzugefügt (bei 5.1).

Schweiz
Diepoldsau
B 203
Rhein
Hohenem
Alter Rhein
1
2
3
4
A 14
5
8
6
11
10
Altach
9
Mäder
12
7
13
Götzis
B 190
14
15
16
Klaus
Weiler

Hohenems

1 **Wohnanlage**
Lustenauer Straße 85

2 **Haus R.**
Birkenweg 7

3 **Jüdisches Museum**
Schweizer Straße 5

4 **Wohnanlage**
Franz-Michael-Felder-Straße 9

5 **Wohnanlage**
Hohe Wies 19

6 **Haus L.**
Nußdorfstraße 19

7 **Firma Josef Otten**
Kaiser-Josef-Straße 130

Altach

8 **Sozialzentrum**
Achstraße 8

Mäder

9 **Pfarrheim**
Kirchweg 5

10 **Johann-Ender-Saal**
Schlössleweg 3

11 **Kindergarten**
Ulimahd 4

12 **Landesschule für Behinderte**
Neue Landstraße 4

Götzis

13 **Wohnanlage**
Sonderberg 60–75

14 **Dorf-Haustechnik**
Lastenstraße 37

15 **Volksschule**
Blattur 35

16 **Bildungshaus St. Arbogast**
Montfortstraße 86–88

5

1

Wohnanlage 1988 – 92

Hohenems, Lustenauer Straße 85

Helmut Kuess, Hans Purin

Wohnanlage
1995 – 96
Im Buch
Lustenauerstraße –
Rheinstraße
J. Albrecht

Wohnanlage
1980 – 83
Schweizerstraße 26
Cooperative –
D. Eberle
W. Juen
M. Koch
N. Mittersteiner

In dem heterogenen Umfeld reagieren die Nord-Süd-Zeilen bewußt nicht auf den Straßenraum, sondern etablieren eine autonome Quartierstruktur. 84 Wohnungen sind in konventioneller Technik errichtet, doch in komplexer, räumlicher Typologie angeordnet. Es sind zumeist Split-Level-Typen, halbgeschossig mit dem Wohnraum und Westgarten übers Terrain gehoben, von den ostseitig im 1. Stock verlaufenden Laubengängen erschlossen, die Schlafräume auf zwei weiteren, versetzten Ebenen darüber; die innenliegenden Bäder durch Oberlichte übers Dach belichtet. Die westwärts orientierten Dachgeschosse haben eigene Terrassen. Statt einer Tiefgarage liegen die Stellplätze unter dem Laubengang ebenerdig in die Häuser integriert.

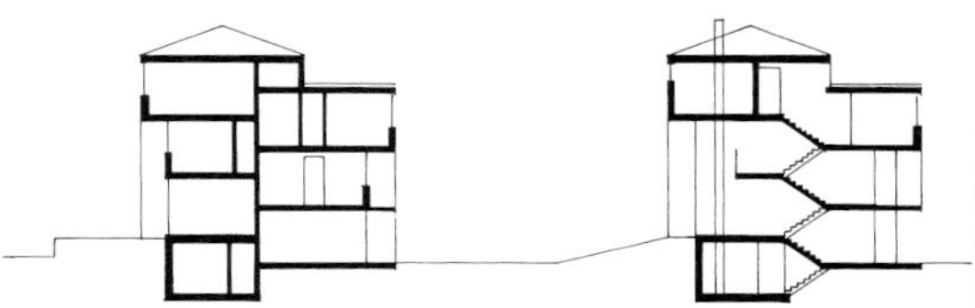

Schnitt

Haus R. 1982–84

Hohenems, Birkenweg 7

Rudolf Wäger, Elisabeth Rüdisser

1985 erhielt dieses Haus den erstmals vergebenen Großen Österreichischen Wohnbaupreis. Wäger/Rüdisser planten es als gemeinsame Wohn-Arbeitsstätte. Das wurde es zwar nicht, doch immerhin ein Markstein in beider Œuvre. Nachdem Wratzfeld schon Schalungsträger für Dächer benutzt hatte, konstruierte Wäger damit hier erstmals den ganzen Bau. Das Traggerüst, Achsmaß 96 cm, ist mit mehrschaligen Wandsystemen ausgefacht; das Volumen mißt 12,5 x 5 x 5 m, wobei das Pultdach den Querschnitt südwestseitig überhöht. Das Küchenfenster zentral in der sonst hermetischen NO-Wand; verglaste Eingangsveranda mit Galerie als Wintergarten; ein Vordach südwestlich als Rankgerüst; nordwestlich mit 12,5 m Abstand das Atelier (5 x 8 m). Bauzeit 5 Monate.

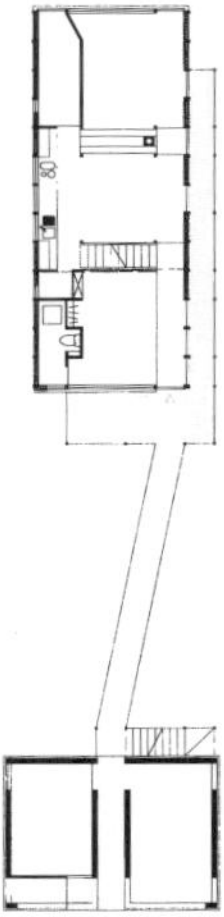

Erdgeschoß

Jüdisches Museum, Villa Heimann-Rosenthal 1988–91

Hohenems, Schweizer Straße 5

Roland Gnaiger; Elsa Prochazka

Haus F.
1996–97
Hellbrunnenstraße 13
C. Lenz

Haus F.
1989–90
Tugsteinstraße 10
W. Ritsch

Die Fabrikantenfamilie Rosenthal war im 19. Jh. die wohlhabendste jüdische Familie in Hohenems. Ihr 1864 erbautes Haus zählt zu den schönsten Großbürgervillen der Epoche im Land. 1983 von der Gemeinde erworben, wurde der Bau von Gnaiger gründlich saniert und mit wenigen, sensiblen Eingriffen adaptiert. Elsa Prochazka gestaltete dann die Museumseinrichtung und die Präsentation der Sammlung analog zu den historischen Interieurs: Die Wände der Beletage sind mit farbigen Paneelsystemen „tapeziert" und die Räume mit Vitrinen „möbliert", welche die meist zweidimensionalen Exponate auf vielschichtige Art zugänglich machen. Im Dachraum rekonstruiert ein großes Modell das jüdische Wohnviertel der Stadt. Adapierung des Gartensalettls zum Archiv durch Gnaiger.

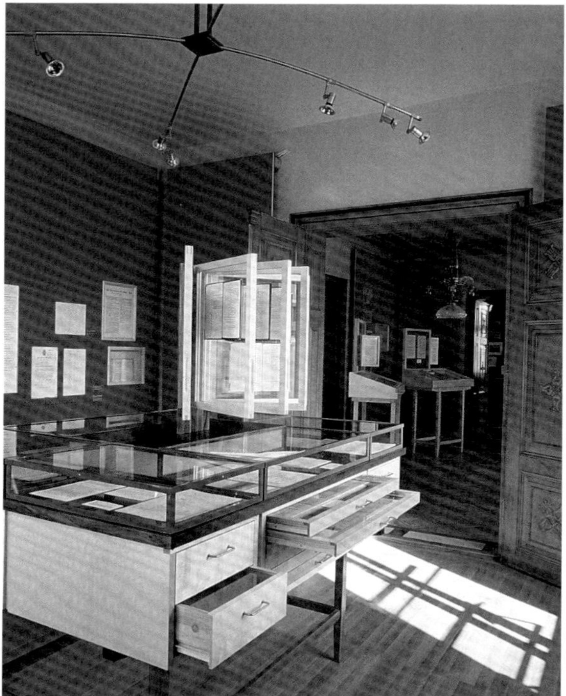

Wohnanlage 1982–84

Hohenems, Franz-Michael-Felder-Straße 9

Roland Gnaiger, Norbert Schweitzer

5

4

Die Trakte entlang den Straßen umfassen einen nach Süden offenen Innenhof. Die Reihenhäuser (3–4 Zimmer) werden von straßenseitigen Laubengängen erschlossen und sind auf das Gelände abgestimmt: an der einen Straße Split-Level-Wohnungen auf vier Ebenen, an der anderen zweistöckige Einheiten mit jeweils gut nutzbaren, in vorspringende Veranden integrierten Freibereichen im Hof. Laubengänge im 2. OG bedienen Appartements für Einzelstehende. Kollektive Nutzungen im Zwickel an der Straßenkreuzung: Kinderspiel-, Fahrradraum, Garageneinfahrt. Ungewöhnlich, doch sehr brauchbar sind die den Laubengängen an der Straße vorgereihten „Holzschöpfe". Konventionelle Elemente formen eine unkonventionelle Lösung mit reichen kontextuellen Bezügen.

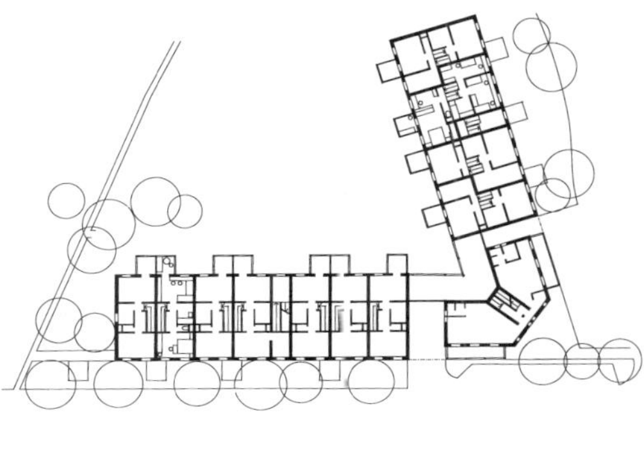

1. Obergeschoß

5

5

Wohnanlage 1984 – 85

Hohenems, Hohe Wies 19

Carlo Baumschlager, Dietmar Eberle, Kurt Egger

Zwei Zeilen zu je fünf Häusern, durch ein großes, gewölbtes Glasdach verbunden. Diese N–S gerichtete Erschließungshalle ist ein vielfach nutzbarer Gemeinschaftsraum und wirkt auch als klimatische Pufferzone. Die Häuser selbst sind zweieinhalbgeschossige Typen mit massiven Außenwänden, mit Holzbalkendecken und leichten Innenwänden. Jedes Haus hat an der Ost- bzw. Westseite einen Gartenbereich und darüber eine Terrasse. Eine Teilung der 130 m^2 Einheiten in getrennte Wohnungen ist leicht möglich. Kostensenkung durch Selbstbauanteil der Eigentümer. Mit dieser Anlage gingen B+E von der Holzbauweise der „Cooperative" aus pragmatischen Gründen zur Mischbauweise über. Sicher die schönste unter mehreren realisierten Varianten dieses Typus.

Haus L. 1993 – 94

Hohenems, Nußdorfstraße 19

Rudolf Wäger

5
6

Der Bau ersetzte das desolate Holzhäuschen der Großeltern der Auftraggeber. Ein massiver Sockelbereich wurde behördlich vorgeschrieben, um eventuellen Vermurungen des südseitigen Wildbaches zu begegnen. Dadurch liegt aber auch die Wohnebene deutlich über der Straße, und die westlich angefügte Terrasse öffnet zwischen den Bäumen den Blick ins Tal. Die an der Straßenseite hochführende Stiege wurde auch zum Innenraum verglast, wirkt als Wintergarten und Schallschutz. Konstruktion mit Schalungsträgern, innen mit Sperrholz, außen mit Eternit verkleidet; die innen durchgehend sichtbare Dachwölbung mit gebogenen Hetzerträgern. Offenes Wohngeschoß, Hypokaustenofen, kompletter Innenausbau mit vielen Einbauteilen in perfekter Modularität. Struktur ist bei Wäger nie steril, sondern zur Gestalt gesteigert.

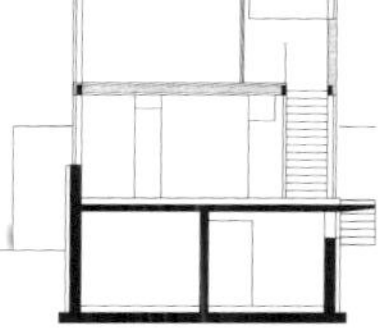

Schnitt

5
7

Firma Josef Otten 1994 – 97

Hohenems, Kaiser-Josef-Straße 130

Arno Bereiter

Die Firma (500 Mitarbeiter) gehört zu den führenden Textilveredlern Österreichs, täglich werden 50 km Stoff gefärbt und bedruckt, zu 90% für den Export. Als Zulieferer der internationalen Prêt-à-porter-Industrie ist Otten ständig um Innovation bemüht und kooperiert oft mit bekannten Künstlern. Bereiters Bauten am Areal – Bürohaus, Lager und Färberei – prononcieren die Unternehmenskultur auch im baulichen Bereich. Die prägnante Silhouette der Shedhalle und die auffällige Farbwirkung der türkisen Lager-Box bilden den Hintergrund für die expressive Karosserie des Bürobaus: die viergeschossige Struktur hat als Rückgrat eine tragende, organhaft perforierte Innenmauer als Filter zwischen den Büros und den Gangflächen an der Ostseite. Die Fassaden in Metall, Holz und Glas überzeichnen gestalthaft die inneren Funktionen.

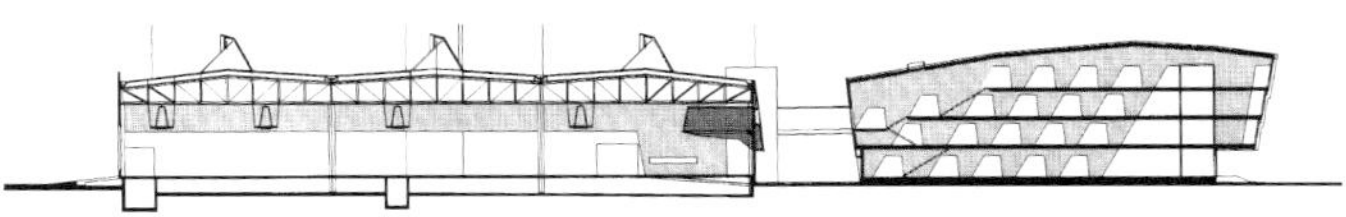

Schnitt

Sozialzentrum 1996 – 97

Altach, Achstraße 8

Lisa Ehrensperger, Roland Frei

Der parallel geschichtete Baukörper integriert das große Volumen gut in die Umgebung. Er schafft auch neue öffentliche Außenräume und Wegverbindungen zwischen dem Einkaufszentrum an der Hauptstraße, der Kirche, dem Gemeindehaus und der Volksschule. So erhielt der disperse Ort eine neue Mitte, die auch vielfältige öffentliche Nutzungen einschließt. Das Gebäude selbst ist modular strukturiert und dadurch äußerst flexibel brauchbar. Analog dazu gibt es nur einen Fenstertyp, raumhoch, innen angeschlagen, beide Flügel können voll weggeklappt werden. Die Korridore werden im Sommer zu offenen Veranden. Außenwände in Ziegel und Beton; vorgefertigte Sanitärstränge in Leichtbeton; Niedrigenergiehaus mit Erdwärmespeicher, kontrollierter Be- und Entlüftung, Solaranlage.

Haus H.
1994 – 95
Brändlestraße 1
H. Hohenfellner

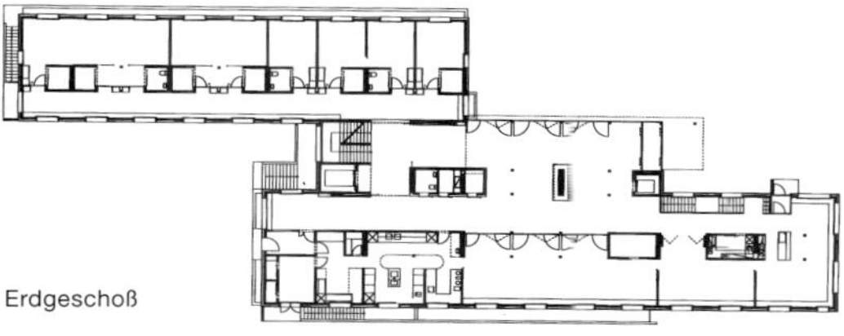

Erdgeschoß

5

9

Pfarrheim 1989 – 92

Mäder, Kirchweg 5

Carlo Baumschlager, Dietmar Eberle, Ulrich Grassmann

Reihenhäuser
1982 – 83
Neue Landstraße 44 a – e
Cooperative –
C. Baumschlager
D. Eberle
K. Egger
M. Koch

Im leichten Winkel zur Kirche, doch parallel zur nördlichen Friedhofsmauer definiert das nach Süden aufgespreizte, farbig leuchtende Pfarrheim mit einer im Viertelkreis gezogenen Mauer (samt Pergola und Bänken) einen neuen Kirchenvorplatz, von den umgebenden, weiten Wiesen dezent getrennt. Zum Platz öffnet sich der Bau durch eine zweigeschossige Arkade in Beton, hinter der eine gerasterte Holz-Glaswand den Einblick in den Pfarrsaal freigibt. Der Zugang erfolgt über die westliche, eher geschlossene Flanke, wo auch die Nebenräume liegen und die Stiege zu dem oben an der Nordfassade entlangstreifenden, verglasten Gang leitet. In den Farben und Texturen eine starke Akzentuierung aller Elemente und Oberflächen.

Johann-Ender-Saal 1991–95

Mäder, Schlössleweg 3

Carlo Baumschlager, Dietmar Eberle

5

10

Der Heimatort von Carlo Baumschlager hat in jüngster Zeit ein beachtliches öffentliches Bauprogramm durchgezogen. Sein kulturelles Zentrum ist der J.-Ender-Saal, gegliedert in zwei polare Einheiten. Der weiß verputzte Kubus enthält neben dem Eingang und Foyer einen kleineren Saal. Der große, rot leuchtende Veranstaltungssaal für 470 Personen, schwungvoll gerundet, wirkt daneben wie eine moderne Arche Noah oder eine provisorisch geparkte Zeppelingondel. Die gebauchte Form aus verschalten Stahlprofilen entstand aus akustischen Überlegungen. Durch den seitlich entlanggeführten Foyergang ist der Saal auch in verschiedenster Unterteilung einfach zugänglich. Die benachbarte Öko-Hauptschule ist rundum in Glaslamellen gehüllt.

Hauptschule
1995–98
Brühl-Neue Landstraße
C. Baumschlager
D. Eberle

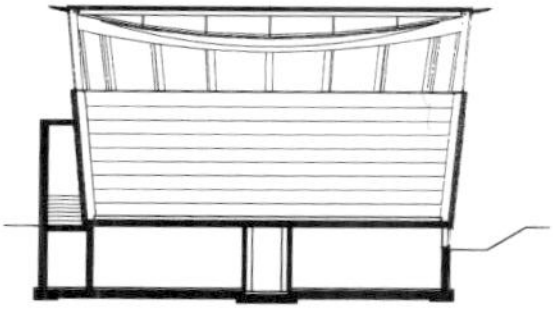

Schnitt

5

11

Kindergarten 1991 – 92

Mäder, Ulimahd 4

Klaus W. Pfeifer

Die lokale Topografie ist hier mit einem poetisch-didaktischen Raumkonzept interpretiert: ein Niveausprung zur Straße, der Übergang zur unbebauten Landschaft mit Sumpfwiesen und schönen Bäumen, eine Silber-Weide als beeindruckendes Naturdenkmal. Pfeifer setzte in diese Situation einen städtebaulich aufgefaßten Baukörper, dessen zentraler Gang mit Nischen und Höfen eine komplexe, innere „Straße" darstellt, deren aufsteigende Rampe die Entwicklung der Kinder symbolisiert, und deren Öffnung am „Spitz" unter der Baumkrone auf den Übergang aus behüteter Kindheit in die offene Gemeinschaft anspielt. Die Garderobengänge leiten quer ins Freie – zu den Spielterrassen auf den „Wellen" der Wiese. Skulptural expressiv, kein einfacher Bau.

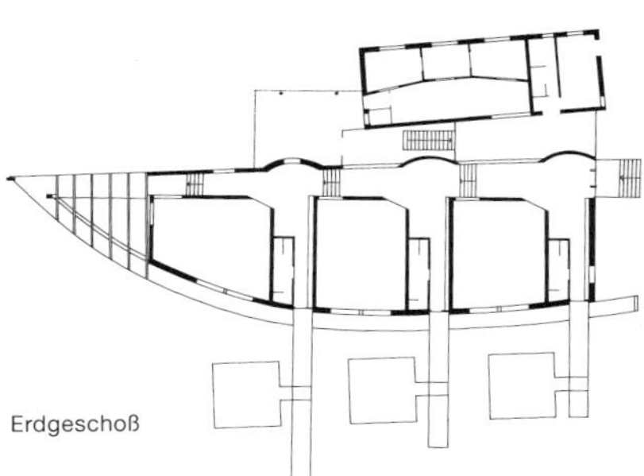

Erdgeschoß

Landesschule für körperbehinderte Kinder 1989–92

Mäder, Neue Landstraße 4

Dietmar Walser, Erwin Werle

Siebenklassige Sonderschule für schwerst- und mehrfach behinderte Kinder. Zweihüftige Anlage auf einer schmalen, N–S gerichteten Parzelle, mit transparentem Verbindungsgang zum alten Schulheim, das nun als straßenseitiger Kopfbau fungiert. Unterrichts- und Therapieräume entlang einer zentralen, konischen Erschließungszone, die in der Mitte sich zu einer hellen, zweigeschossigen Halle aufweitet. Das Prisma im Osten mit Flachdach gedeckt, über dem Flur ein nach Osten hochgeklapptes Pultdach; durch den konischen Verlauf entsteht ein von Süden nach Norden ansteigendes Oberlichtband mit großer Öffnung zur Straße. Weitauskragendes, raumbildendes Pultdach über dem Westtrakt; klar akzentuierte Fassaden.

Wohnanlage
1993–95
Rheinstraße 14
C. Baumschlager
D. Eberle

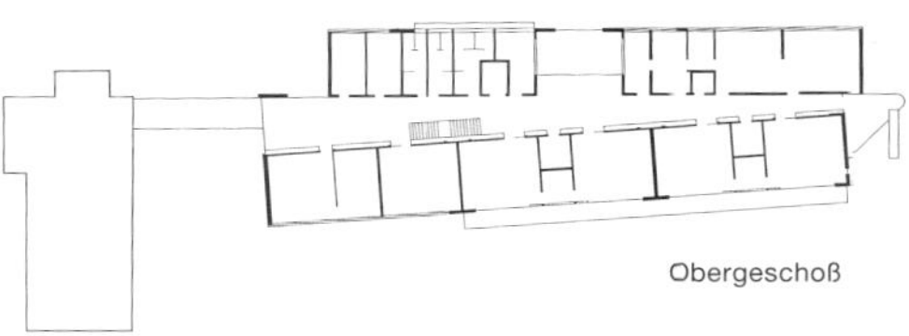

Obergeschoß

5

13

Wohnanlage 1988–96

Götzis, Sonderberg 60–75

Carlo Baumschlager, Dietmar Eberle; Roland Gnaiger, Hubert Koch, Hugo Purtscher, Norbert Schweitzer, Gernot Thurnher, Werner Wertaschnigg

Haus S.
1996–97
Eichbühelweg 61
J. Niggli
U. Zbinden

Am Ende der 80er Jahre wurde das „Wohnproblem" von der Landespolitik aufgegriffen und ein Zehnjahresprogramm konzipiert, das 3000 geförderte Wohnungen pro Jahr schaffen sollte. Dieser Boom überkreuzte sich mit der aufkommenden öffentlichen Akzeptanz der „Baukünstler", die auf diese Weise, oft in Arbeitsgemeinschaften, zu größeren Aufträgen kamen. Götzis-Sonderberg begann kurz vor dieser großen Welle und zählt zu den ersten Projekten im Land, wo ein gemeinsam erarbeitetes Städtebaukonzept von verschiedenen Planern ausdifferenziert wurde. Auf das Gelände reagierend, vermittelt ein gebogener, sehr minimierter Geschoßwohnbau zum Hang, davor vier flache Doppelzeilen von jeweils verschiedenen Architekten. Am ambitioniertesten der Hof am westlichen Rand von Gnaiger, formal romantisch, strukturell bestechend.

Betriebsbau Dorf-Haustechnik 1992–94

Götzis, Lastenstraße 37

Rudolf Wäger

Zwei unabhängige Firmen – Heizung/Sanitär- bzw. Elektroinstallationen – entschlossen sich, ein gemeinsames Haustechnikzentrum zu errichten. In der Querachse, die vom zentralen Foyer nach Westen verläuft, reihen sich in zwei Ebenen die kollektiven Bereiche: Sitzungsräume, Schauräume, Kantine – mit Ausgang auf den unteren, glasgedeckten Werkhof, der von beiden Bereichswerkstätten genutzt wird. Vom Eingang aus ist – gleichsam „in der Vitrine" – die interne Heizungsanlage im verglasten Untergeschoß sichtbar. Stahlstützen, Holzleimbinder, tragende Blechdecken. Resultat eines von den Betreibern selbst durchgeführten Gutachterverfahrens.

Schnitt

5

15

Volksschule 1992–95

Götzis, Blattur 35

Josef Fink

Haus M.
1987–88
Bahnhofstraße 57
R. Wäger

In der kontrastreichen Umgebung bildet das straffe, gelassen proportionierte Volumen einen starken Fokus, einen gestalterischen Ruhepol. Der Bau ist verblüffend einfach, großzügig, hell und übersichtlich gegliedert. Die Mittelerschließung (mit Dachoberlicht) verbindet die südwestliche Hälfte – die als Pausen- und Vorplatz genutzte Arkade und das verglaste Treppen-Foyer – mit den nordostseitigen Etagen der vormittags besonnten Unterrichtsräume. Arkade und Aula dienen auch außerschulischen Veranstaltungen. Der Geländesprung ist für die natürliche Belichtung der Werkräume und Turnhalle im Untergeschoß ausgenützt. Behindertengerechte Zugänge, Brauchwasserkreislauf, Heizung durch die Kompaktheit und Dämmung auf 45 kWh/m² pro Jahr gesenkt.

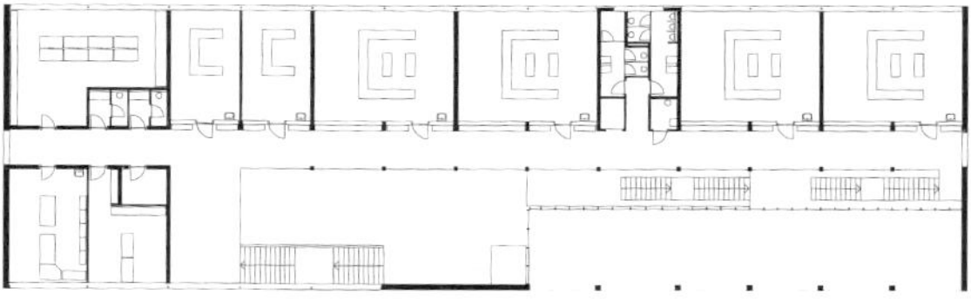

Obergeschoß

Bildungshaus St. Arbogast 1992–93

Götzis, Montfortstraße 86–88

Hermann Kaufmann, Christian Lenz

Am Rande eines Naturschutzgebietes, 1,5 km vom Ortskern entfernt, bietet der Bau der weltoffenen, überregional geschätzten Institution mit komplexem Raumprogramm und prefekter Überhöhung der Topografie den unverwechselbaren, stimulierenden Ort. Die Position eines abgebrochenen Altbaus aufgreifend und steigernd, ist das Volumen im Winkel an die Hangkante gesetzt und bildet zum Bestand der Gästehäuser und Kirche einen neuen Platz. Eine Arkade aus Stahlstützen führt durch hohe Glaswände in die Eingangshalle – der Platz „fließt" ins Haus; auf diesem Niveau Empfang, Cafeteria und Speisesäle, die sich südwärts dem Ausblick öffnen. Darüber, von einer Galerie erschlossen, die Seminarräume; im Sockel Büros, Personalräume, Garage. Differenzierte Konstruktionen, Raumqualitäten, Licht- und Blickregie.

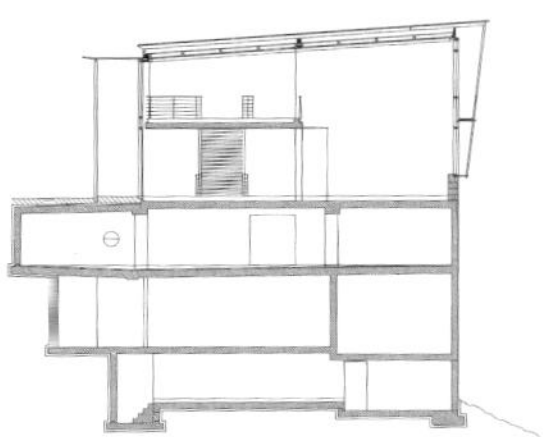

Schnitt

Ein glücklicher Zufall war, daß ein früher Bauherr von mir, Franz Bertel, an der Pädagogischen Akademie Architektur in die Kunsterziehung miteinbezogen hat. Er hat mit den Studenten Modelle gebaut, Arbeiten von uns bearbeitet – dadurch ist ein Verständnis entstanden und für uns ein wichtiger Bauherr, – die jungen Lehrer nämlich. Ich würde sagen, in fast 50% unserer Einfamilienhäuser und Kleinwohnanlagen sitzen Lehrer. In meiner Frühzeit war kein Bau glatt durchzubringen. Das war immer erst ein Jahr später möglich, man mußte von vorneherein ein Berufungsverfahren einkalkulieren. Ich war schon ein halber Jurist. Das war äußerst unerfreulich, ist jetzt immer noch nicht problemlos, aber schon etwas leichter. Heute sitzen fast alle Baukünstler irgendwo als Berater in den Gemeinden. Das ist sehr wichtig und ein Zeichen, daß man akzeptiert ist.

Hans Purin

Die Stärke der Baukünstler-Bewegung war die, daß sie an den Problemen der Bauherren drangeblieben ist. Hans Purin hat den Bauherren ja nicht Kunst geliefert, sondern hat ihnen aus ihrer sozialen und wirtschaftlichen Situation heraus mit geringem Aufwand in jede Richtung etwas Optimales geschaffen. Das war der Ausgangspunkt. Jetzt kommen wir in eine neue Dimension.

Roland Gnaiger

Koblach – Klaus – Weiler – Röthis – Dafins
Sulz – Muntlix – Batschuns – Rankweil

Bei Koblach tritt der fast 700 m hohe Kummenberg nahe an den Rhein heran und bildet eine natürliche Pforte im Rheintal, eine strategisch bedeutsame Stelle, auch die Grenze zwischen „Ober- und Unterland". Hier wurde die bisher älteste Siedlung in Vorarlberg nachgewiesen. Schon in der mittleren Steinzeit haben hier Menschen gelebt. Bis nach dem Zweiten Weltkrieg war der Ort eine bäuerliche Gemeinde. Die rasche Industrialisierung und Motorisierung machten aus Koblach eine Arbeiter- und Pendlergemeinde, in der einige industrielle und gewerbliche Betriebe ansässig wurden. Der Ort hat seine Einwohnerzahl seit 1880 ungefähr vervierfacht, seit 1961 mehr als verdoppelt. Heute leben 3.500 Einwohner in rund 900 Häusern.
Rankweil, eine alte Marktgemeinde, konnte die Bevölkerungszahl innerhalb von 60 Jahren verdreifachen und hat nun knapp über 10.000 Einwohner. Die Rheinebene bildet hier eine vor NW-Winden geschützte Bucht mit weiten Südhängen. Rankweil ist der Hauptort dieses dicht bevölkerten „Garten Vorarlbergs" mit zahlreichen Dörfern im Tal und einer Reihe von Berggemeinden. Der Ortskern entstand auf einem breitgefächerten Schuttkegel. Ein vielfältiges Gewerbe, die Lage an einem wichtigen Straßenkreuz und der Standort des Gerichtes schufen ein potentes Gemeinwesen. Das günstige Klima erlaubt hier anspruchsvolle Landwirtschaft auf meliorierten und arrondierten Flächen. In Sulz und Röthis wird seit dem 8. Jh. Weinbau betrieben. In jüngster Vergangenheit hat sich auch hochwertige Veredelungsindustrie anderer Sparten angesiedelt.
Die Ortschaften Dafins, Muntlix, Batschuns u.a., auf den Höhen zwischen Latensertal und Frödischtal gelegen, werden als Gemeinde unter dem Namen Zwischenwasser (zwischen den Bächen Frutz und Frödisch) zusammengefaßt.

Hinweis
Pfarrkirche Batschuns (1921–23), erster Kirchenbau von C. Holzmeister (bei 6.14).

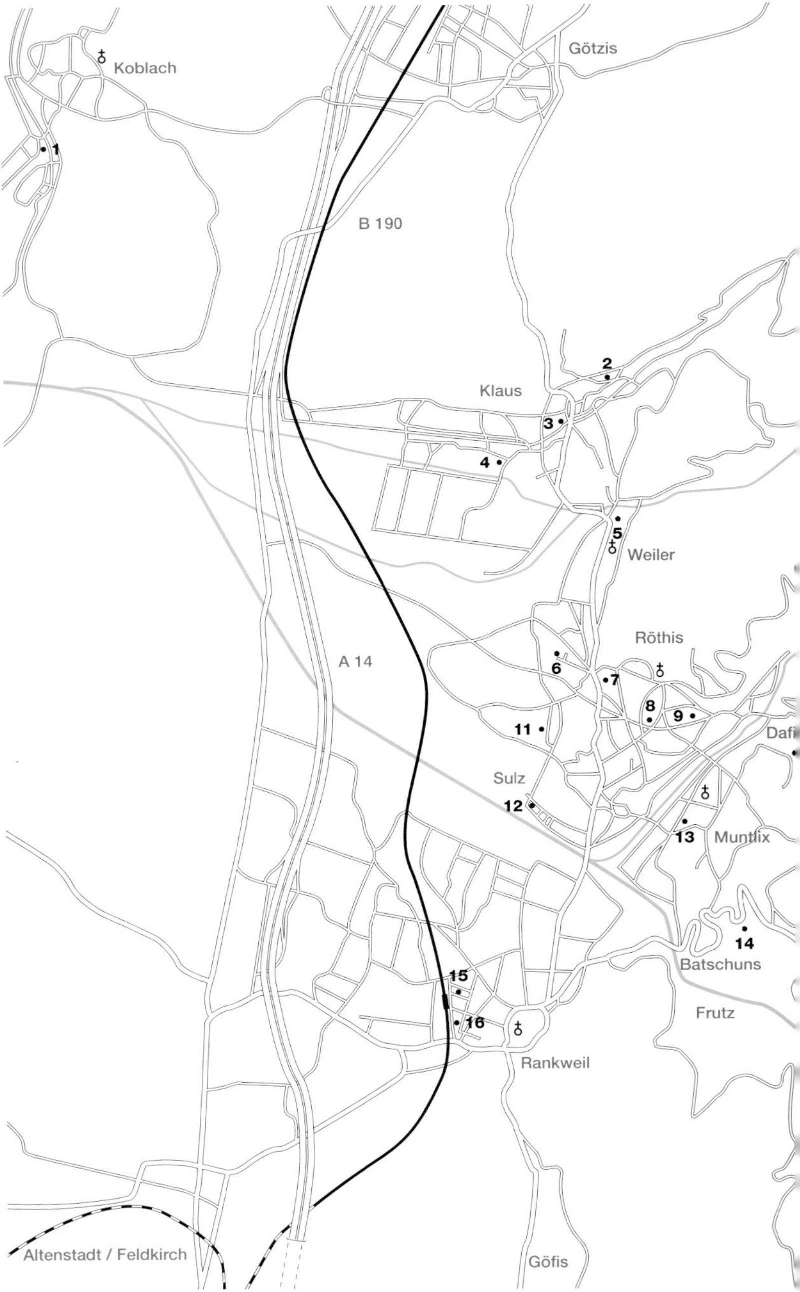

Koblach
Götzis
1
B 190
2
Klaus
3
4
5
Weiler
Röthis
6
7
8
9
A 14
11
Dafi
Sulz
12
13
Muntlix
14
Batschuns
15
16
Frutz
Rankweil
Altenstadt / Feldkirch
Göfis

Koblach

1 **Hauptschule**
Rütti 11

Klaus

2 **Haus S.**
Hohlweg 17

3 **Gemeindesaal**
Anna-Hensler-Straße 9

4 **Wohnanlage**
Sägerweg 1

Weiler

5 **Friedhof, Totenkapelle**
Walgaustraße

Röthis

6 **Wohnanlage**
Pfründeweg

7 **Wohnanlage**
Im Gängle 13

8 **Volksbank**
Rautenastraße 24

9 **Haus F.**
Schlößlestraße 20

Dafins

10 **Volksschule**
Unterberg 62

Sulz

11 **Hauptschule, Zubau**
Rheticusstraße 9

12 **Reihenhäuser**
Lonserstraße

Muntlix

13 **Gemeindesaal**
Hauptstraße 14

Batschuns

14 **Solarwohnanlage**
Furxstraße

Rankweil

15 **Bürohaus S.**
Am Bühel 6

16 **Vereinshaus, Umbau**
Untere Bahnhofstraße 10

6

1

Hauptschule 1990 – 94

Koblach, Rütti 11

Ines Bösch, Reinhold Bösch

Haus G.
1992 – 93
Kiesweg 5
W. Unterrainer

Haus H.
1981
Sandweg 1
Cooperative –
D. Eberle
W. Juen
M. Koch
N. Mittersteiner
P. Raab

Ein klug gegliedertes Ensemble aus Klassentrakt, Turnhalle und Verwaltungstrakt mit Bibliothek, so differenziert, daß ein Dialog des großen Volumens mit den Nachbarbauten und mit der Weite des Topos entsteht. Die Erschließung legt um die allseits einsehbare Turnhalle eine glasgedeckte Zone von Eingang zu Eingang, kulminiert im dynamischen Hauptfoyer und macht aus den drei Ebenen des Ganzen eine übersichtliche Raumfigur. Grundmodul 4,2 m; Rückgrat des südorientierten Klassentraktes sind 20 Betonpfeiler mit integrierter Installation und Lüftung, dazwischen gläserne Brücken zu den Klassen. Turnhalle in Leichtbau, die Holz-Stahl-Träger sind speziell auf die verschiedenen Dachneigungen abgestimmt. Solaranlage; die Klassenabluft wird für die Lüftung und Heizung der Halle und Gänge genützt.

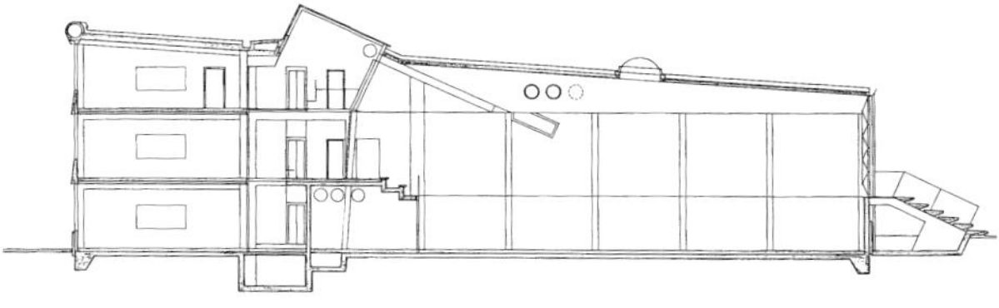

Schnitt

Haus S. 1991 – 94

Klaus, Hohlweg 17

Wolfgang Ritsch

Ökologie muß heute längst nicht mehr Wurzelsepp-Ästhetik bedeuten. Hier dazu ein Modellfall: an einem Südhang ein Pultdachbau in perfekter Baubiologie. In dem vorwiegend mit Holz, z.T. als Montagebau konstruierten Haus wurde nur Schnittholz verwendet, kein Leim, keine Lacke; nur einige Türblätter haben Spanplatten, in höchster Güte. Die Hypokaustenheizung, von W. Unterrainer konzipiert, mit zentralem Wärmeprisma im Wohnraum und weiteren Einzelheizkörpern aus Tonrohren. Fenster mit Holz-Rolläden. Der Aufgang vom PKW-Stellplatz schwebt als zarte Metalltreppe über der Grasböschung. Mit all den materialtechnischen und energetischen Aspekten sind hier auch die Qualitäten von Raum- und Lichtführung und Detail in Balance.

Haus G.
1992
Bruderhof 9
W. Unterrainer

6

3

Gemeindesaal 1987–88

Klaus, Anna-Hensler-Straße 9

Hermann Kaufmann, Christian Lenz

Der alte Quertrakt zwischen Gemeindeamt und Schule wurde aufgebrochen. Sein Dachstuhl, freigelegt und verglast, bildet als Arkade das Entree. An der Mittelachse hier östlich fortsetzend ist der neue Saal mit Foyer, Bühne, Ringer-Center im Untergeschoß und Nebenräumen entwickelt. Der Saal wird längs von Holz-Stahlfachwerken überspannt. Die Spannweite des Hauptträgers (Konstruktionshöhe 3 m, First verglast) ist 28 m; Unter-, Obergurte und Druckstäbe in Brettschichtholz, Zug-Diagonalen in Stahl, auf eingespannte Betonsäulen gelagert. Die dreiseitige Galerie ist an die Seitenfachwerke mit ummantelten Zugstangen angehängt, die Brüstung als Tragwerk ausgeführt. Ein prächtiger, lichter, robuster Raum, emotional und elegant zugleich.

Wohnanlage 1995

Klaus, Sägerweg 1

Armin Kathan, Erich Strolz

1992 entwickelt und für 28 Einheiten geplant, kamen von diesem Fertighaustyp nur vier Wohnungen als Musterbau zur Ausführung. Unter den derzeit im Land neu angebotenen Holz-Fertighäusern ist diese Pultdachversion ein Sonderfall. Die Holzelemente – Ständerwände, Decken und Dach in Brettschichtdielen – werden geschoßweise fertig am Bau versetzt. Mit diesem System sind sowohl Etagenwohnungen – zweieinhalb oder dreigeschossige Zweispänner (Garçonniere im Dach) – als auch Reihenhäuser herstellbar. Von der ersten Möglichkeit ist der realisierte Bau die Minimalfassung: eher geschlossene Nordwände, vorspringende Veranden an der Südseite, die Dachschräge so genutzt, daß die oberen Wohnungen über den Veranden noch Terrassen haben, erreichbar durch interne Stiegen mit Ausbaumöglichkeit für Galerien etc.

Allgäuer Küchen
1986
Riedstraße 5
H. Kaufmann
C. Lenz

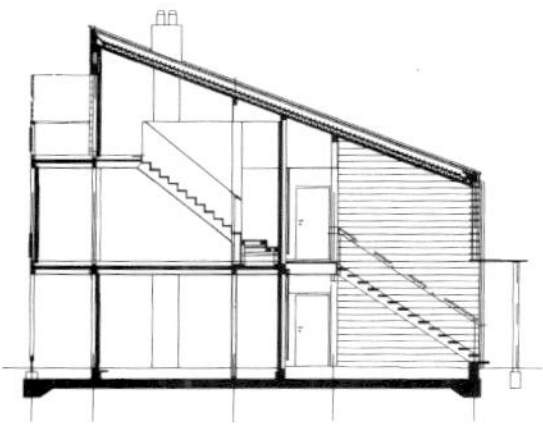

Schnitt

6

5

Friedhofserweiterung und Totenkapelle 1994–97

Weiler, Walgaustraße

Bernhard Marte, Stefan Marte

Kindergarten
1985–87
Gehrenstraße 15a
G. Wratzfeld

Neufassung des Friedhofsbereiches mit Betonmauern und neuem Beleuchtungskonzept; die Totenkapelle ist wegen der räumlichen Enge als „Möbel" konzipiert, dessen Leichtigkeit und ephemere Erscheinung im Gegensatz zum Kirchenbau selbst steht. Der Kubus besteht aus einer lichtdurchlässigen Hülle aus Holzlamellen – mit Distanz über dem Boden schwebend –, einer Glasmembran als Wetterschutz und tragenden Stahlrahmen. Unter einem Dachoberlicht vor der Ostwand innen freihängend ein Leinentuch als Hintergrund und Lichtreflektor. Im Falle einer Aufbahrung werden die Schiebetore und damit auch die Kreuzform der Tragrahmen geöffnet. Sehr einfach, sehr präzise, ernst – und doch leicht.

Wohnanlage 1991 – 93

Röthis, Pfründeweg

Gunter Wratzfeld

30 geförderte Miet-Kauf-Wohnungen, meist 3- und 4-Zimmer-Typen, aufgeteilt auf zwei Blöcke; gereihte, zweigeschossige Häuser mit Gärten und schrägverglasten Klima-Veranden, um einen Innenhof gruppiert (Kinderspielraum) und hofseitig erschlossen; am Dach dann – erreichbar durch eine eigene Stiege und die den Hof umschließende Galerie – weitere vier Wohnungen, große Terrassen. Die Struktur ist so gegliedert, daß an der Straße schmale Giebelfassaden entstehen, entsprechend den Proportionen der Nachbarbauten, während die Längsseiten etwa das Maß des traditionellen Einhofes aufweisen. Begrünte Dächer, mit Wein berankte Fassaden als Hommage an die lokale Weinkultur. Einige grobe Details mindern jedoch die Freude an diesem engagierten, kompakten Konzept.

Haus C.
1996 – 97
Abtshalde 22
I. Cavegn
Rundblick über
das ganze
Oberland

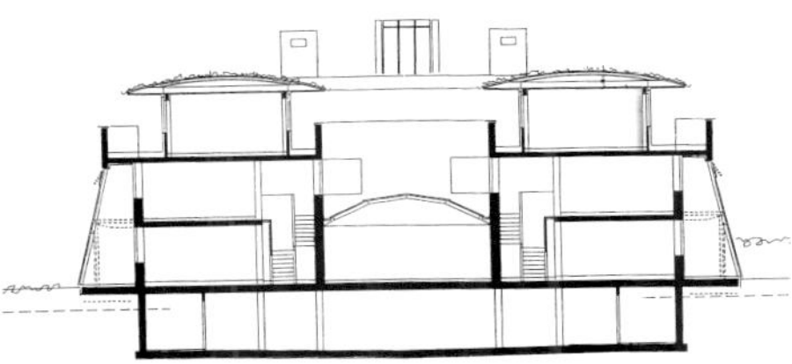

Schnitt

6
7

Wohnanlage 1995 – 97

Röthis, Im Gängle 13

Elmar Nägele, Ernst Waibel

Haus R.
1991 – 92
Im Gängle 14
W. Unterrainer

Der O–W gestellte Baukörper enthält zwei zueinander leicht versetzte und gleichsam „Huckepack" gestaffelte Einheiten: der Südteil hat ebenerdig vier gereihte Wohnungen, breit gelagert mit Gärten, davon die östliche, kürzere mit Oberstock; darüber – von einem „Mittelgang" zugänglich – drei weitere mit großen Loggien; dieser Gang erschließt auch den Nordteil, der erdgeschossig die Stellplätze überdacht, darüber nun auf quadratischen Grundrissen Maisonetten, die Schlafräume unten mit Nordfenstern, die Wohnbereiche oben greifen mit großen Südterrassen auf die Dächer des Südteils über. Konventionell gebaut, doch maßstäblich mit optimaler Wohnqualität in die Umgebung gesetzt.

Volksbank 1993 – 95

Röthis, Rautenastraße 24

Wolfgang Ritsch

Die versetzte Straßenkreuzung formt schon das Potential eines Platzraumes. Der Neubau versucht nun, diese Situation zu akzentuieren. Die Bankfiliale als kubischer „Kopfbau" gibt dem Raum eine primäre Beziehungsebene, funktionell und formal, und „schaut" im stumpfen Winkel zum Gasthof nebenan. Der anschließende Wohntrakt gibt dazu das städtebauliche „Fleisch", die Raumgrenze eines klaren Straßenraumes. Zwischen diesen beiden etwas verschwenkten Teilen das Gelenk mit Stiegenhaus, Lift und Nebeneingang. Verschieden gerichtete Pultdächer unterstreichen die Raumvektoren. Aus ökonomischen Gründen wurde der niedriger geplante Wohntrakt um eine Etage erhöht. Der benachbarte Gasthof ist in Ausstattung und Küche empfehlenswert.

Gasthof Rössle
Innenausstattung
1995
Rautenastraße 28
W. Ritsch

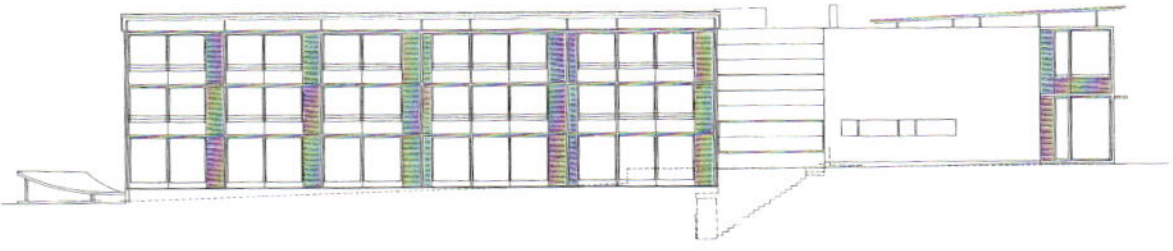

West-Ansicht

6

9

Haus F. 1996 – 97

Röthis, Schlößlestraße 20

Bernhard Marte, Stefan Marte

Unter den aktuellen Tendenzen im Land eine weitere, sehr pointierte Position, auf den ersten Blick untypisch: eine japanisch-schweizerische Meditation in Sichtbeton? Auf den zweiten Blick in puritanischer Strenge, Klarheit und – angesichts des holzverschalten, dominierenden Obergeschosses – doch auch sehr alemannisch. Das Ganze ist aus puren, glatten Prismen gebildet, in der Binnenteilung aber aus autonomen Scheiben und Winkeln, massiv oder transparent, aufgebaut und aufgelöst. Das Obergeschoß – im Grundriß vier, Längsansicht acht, Stirnseite zwei Quadrate – ist hermetische Schlafebene: ein kleiner Balkon westlich, die kurze Südseite offen zu den Bäumen, eingeschnitten ein Innenhof, Stiege mit Dachlaterne. Das Erdgeschoß ist offen zum Garten und zum Pool. Das durchgehende Thema: die Mauer.

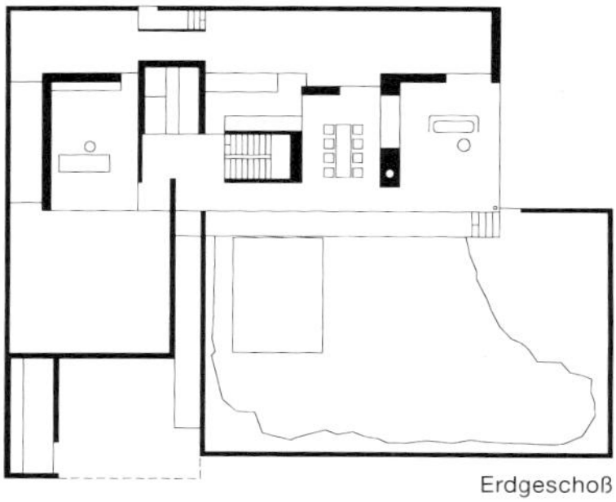

Erdgeschoß

Volksschule 1987 – 90

Dafins, Unterberg 62

Hermann Kaufmann, Sture Larsen, Walter Unterrainer

6

10

Am engen Platz der alten Schule maximiert der Neubau den sonnenseitigen Außenraum der zweiklassigen Schule samt Kindergarten. Er grenzt östlich an die Friedhofsmauer, nördlich an die Straße. Turnhalle ins Gelände gesenkt, über ein Fensterband in der Böschungsmauer zum Pfarrhof belichtet. Südfassade offen; Ostseite und Nordwand eher geschlossen. Pausenhalle und Treppen erhalten die Hauptbelichtung von der zwischen Nordwand und Klassenteil gesetzten Westverglasung. UG in Stahlbeton, Schule und Kindergarten in Holz, die geschlossenen Wände aus gedämmten Holzstrickwänden. Die Kollektor-Südfassade geht ins Dach über, im UG dazu der Geröllspeicher. Innenwände als Hypokausten. 80% der Heizenergie liefert die Sonne. Erste Solarschule und erster öffentlicher Solarbau in Österreich.

6
11

Hauptschule, Zubau 1993 – 96

Sulz, Rheticusstraße 9

Elmar Nägele, Ernst Waibel

Behindertengerechte Ergänzung der Erschließung eines relativ neuen Schulgebäudes. Anstelle eines vertikalen Fensterbandes zur Mittelgangbelichtung wurde ohne großen Eingriff in den Bestand ein verglaster Liftschacht angefügt, mit Glastüren zu den Gängen und Glaskabinen, sodaß die frühere Transparenz nicht nur erhalten blieb, sondern eigentlich räumlich gesteigert wurde. An sich eine alltägliche Sache, doch in der lapidaren Konsequenz und eindeutigen, angemessenen Präzision der Details ein Modellfall für den undramatischen, organischen Umgang in der substanzverbessernden Nachrüstung von Altbauten.

Reihenhäuser 1989

Sulz, Lonserstraße

Markus Koch, Michael Loudon

Richtmaß dieser Anlage war die Wiener Siedlerbewegung der 20er Jahre. Es wurden Haustypen ähnlicher Einfachheit angestrebt. Konstruktiv sind die zweigeschossigen Reihenhäuser jeweils nur von den Außenwänden und zwei mittigen Holzstützen bestimmt, die Raumaufteilung ist variabel. Ein 100 m langer, breiter Korridor ist die O–W gerichtete, vielfältig nutzbare „Erschließungsstraße". Die nördlich und südlich angefügten Häuser sind „auf Luke" gegeneinander versetzt, die freigelegten Gangabschnitte verglast, die nördlichen Häuser nützen das Korridordach als Terrasse. Innerhalb des Konstruktionsraster konnte die Lage der Fenster frei gewählt werden. Die „zufälligen" Variationen der Fassade werden durch die Schiebeläden noch verstärkt. Kontextuell, einfach im Ausdruck; modern, komplex im Potential der Struktur.

Musikhaus
1992–95
Sigmund-Nachbauer-Straße
E. Nägele
E. Waibel

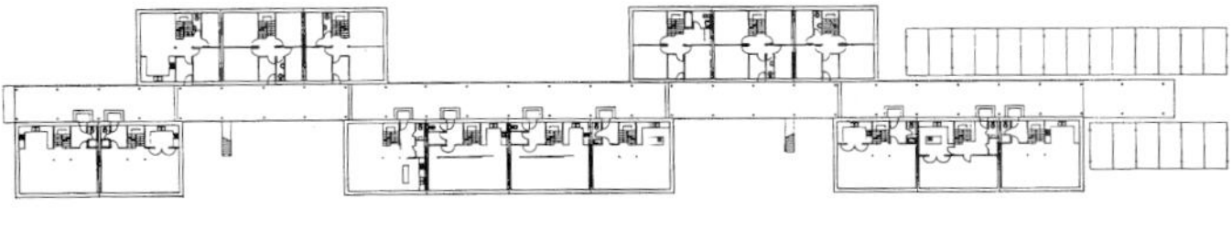

Erdgeschoß

6

13

Gemeindesaal 1991 – 94

Zwischenwasser – Muntlix, Hauptstraße 14

Hermann Kaufmann, Christian Lenz

Zubau einer Turnhalle zu einer Volks- und Hauptschule aus den 60er Jahren, zugleich als öffentlich vielfältig nutzbarer Fokus des Ortes konzipiert. Die Schülergarderoben sind deshalb unter der Halle und die Geräteräume seitlich abgesetzt angeordnet, und die Halle selbst ist so gestaltet, daß zwar die fixen Turnsaaleinbauten da sind, doch kein Turnsaalimage entsteht. Klares Prisma in Holzkonstruktion, zwei erhöhte Längsträger, ausgesteift mit Stahlstangen, seitlich verglast, bringen zentrales Oberlicht; die Seitenwände stark in Glas geöffnet; Bühnenwand – heruntergeklappt – wird zum Podium. Abgang ins UG in einer von Brücken durchquerten „Lichtschlucht" entlang der Südseite. Die Halle ist so von den hier aufgereihten Zusatznutzungen – Café, Küche im EG, Bibliothek, Bar im UG – optisch und betrieblich freigespielt.

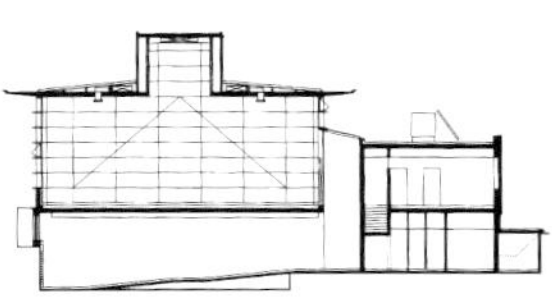

Schnitt

Solarwohnanlage 1996–97

Batschuns, Furxstraße

Walter Unterrainer

Sechs Wohneinheiten in Niedrigenergiebauweise mit freiem Blick übers Rheintal; vier zweigschossige Häuser reihen sich gestaffelt entlang der ansteigenden Straße, zwei dreigeschossige sind punktförmig an die südliche Bebauungsgrenze gerückt. Massivbauweise mit Ziegelmauern und vorgefertigten Fassadenelementen; Grundrißzonierung, höchste Dämmungsstandards (bis zu gedämmten äußeren Fensterrahmen), kontrolliertes Belüftungssystem mit Wärmerückgewinnung und Vorerwärmung über Erdwärmetauscher. So wird auch bei längeren Kälteperioden mit Nebel durch die integrierte Miniwärmepumpe eine ausreichende Raumtemperatur möglich, und zwar bei niedrigster Luftgeschwindigkeit und mit normgerechter Luftfeuchtigkeit. Variable Grundrisse; Eigentumswohnungen.

Haus F.
Batschuns
Kella 14
W. Unterrainer

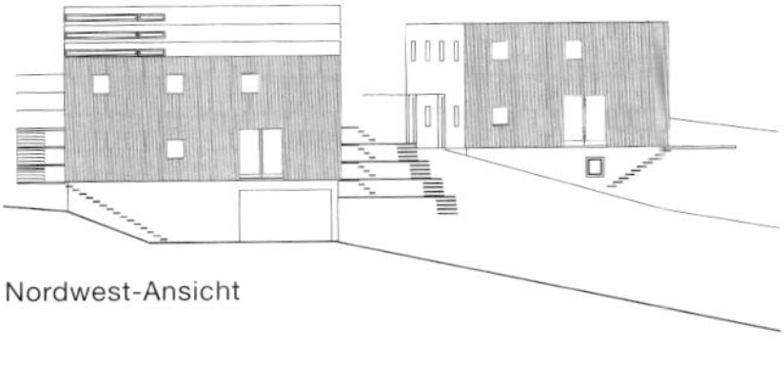

Nordwest-Ansicht

6

15

Bürohaus S. 1988–90

Rankweil, Am Bühel 6

Wolfgang Ritsch

Wohnanlage
1996–98
Im Bürschen
W. Ritsch

Wohn- und
Bürohaus H.
1997
Hörlinger-
straße 11a
M. Hämmerle

Zweigeschossiges Kanzleigebäude eines Steuerberaters: kein Protzbau, sondern im Volumen durch komplexe Planung minimiert und dem vorstädtischen Wohnhaus-Kontext angeglichen. Ritsch hat hier eine spezielle Konstruktion eingesetzt: Decken aus Stahlbeton, innenliegende Stahlstützen, mit vorgehängten Fassaden aus vorgefertigten, gedämmten Holzelementen, hell gestrichen. Die Wendeltreppe erschließt je sechs Büros pro Etage über eine lichte „Halle". Eine Niveaueintiefung an der Gartenseite schafft Tageslicht für Seminar- und Sitzungszimmer im Untergeschoß.

Vereinshaus Ölz Halle, Umbau 1994–95

Rankweil, Untere Bahnhofstraße 10

Peter Martin

Sanierung und Adaptierung einer Stickereihalle von 1920. Anstelle einer statisch nicht mehr sanierbaren Konstruktion wurde eine neue Decke eingefügt: verleimte Vollholzelemente, 1 m breit und 20 cm hoch, über die lichte Weite von 19 m mit Stahlstangen unterspannt und auf neu an die Mauerpfeiler innen angefügte Stahlrahmen gelagert. Die erforderlichen Nebenräume (Foyer, Garderobe, Toiletten, Regieraum, darüber Galerie) wurden als leichte Stahl-Holz-Einbauten ausgeführt und berühren an keiner Stelle die Außenwände oder die Decke. So blieb die stützenfreie Halle vollständig als Großraum erhalten. Im Obergeschoß Vereinsräume, kleiner Saal.

Haus M.
1995–98
Negrellistraße
R. Felber
M. Rauch

Jugend- und Freizeitzentrum
Umbau
1992
Bahnhofstraße 30
P. Martin

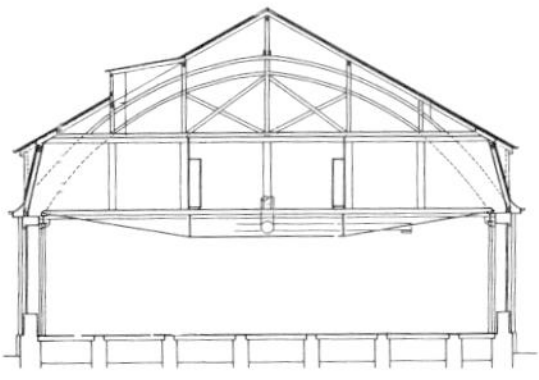

Schnitt

Es ist falsch zu glauben, man könne mittels eines einmaligen genialen Entwurfes sich aller Verantwortung bzw. Arbeit entledigen. Architektur ist keine spontane Schöpfung. Wir betrachten es nicht als unsere Aufgabe, komplizierte Kunstwerke zu schaffen, sondern durch Einfachheit und Klarheit zu überzeugen.

Cooperative – Eberle, Juen, Koch, Mittersteiner

Viele Architekten sind durch die politisch-organisatorischen Gegebenheiten ökonomisch vollkommen „entwöhnt". Das scheint auch nicht weiter verwunderlich, schließlich haben sich um solche Fragen in den letzten zwanzig Jahren nur die Bauträger gekümmert.

Dietmar Eberle

Feldkirch – Frastanz – Göfis

Das heutige Gemeindegebiet von Feldkirch zählt 28.000 Einwohner und bildet eine reich verzweigte Struktur rund um die mittelalterliche Altstadt mit dem Burgberg. Am Durchbruch der Ill vom Walgau ins Rheintal spielte die Kommune im Mittelalter und in der Neuzeit durch die strategische und verkehrsgünstige Lage eine zentrale Rolle als Umschlagplatz im Handel von Süddeutschland nach Chur zu den Graubündner Alpenpässen und im Arlbergverkehr. Die Altstadt ist zwischen vier Hügel eingebettet und bedeckt nur 9,3 Hektar. Die Ringmauer war 1300 m lang. Das moderne Feldkirch umfaßt 34 km² und bildet ein heterogenes Gefüge mit verschiedenen Ortsteilen und lokalen, historischen Zentren, denn seit 1925 sind die Orte Altenstadt, Gisingen, Levis, Nofels, Tisis und Tosters eingemeindet.
Ein Hauptziel der aktuellen Feldkircher Stadtentwicklung ist die Stärkung dieser Stadtteile durch dezentrale Verdichtung. Dabei versucht man konsequent, über öffentlich ausgeschriebene Wettbewerbe die Baukultur zu fördern. Die Auswahlverfahren werden zudem durch die Arbeit des seit 1992 bestehenden „Fachbeirates für architektonische und städtebauliche Fragen" ergänzt – ein Gutachtergremium aus fünf auswärtigen ArchitektInnen nach dem Salzburger Vorbild.
Große Probleme bereitet Feldkirch vor allem die Bewältigung des Autoverkehrs. Die aufgeständerte Trasse der B 190 durch die Ill-Schlucht bedeutete einen krassen Eingriff in diesen Landschaftsraum; der Ambergtunnel für die Autobahn hat die Durchzugssituation vorerst entlastet, der grenzüberschreitende Verkehr wälzt sich aber nach wie vor durch die Stadt. 1993 wurde nach dem Dornbirner Modell ein Stadtbussystem eingeführt. Eine weitere Verkehrsentflechtung brachte der 1998 eröffnete Ardetzenbergtunnel für die L 53. Damit erhielten Gisingen, Tosters und Nofels eine direkte Verbindung zum Stadtkern.
Frastanz, am Eingang der Illschlucht, entstand als bedeutende Zollstation im O-W-Verkehr. Göfis, ein uraltes Siedlungsgebiet, bietet ruhige, landschaftlich attraktive Wohnlagen in unmittelbarer Nähe zu Feldkirch.

Hinweis
Wohnanlage Graf Hugo-Wuhrgang (1925–26; L. Welzenbacher). Nach der Zerstörung der Feldkircher Festhalle eine der wenigen erhaltenen Spuren von Welzenbachers frühem Wirken in Vorarlberg (bei 7.12).

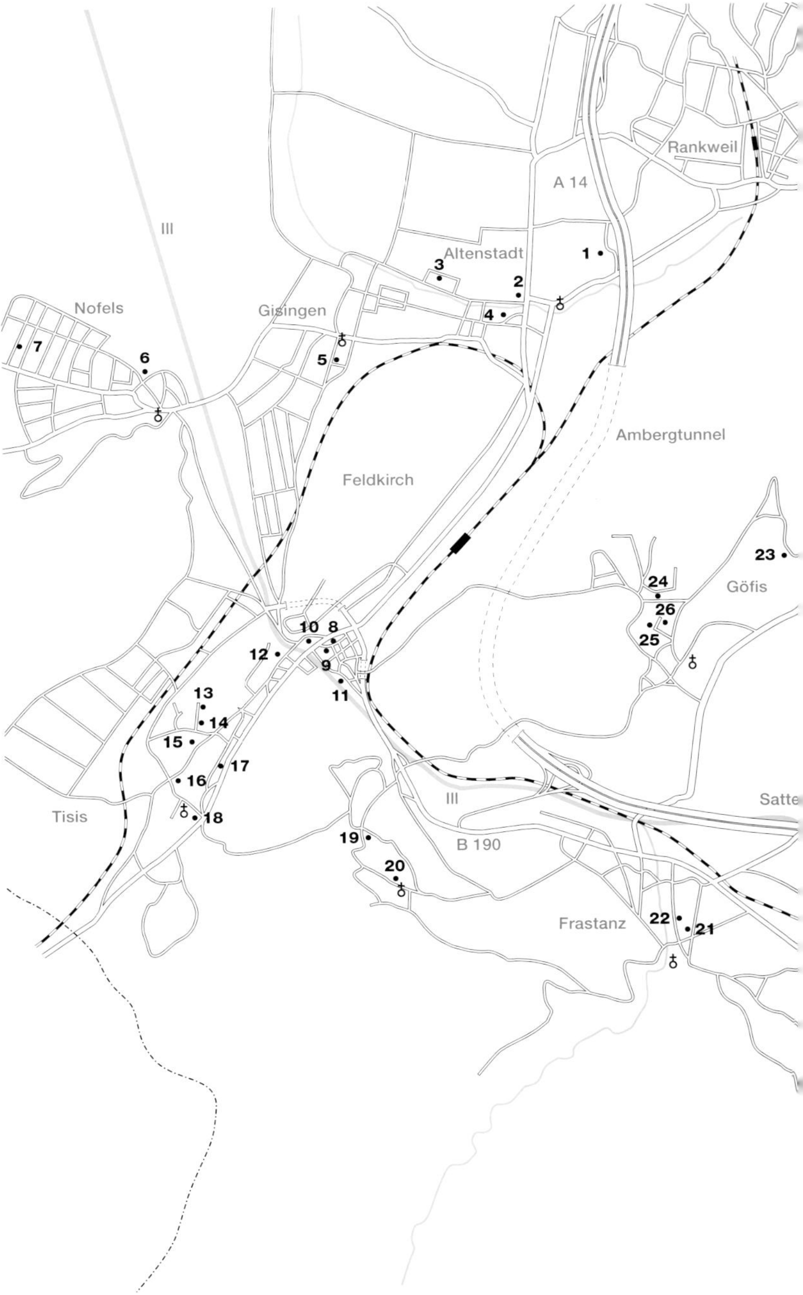

Rankweil
A 14
Ill
Altenstadt
1
3
2
Nofels
Gisingen
4
7
6
5
Ambergtunnel
Feldkirch
23
24
Göfis
26
10 8
25
12
9
11
13
14
15
17
16
Ill
Satte
Tisis
18
19
B 190
20
Frastanz
22
21

Feldkirch

1 **Haus M.**
Wadenweg 20a

2 **Haus L.**
Naflastraße 28

3 **Haus L.**
Guldenäcker 11

4 **Haus L.**
Luegerstraße 25

5 **Alters- und Pflegeheim**
Neuer Kirchweg

6 **Alters- und Pflegeheim**
Magdalenastraße 11

7 **Reihenhäuser**
Breiter Weg 4a–4l

8 **Sparkasse, Zubau**
Sparkassenplatz 1

9 **Cafe Zanona**
Montfortgasse 3

10 **Bezirksgericht, Umbau**
Churerstraße

11 **Illsteg**
Zeughausplatz

12 **Wohn- und Bürohaus D.**
Liechtensteiner Straße 5

13 **Haus B.**
Pater-Grimm-Weg

14 **Haus H.**
Pater-Grimm-Weg

15 **LKH, Erweiterung**
Carinagasse 47

16 **Krankenpflegeschule**
Dorfstraße 13b

17 **Haus Sch.**
Liechtensteiner Straße 66a

18 **Pfarrkirche Tisis, Umbau**
Alte Landstraße 1a

Frastanz

19 **Haus B.**
Schulgasse 3

20 **Sonderkrankenhaus, Zubau**
Maria Ebene 17

21 **Kindergarten**
Kohlplatzgässele 1

22 **Sozialzentrum**
Schmittengasse 10

23 **Volksschule, Erweiterung**
Agasella 300

Göfis

24 **Wohnanlage**
Kustergasse 17

25 **Haus P.**
Senden – Flurweg

26 **Wohnanlage**
Senden 22

7

1

Haus M. 1990 – 91

Feldkirch, Altenstadt, Wadenweg 20a

Helmut Kuess

Haus F.
1985
Herren-
hofgasse 32
R. Wäger

Haus B.
1987 – 88
In der Grütz 29
R. Gnaiger

Passiv-Solarkonzept mit einer Wärmefalle auf der ganzseitig verglasten Südseite; Steinspeicher in den links und rechts die gebauchte Glaswand hinterschneidenden, zweischaligen Ziegelwänden. Holzkonstruktion auf dem Kellergeschoß und vor der gemauerten hermetischen Nordwand, die auch – gleichsam mit gespreizten Ellbogen – den Lärm der nahen Autobahn abschirmt. Außenfassade als Holzbrettschirm. Innenraum im Zentrum zweigeschossig mit Galerie. Erstes Flachdachhaus im Œuvre von Kuess.

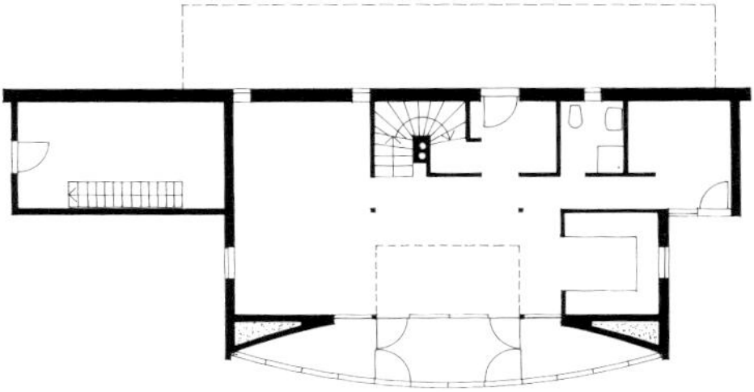

Erdgeschoß

Haus L. 1997–98

Feldkirch, Altenstadt, Naflastraße 28

Dietmar Walser, Erwin Werle

Umweltbelastungen und schwierige Bauplatzverhältnisse setzen mehr und mehr die Parameter für Nachverdichtungen auch in vorstädtischen Lagen. In diesem Fall war das Programm ein Wohnhaus mit eigenem Tonstudio direkt an der Bundesstraße auf einem von alten Häusern dreiseitig eingeschlossenen Grundstück. Das Studio liegt zur Straße, der Wohnteil schließt westlich an, sein vorgelagerter Garten wird durch eine Leichtbauwand vom Vorplatz abgeschirmt. Als „Schutzschild" dient ein geschlossener, steinverkleideter Massivwandwinkel. Die Süd- und Westfassaden in Glas und Sperrholz öffnen sich zum Garten. Ein abgesenkter Westhof belichtet zusätzliche Arbeitsräume im Kellergeschoß.

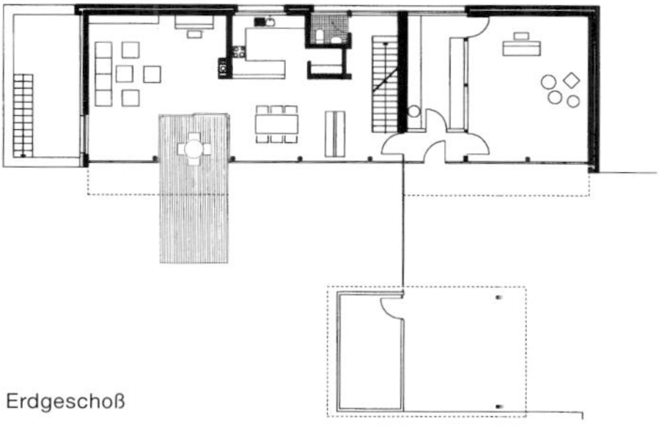

Erdgeschoß

7

3

Haus L. 1990 – 92

Feldkirch, Altenstadt, Guldenäcker 11

Robert Felber

Betriebsbau
Schweitzer &
Pilger
1990 – 91
In der Studa 1
W. Unterrainer

Felber, ein zeitweiliger „Fremdarbeiter“ aus Wien, kooperiert oft mit unkonventionellen Bauherren und läßt sich in seinem Experimentier- und Formwillen kaum einordnen oder festlegen. Spezieller Wunsch dieser Auftraggeber war ein windgeschützter, großzügiger Ort zwischen Haus und Garten. Die Hausfigur umfaßt diesen Raumfokus, der Wind wird abgeschirmt, der Bau rundet seinen Rücken in Blau gegen Nordwesten, ein unterkellerter Nebentrakt begleitet die Straße. Man tritt vom Nebentrakt her ein, die Stiege nimmt die Bewegung auf und lenkt sie weiter ins OG zu dem großen, verglasten Erker, ein Raum der Transparenz zwischen Haus und Garten mit Blick zu den Bergen. Eine konstruktiv definierte Achse trennt zwischen dem massiven, gerundeten Nordteil und der winkelig bewegten Südseite in Holz.

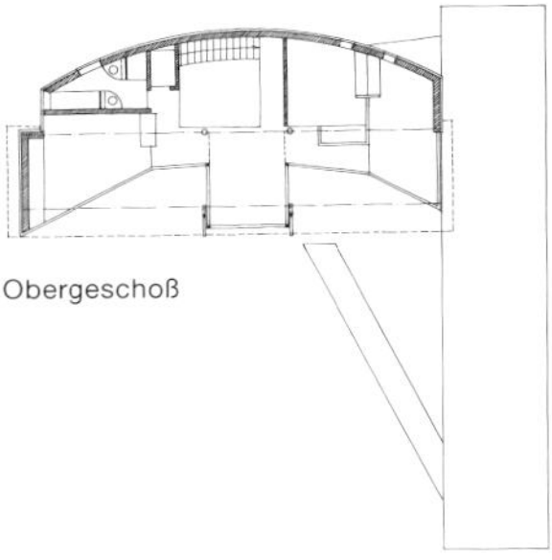

Obergeschoß

Haus L. 1989–92

Feldkirch, Luegerstraße 25

Rudolf Wäger

Auf dem seichten Grundstück ist der Bau so angelegt, daß möglichst viel Gartenfläche erhalten blieb. Das 6 m tiefe Haus ist breit gelagert, der Innenraum stützenfrei, die Betondecke über dem Erdgeschoß auf wenige Stahlsäulen hinter der leichten, offenen Südfassade gelagert. Vor der nordöstlich angesetzten Garage die gut abgeschirmte Garten-Südterrasse mit Verbindung zur Küche, mit Sichtkontakt zu einer weiteren, nach Osten geöffneten Terrasse im Obergeschoß (in Verbindung mit Bad und Ankleide) – und beides überdeckt durch die weit vorgezogene Dachplatte, deren Abstützung auf zwei ostseitige Stahlsäulen noch durch die leicht weggedrehte und gekürzte Nordwand räumlich freigespielt ist.

Landesberufsschule
1976–81
Rebberggasse 32
K. Heinz
D. Mathoi
N. Schweitzer
J. Streli

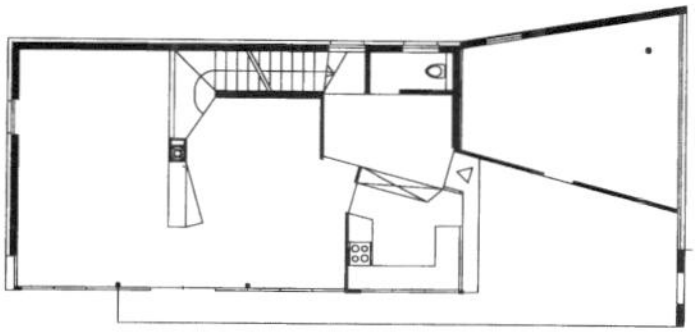

Erdgeschoß

7
5

Alters- und Pflegeheim 1993–96

Feldkirch, Gisingen, Neuer Kirchweg – Groxstraße

Regina Noldin, Rainer Noldin

Resultat des innovativen Altenpflegekonzeptes der Stadt, das die ambulante und teilstationäre Betreuung forciert sowie mehrere kleinere „Heime" vorsieht. „Haus Gisingen" weicht vom Klischee konträr ab. Die urbane Offenheit und Integration zusätzlicher, alltäglicher Funktionen ist modellhaft, auch die Aufwertung der Raumstandards. Es gibt hier, in Gehdistanz vom lokalen Zentrum, ein öffentliches Café mit Terrasse, eine öffentliche Bibliothek und Mütterberatungsstelle. Das EG ist variabel, für externe Events attraktiv nutzbar. Die ganze NW-Seite ist demonstrativ und vielfältig abgestuft nach außen geöffnet. Die Erker zwischen den Terrassen dienen als Wohnzimmer für je zehn Einzelräume. Hohe Bauqualität im Dienst der Gemeinschaft mit den Alten.

Alters- und Pflegeheim 1992 – 96

Feldkirch, Nofels, Magdalenastraße 11

Rainer Köberl

Feldkirchs Altenhilfekonzept stornierte die Planung zweier großer Pflegeheime zugunsten kleinerer Einheiten in den einzelnen Stadtteilzentren. Köberls „Haus Nofels" machte den Anfang. Der zweigeschossige Vierkanter wirkt nach außen hermetisch, enthält aber einen gut proportionierten Innenhof, der in beiden Etagen von einer vielgestaltigen Raumzone mit fein angestimmten Rhythmen und Transparenzen ummantelt ist. Es ist also ein geschütztes, doch innen offenes, durchlässiges Gehäuse. Im EG neben den Verwaltungs- und Behandlungsbereichen großzügige Gemeinschaftseinrichtungen – und das lokale Postamt. Im OG 33 Einzelzimmer, rundum nach außen orientiert, Pflegebad und Arzt. Ein „Wohnhof" im besten Sinne, mit viel Material- und Raumgespür gestaltet.

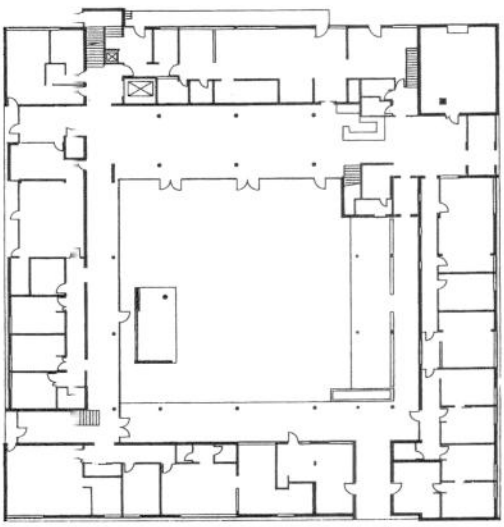

Erdgeschoß

7

7

Reihenhäuser 1989–93

Feldkirch, Nofels, Breiter Weg 4

Carlo Baumschlager, Dietmar Eberle, Ulrich Grassmann

Reihenhäuser
1990
Breiter Weg 29a
W. Unterrainer

Maßstäbliche Verdichtung in einer Wohnbau-Peripherie; eine O–W gestellte Zeile aus 5 plus 8 Reihenhäusern, ein Modul offengelassen als überdachter Durchgang; Split-Level-Typen. Über der nordseitig abgesenkten, gedeckten Stellplatzebene mit den Eingängen ergibt das ein Raumangebot auf fünf halbgeschossig versetzten Ebenen. Ebenerdige Südgärten mit gedeckten Freibereichen am Haus; oben Dachterrassen (auch als individuelle Ausbaustufe gedacht); Holzskelettkonstruktion mit Leichtbauwänden in lichtgrauer Haut aus Natur-Eternit; Innenausbau variabel. Eine sinnvolle ökonomische Alternative zum damals gewünschten Geschoßwohnbau.

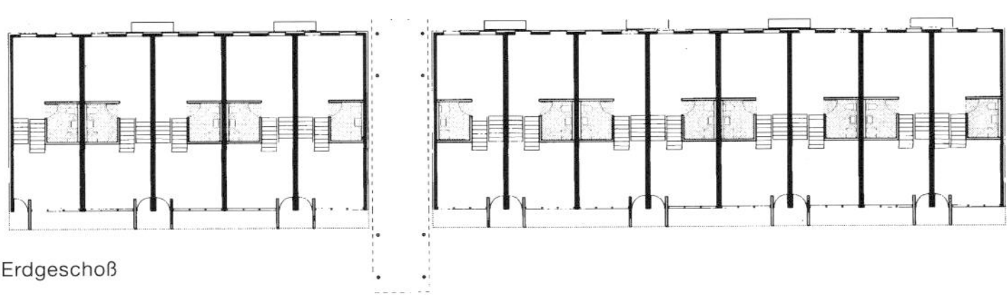

Erdgeschoß

Sparkasse 1993 – 96

Feldkirch, Sparkassenplatz 1

Bruno Spagolla

Adaptierung des Bestandes aus den 60er Jahren; Erweiterung in Richtung Churer Tor auf der Linie der früheren Stadtmauer. Wegen der komplexen Situation wurde hier durch den Gestaltungsbeirat ein Gutachterverfahren durchgeführt. Der Neubau schließt im Winkel an und umgreift mit einem schmaleren, hofseitigen Flügel einen Altbau, dessen Sicht-Servitut die Bauhöhe am Hirschgraben limitierte. Großzügige Erweiterung der Schalterhalle, die vom Hof über einen zweigeschossigen Luftraum mit Südverglasung attraktiv belichtet wird. In diesem Bereich auch Hochführung der Kundenzone in die Obergeschosse mit Treppe, Lift und Galerien. Die neue Fassade überlappt die alte dort, wo deren massive Scheibe mit neuen Fenstern perforiert wurde.

Herrenmoden
Giorgio
1990
Kreuzgasse 15
E. Bischof

Neugestaltung
Sparkassenplatz
Umsteigstelle
Stadtbus
1997 – 98
W. Ritsch

7

9

Café Zanona 1979

Feldkirch, Montfortgasse 3

Walter K. Holzmüller

Fast zwanzig Jahre nach seiner Entstehung immer noch das schönste Café am Ort und der lokale Treffpunkt schlechthin. In dem gotischen Stadthaus war hier zuletzt ein Textilladen. Aus Kostengründen blieb die Holzdecke von 1925 erhalten; der Schaufenster-Eingangsbereich wurde mit Glas und Messingprofilen neu konzipiert. Der Windfang – er ist zugleich Verkaufsstelle der Backstube – ist in creme-weiß, das Café cognacfarbig ausgemalt; vier große Spiegel öffnen den Raum und spielen mit den Blicken, das Mobiliar im klassischen, urbanen Standard. Eine von Holzmüllers ersten Arbeiten. Ein Ambiente von zeitloser und dabei großstädtischer Eleganz.

Bezirksgericht 1996

Feldkirch, Churerstraße – Schillerstraße

Peter Schaffer

Adaptierung zweier Kaufhausetagen aus den 80er Jahren für ausgelagerte Bereiche des Bezirksgerichtes. Das Vorhaben, Bürgernähe in einem Gerichtsgebäude ohne Amtscharakter und Tristesse zu vermitteln, ist mit sachlichen Mitteln trotz Sparbudget gelungen. Der Haupteingang führt an der Rezeption entlang in die zentrale Wartezone vor den kleinen Verhandlungssälen. Kurze Stege in Stahl-Glas-Konstruktion überbrücken einen Schlitz, der den räumlichen Konnex zum Untergeschoß herstellt, und leiten zu den Geschäftsabteilungen. Erst hinter diesen, peripher und lärmgeschützt, die Büros. Ein 32 m langer, verglaster Deckenschlitz bringt reichlich natürliches Licht – auch in die untere Ebene vor dem großen Verhandlungssaal.

7

11

Illsteg 1987 – 89

Feldkirch

Martin Häusle; Klaus Bollinger (Tragwerksplanung)

Kapfbrücke
1993 – 95
M. Häusle
G. Stöckmann
G. Seifert
K. Bollinger
P. Frick

Eine oft unterschätzte Aufgabe urbaner Planung wurde durch ein Gutachterverfahren aufbereitet und vorbildlich bewältigt. Die filigrane Stahlkonstruktion bietet den der Nutzung angemessenen Typus. Das Tragwerk bildet ein räumliches Gitter, die Gehwegplatte wirkt als Obergurt. 37 m Spannweite werden mit minimalem Materialaufwand überbrückt. Die Differenzierung der Auflager, die Integration der Beleuchtung in den Handläufen und andere Details spiegeln die Synthese gestalterischer und konstruktiver Ansätze. Die Fertigung, Lieferung und Montage der Brücke erfolgte in einem Stück. 600 m flußabwärts die „Kapfbrücke": Fahrbahn im System wie Illsteg; seitlich Gehsteige „hängend" aus stählernen Spannbändern.

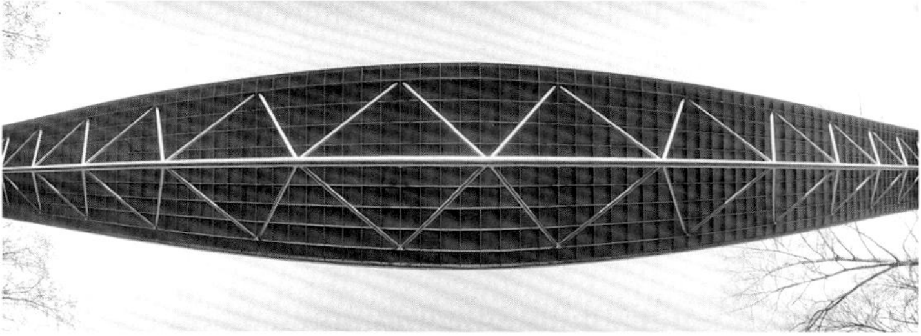

Wohn- und Bürohaus D. 1991 – 94

Feldkirch, Liechtensteiner Straße 5

Markus Gohm

Dem Zuschnitt der engen Parzelle im Altbauensemble folgend ein unregelmäßiger, topologischer Baukörper mit vier ganz verschiedenen „Gesichtern". Ein zentrales Stiegenhaus mit „Auge" und Dachoberlicht ist nordseitig vom grauen Prisma der Nebenräume ummantelt und bedient südseitig vorgewölbte Etagen. Die gekurvte Fassade ist aus Leichtbauelementen vor innenliegende Säulen gehängt, Ost- und Westseite sind weiß verputzt und fassen mit kleinen Vorsprüngen die Kurve. Bandfenster für das ebenerdige Atelier und die Dachwohnung. Weitauskragende Balkone an der turmartigen, schmalen Südostseite.

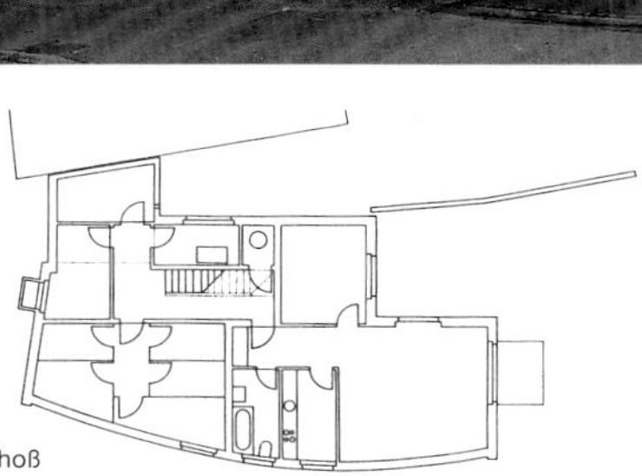

Sockelgeschoß

7

13

Haus B. 1992–94

Feldkirch, Tisis, Pater-Grimm-Weg

Walter Unterrainer

Trotz schmalem Budget ein beachtliches Statement am Steilhang; Eingang durch den verglasten Windfang von oben. Das Wohngeschoß – nach SO ganz verglast – kragt einen Meter über das darunterliegende Schlafgeschoß aus. Die Verglasungen sind als Hebeschiebeelemente öffenbar. Einzig nutzbarer Außenbereich ist das Flachdach, vom Wohnraum über eine stählerne Außentreppe erreichbar, mit spektakulärem Ausblick. Der verblechte Kamin ist als Serviceturm mit Anschlüssen für Strom, Wasser und Lautsprecher ausgestattet. Sockelbereich aus Sperrbeton, darauf ein vorgefertigter Holzbau mit rot gestrichener Horizontalschalung und unbehandelten Lärchenfenstern.

Wohngeschoß

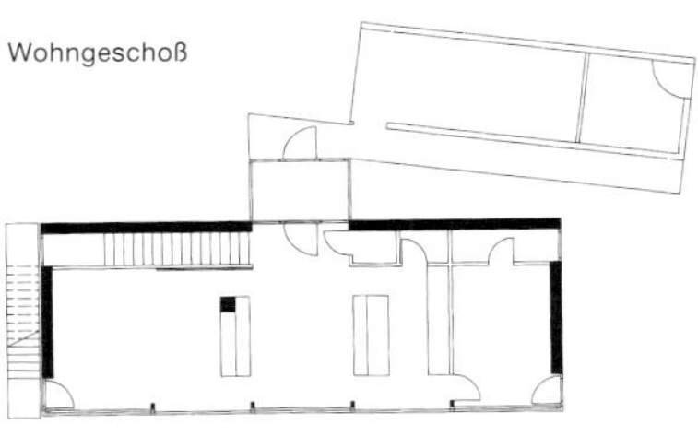

Haus H. 1991 – 94

Feldkirch, Tisis, Pater-Grimm-Weg

Wolfgang Ritsch

Der Bebauung des früher als Weingarten genutzten Hanges ging eine Studie von Ritsch voraus, die im Gegensatz zur vorgegebenen Fluchtlinie die hangparallele Ausrichtung und Kontur der Volumen betonte. So dreht sich der Bau von der Weg- zur Hangrichtung, vom Trapez der Garage über die Zone der Schlaf- und Nebenräume zum Prisma der Wohnbereiche. Im gleichen Takt steigen die Dachhöhen bis zum südwärts aufgespreizten, extrem flachen und leichten Pultdach. Südwestseitig in beiden Geschossen überdeckte Terrassen mit Blick zum Tal und auch westwärts zurück bis zum Säntis. Vorgefertigte Holzdächer, an den Untersichten gelochtes Sperrholz zur Schalldämmung im Terrassenbereich, vorne Stahlstützen und Fensterbänder.

Haus M.
1984 – 85
Rhetikus-
straße 4
N. Schweitzer

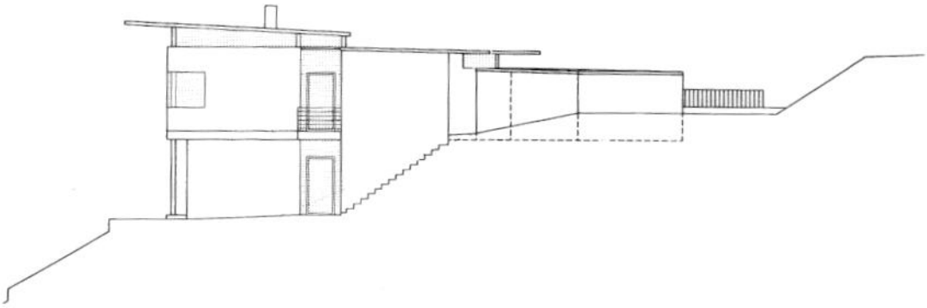

Ost-Ansicht

7
15

Landeskrankenhaus, Erweiterung 1991 – 93

Feldkirch, Tisis, Carinagasse 47

Erich Gutmorgeth

Kindergarten
1988
Riedteilweg 9
E. Steinmayr

Am NO-Ende des Krankenhausareals formen zwei flach ins Terrain gelagerte, begrünte Parkdecks, verbunden mit einer 200 m langen, verglasten Promenade den Hauptzugang für Besucher, geben der Anlage signalhaft ein neues „öffentliches" Gesicht. Gutmorgeths Leistung ist die Integration von Bau und Landschaft, die Einbettung großer, natürlich belichteter Parkplatzflächen in das Grundstück und die Umdeutung der langen Wege als Erlebnis- und Begegnungsraum. Die 13 m hohe, gekurvte Glaswand wird ohne Zwangslüftung klimatisiert: durch die transparente Verschattung, reichliche Bepflanzung, Wasserführung und nicht zuletzt durch die von Martin Rauch mit Material aus einer nahen Baugrube gestaltete Lehmwand. Moderne und uralte Technik in Symbiose.

Krankenpflegeschule 1983 – 87

Feldkirch, Tisis, Dorfstraße 13 b

Norbert Schweitzer, Karl Heinz, Dieter Mathoi, Jörg Streli

Ein strenges und zugleich fein strukturiertes Prisma ist als Kontrapunkt neben die unruhigen Formen des benachbarten Internats gestellt. Hinter dem lakonischen Rhythmus der Fassaden steckt eine überraschende räumliche Dynamik der inneren Erschließungsachse. Vom halbgeschossig versetzten Eingangsbereich mit der über zwei Etagen reichenden Halle führt diese Zone mit unterschiedlichen Belichtungen, Deckenprofilen und Durchblicken über die ganze Gebäudelänge und erreicht am anderen Ende wieder doppelte Geschoßhöhe. Helle Putzflächen und Terrazzobeläge, viel Birkenholz innen, rostrote Fensterelemente als modular gegliederte Ausfachung des Fassadenrasters.

Wohnanlage
1993 – 96
Kapellenweg
C. Baumschlager
D. Eberle

Haus Sch.
Zubau zu einem
Haus von R. Wäger
1997
Feldweg 29a
M. Gohm

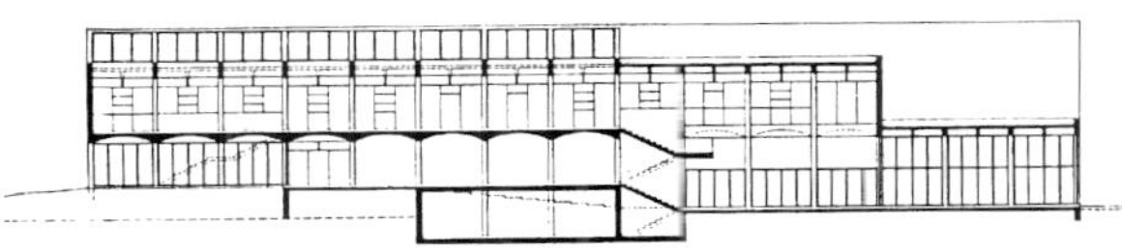

Schnitt

7

17

Haus Sch. 1995 – 96

Feldkirch, Tisis, Liechtensteiner Straße 66a

Hans Hohenfellner

Besonders schwieriges, seichtes Grundstück an einer steilen West-Nordwest-Böschung. Massivbau mit hangseitiger Stützmauer, linear entwickelt; südseitig eine überbaute Garage, anschließend ein nach Westen offener Hof mit überdachter Treppe und Verbindungssteg der Obergeschosse; dahinter das eigentliche Haus: Flur und Treppe hangseitig, durch Oberlicht vom Dach und geschoßübergreifenden Lichtschlitz zusätzlich belichtet; sichtbare Betondecken, Außenwände mit Lärche verschalt; geschoßhohe Öffnungen, mit äußeren Schiebläden variabel verschließbar, kein Keller. Zufahrt: Wolf-Huber-Straße, gegenüber Post, hinter Altbauten (Privatweg!).

Pfarrkirche, Umbau 1993 – 97

Feldkirch, Tisis, Alte Landstraße 1a

Helmut Dietrich, Christian Lenz

Liturgische Anforderungen standen im Mittelpunkt der Adaptierung des Gebäudes aus den späten 50er Jahren. Aus dem konisch gerichteten Raum sollte ein Zentralraum samt integrierter Werktagskapelle werden. Anstelle des alten Vorbaus wurde an der Ostwand ein verglaster, auch zum Innenraum transparenter Vorraum angefügt. Die Apsis wurde durch einen zwei Tonnen schweren Vorhang aus Metallgewebe für die Nutzung als Tageskapelle abgeteilt und der Altar davor auf ein flaches Podest gestellt und dreiseitig mit neuen Bänken umgeben. Der neue Boden, geheizt, aus Röttner Kalkstein und ein neues Oberlichtband entlang der Westwand ergänzen die ebenso stringente wie wirkungsvolle Transformation.

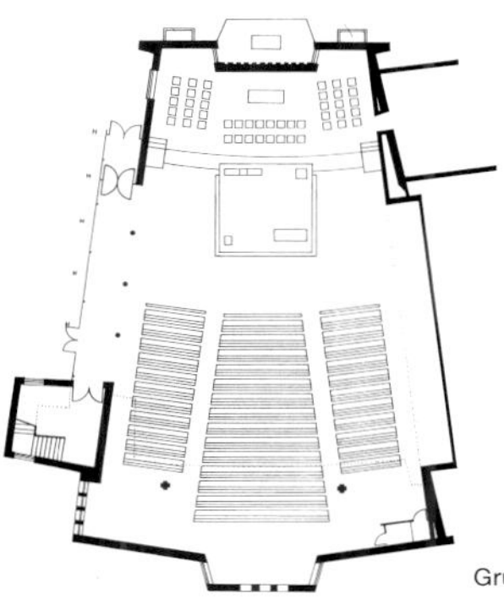

Grundriß

7

19

Haus B. 1995–96

Frastanz, Schulgasse 3

Angelo Roventa

Atelierhaus P.
1996
Im Buchholz 1
K. Pfeifer

Ein Haus mit drei Wohnebenen als erste Stufe einer weiteren Bebauung des Nordost-Hanges. Die Hauptwohnebene – ein durchgehender Raum mit Stiege, Küche und Nebenräumen als eingelagerter, offener Kern – liegt wegen der Aussicht und der Steilheit im OG, erweitert durch die große Südterrasse; darunter Zimmer, Bad, Garage. Im massiven Sockel Nebenräume und zusätzlicher Wohnraum. „Schönwetter"-Collage aus Holzriegelwerk, dunklen Schieferplatten (Westseite), Holzpaneelen, Industrieverglasungen und Gerüstelementen. Material- und Farbkontraste von unbeschwerter, provisorischer Wirkung. Kein Haus für die Ewigkeit; spontan, nicht skulptural, augenblicksorientiert, heiter; distanziert von rustikaler Monumentalität wie auch von professionellem Pragmatismus.

Sonderkrankenhaus, Erweiterung 1987–90

Frastanz, Maria Ebene 17

Erich G. Steinmayr

Asymmetrische Ergänzung des Altbaus entlang des Weges zur Wallfahrtskirche. Der Anbau bleibt zum Altbau zweifach auf Distanz: an der Talseite wirkt ein konstruktiv selbständiger Korridor als Trennschicht; es ist eine „rohe" Stahlkonstruktion, von oben durchgehend belichtet und nachts durch beleuchtete Glasschlitze im Boden von den begleitenden Wänden isoliert. Andererseits hält der zweihüftige Teil des Neuen zur Stirnseite des Alten deutlich Abstand und bildet so die Nische des neuen Haupteingangs. Über die hier freigelegte „Brücke" des Korridors erschließt sich das Stiegenhaus, zum Tal durch eine mehrgeschossige Graffitiwand abgeschirmt. Ihre Blechhaut manifestiert die ambivalente Situation der Suchtklinik auch an der Fassade. Präzise, subtile Darstellung des Zwecks durch die Sprache der Baukunst.

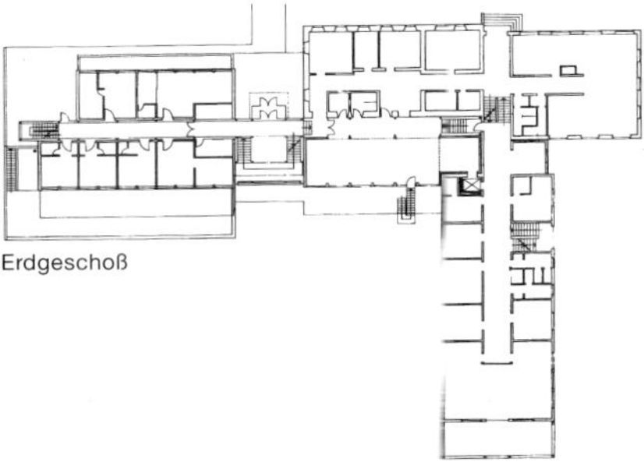

Erdgeschoß

7

21

Kindergarten 1990 – 91

Frastanz, Hofen, Kohlplatzgässele 1

Dietmar Walser, Erwin Werle

Der zweigruppige Kindergarten mit dem auch extern zugänglichen Rhythmikraum nutzt in kompakter Linearität das enge Grundstück, hält außen maximale Grünflächen frei und erzeugt auch innen durch den vom Glasdach belichteten, mit dem Hang abgestuften Mittelgang und die gestalterische Gliederung der Raumzonen (Nebenräume als „Container" im bzw. am Gebäude) trotz geringer Kubatur eine spannungsreiche, großzügige Wirkung. Der Rhythmikraum als größtes Volumen ist an die tiefste Stelle gesetzt, was eine durchgehende Dachlinie und die Einfügung einer Teilunterkellerung im Bereich des Geländesprungs ermöglichte.

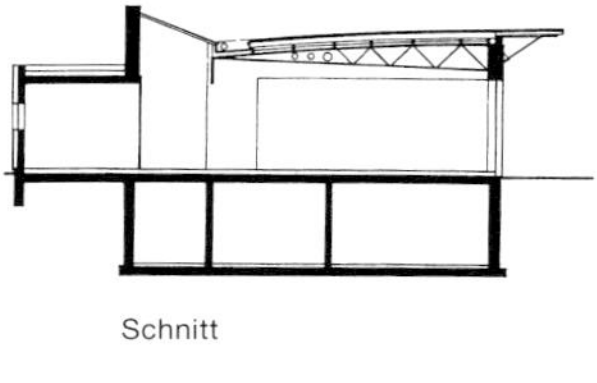

Schnitt

Sozialzentrum 1992–96

Frastanz, Schmittengasse 10

Markus Gohm, Ulf Hiessberger

Die Erweiterung durchdringt im rechten Winkel den Bestand, umfaßt mit ihm einen südostseitigen Gartenhof. Im Schnittpunkt der beiden der lichtdurchflutete, dreigeschossige Eingangsbereich, betont durch die den Zugang überdeckende Auskragung. Von der Halle über die Brücke im 1. OG erreichbar, bietet der verglaste Kubus die kollektive „Veranda" des Hauses zum Straßenraum und dient auch als Vorplatz der neu gestalteten Kapelle. Verlegung der Küche in den Neubau samt ebenerdiger Cafeteria, Aufenthaltsraum und Speisesaal mit z.T. überdeckter Terrasse. Der Zubau bildet nun mit der Volksschule und dem Kindergarten nebenan einen windgeschützten, gut nutzbaren Grünraum. Neuorganisation der Zimmer im Bestand, Südfassade als Skelettkonstruktion mit vorgehängten Fensterelementen und Balkonen.

Haus R.
1985–87
Hofnerfeldweg 19
W. Ritsch

7

23

Volksschule, Sanierung und Erweiterung 1989 – 91

Göfis, Agasella 300

Bruno Spagolla

Hangseitige Zubauten ergänzen funktionell und auch in der Lichtführung den Altbau aus den 50er Jahren. Vor allem aber der neue, auch extern nutzbare Turnsaal mit seinem aufgespreizten Dach und einer die Nebenräume und alle Eingänge verbindenden Arkade gibt dem Ensemble eine neue Identität, schafft einen gut proportionierten, völlig selbstverständlich wirkenden Vorhof, einen Pausenraum um die neu gepflanzte Linde, der auch als Vorplatz zur Straße hin einfach und zwanglos abgrenzt, überleitet. Zufahrt: Frastanz, Unterführung der B 190 nach Satteins, Abzweigung nach Göfis, Römerstraße.

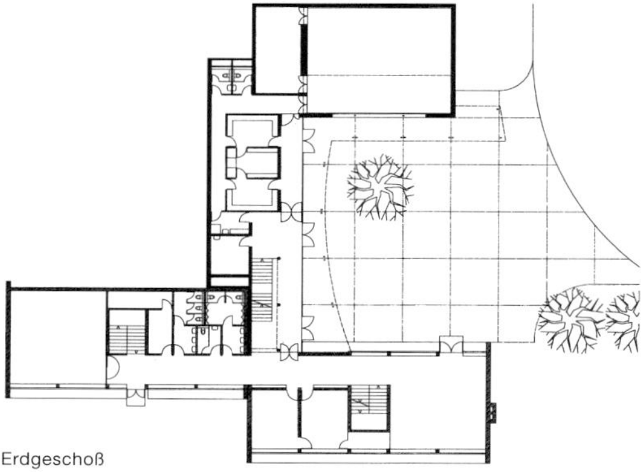

Erdgeschoß

Wohnanlage 1995 – 96

Göfis, Kustergasse 17

Rudolf Wäger

Am stark geneigten Südhang 20 Eigentumswohnungen unterschiedlicher Größe, verteilt auf zwei Volumina: im unteren, orthogonalen, zwei Lagen Etagenwohnungen mit Südterrassen in ganzer Breite, die oberen erschlossen durch kurze Laubengänge, darunter in den Hang hineingesteckt die Tiefgarage; im Steilen dann ein zweiter, gekurvter Trakt mit gereihten Maisonetten, wobei zwei- und dreigeschossige Einheiten abwechseln. Im Zwischenraum der Trakte ein Kinderspielplatz. Besondere Dämmung, Südverglasung und Sonnenkollektoren machen die konventionelle Bauweise energiesparend. Kein Experiment, das große Programm ist in dieser exklusiven Lage jedoch mit viel topografischem Gespür baulich optimiert.

Haus M.
1988 – 90
Badida 143
R. Wäger
Zubau 1995
M. Gohm
U. Hiessberger

Atelierhaus L.
1994
Kustergasse 18
H. Lang

7

25

Haus P. 1996 – 97

Göfis, Senden – Flurweg

Hans Peter Lang

Kindergarten
1997
Kirchdorf
K. Pfeifer

Randbedingungen waren die ostseitig verlaufende Straße, der unverbaubare Blick auf die Berge und der Wunsch der Bauherrschaft nach einem Wohn-Arbeitsensemble mit Innenhof. Der Hauptbau ist als hohes, schmales Prisma in grobem, grauen Putz an die Nordseite gerückt; auf Flur- und Türbreite mit Abstand daneben gesetzt der Kubus des Atelierbaus im unbehandelten, glatten Lärchenschirm, und dem ist wieder mit etwas Luft vorgelagert das flache Prisma des Abstellplatzes. Diese drei differenzierten Volumina rahmen den Innenhof, der westseitig nur durch ein Flugdach auf dünnen Stützen – die „gangway" zum überdachten Freisitz – von der restlichen Wiese getrennt ist.

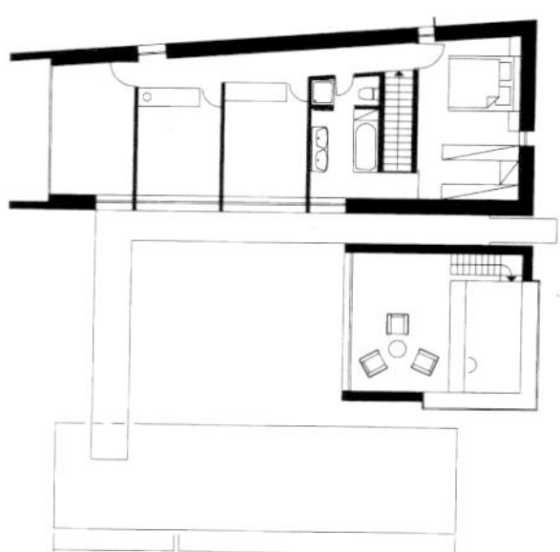

Erdgeschoß

Wohnanlage 1995 – 96

Göfis, Senden 22

Rudolf Wäger

Das Problem der akuten Wohnungsnachfrage anfangs der 90er Jahre wurde in Göfis nicht mit der Ausweisung weiterer Flächen für Einzelhäuser beantwortet, sondern mit preisgünstigen „Nachverdichtungen" im Konnex des lockeren, offenen Baubestandes und mit Bautypen, die auch weniger Betuchten die Vorteile einer besonderen Wohnlage erschließen. Die Eigentumswohnanlage nützt das N-S-gerichtete Grundstück mit O-W-belichteten Etagenwohnungen; Erschließung von Westen mit Laubengängen; Gartenbereiche für die unteren, Dachterrassen für die oberen Wohnungen, jeweils vom Balkon über stählerne Freitreppen erreichbar. Sehr dichte, dennoch bauplastisch bewältigte Nutzung des Platzes.

Atelierhaus G.
1995 – 96
Göfis
Riedweg 27
R. Dünser
H. Gfader

Für mich ist das Wort Regionalismus von Behörden, Architekten und Bauausschüssen mißbraucht, verfremdet, entleert – ohne Sinn. Meine Beziehung zum regionalen Bauen bezeichne ich lieber mit „im Kontext bauen", entwickelt aus einer sinnlich typologischen Wahrnehmung.

Wolfgang Ritsch

Wenn es überhaupt so etwas wie traditionelles Bauen gibt, dann nur in Anwendung der ökonomisch und ökologisch sinnvollen Möglichkeiten der Zeit, in der gebaut wird.

Rudolf Wäger

Bautradition war immer bestimmt von der Anwendung der Mittel einer Zeit auf die Problemstellung dieser Zeit. Das muß heute genauso sein; mit dem einen Unterschied, daß wir die Mittel unserer Zeit sehr kritisch einzusetzen haben, indem wir etwa auch auf die ökologischen Probleme dieser Zeit reagieren.

Roland Gnaiger

Satteins, Schlins und Schnifis liegen an den Sonnenhängen des unteren Walgaus und haben ihren ländlichen Charakter weitgehend bewahrt, während Nenzing aus einem Haufendorf am linken Ufer der Ill zu einem Industrieort expandierte. Wie für das Rheintal wurden auch für den ganzen Walgau 1977 Grünzonenpläne erstellt, um ein weiteres Auswuchern der Siedlungen bzw. eine weitere Verdrängung der Landwirtschaft hintanzuhalten. Denn bei der in den 70er Jahren einsetzenden regionalen Flächenwidmungsplanung war absehbar, daß das überörtliche Interesse an der Erhaltung zusammenhängender, landschaftlicher Freiflächen nicht ausreichend beachtet werden würde. Darüber hinaus sollte die Grünzonenplanung die umfassende, langfristige Landschaftsplanung absichern. In deren Rahmen werden konkrete Festlegungen für Schutz, Nutzung und Gestaltung der Freiräume festgelegt. Teilschritte in dieser Richtung geschahen im Bereich des Natur- und Landschaftsschutzes, etwa durch das Flachmoorkonzept für Rheintal und Walgau oder 1990/91 durch den Streuwiesenbiotop-Verbund Rheintal-Walgau.
Satteins und Schlins zeigen geradezu beispielhaft, wie traditionelle dörfliche Gemeinden von je rund 2000 Einwohnern in den letzten Jahren ihre kommunalen Einrichtungen mit qualitätvoller, moderner Architektur erneuerten und erweiterten und damit in die künftige Entfaltung einer zeitgemäßen, kommunalen Identität investierten.
Im Raum von Göfis bis Nenzing bietet übrigens die Walgaustraße auch landschaftlich sehr reizvolle Strecken abseits der Durchzugsrouten auf B 190 oder Autobahn.

Hinweis
Reihenhaussiedlung Schlins – Waldrain (1971–73; R. Wäger). Eine wichtige Pionierleistung, sehr gut erhalten, heute noch vorbildlich (bei 8.6).

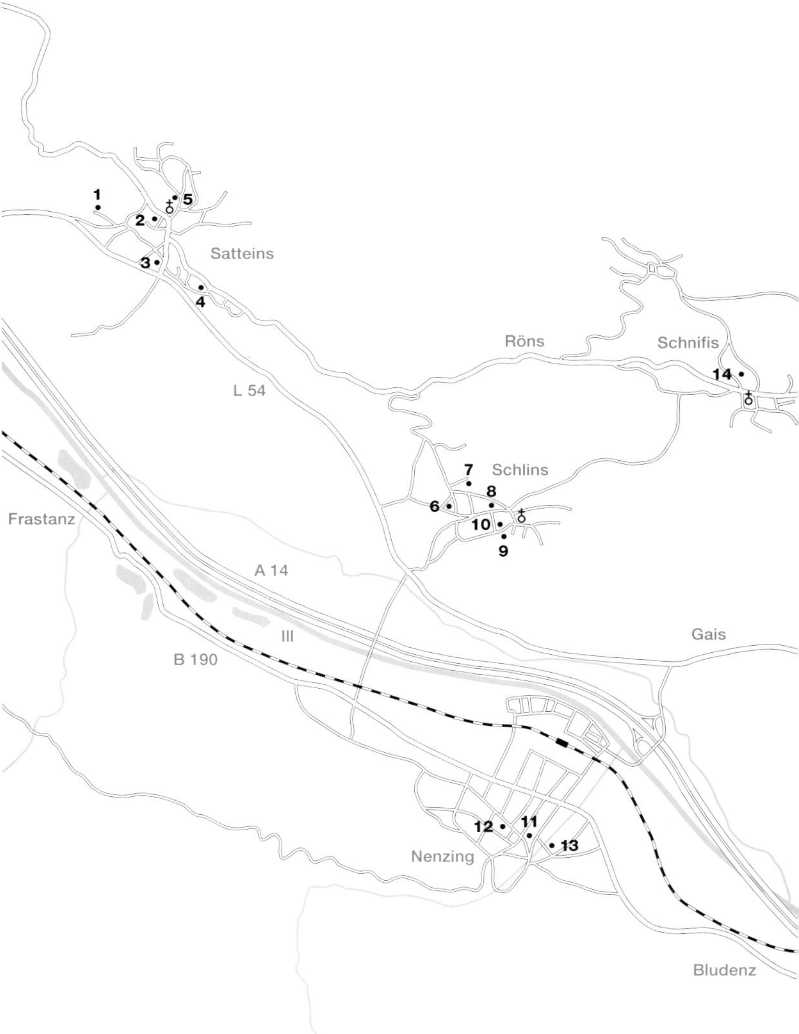

1
2
3
4
5
Satteins
Röns
Schnifis
14
L 54
7
Schlins
8
6
10
9
Frastanz
A 14
Ill
Gais
B 190
12
11
13
Nenzing
Bludenz

Satteins

1 **Atelierhaus**
Fälle 26
2 **Raiffeisenbank**
Rankweiler Straße 3
3 **Pfarrheim**
Kirchstraße 8
4 **Reihenhäuser**
Mutschella
5 **Sozialzentrum Jagdberg**
Oberdorf 15

Schlins

6 **Atelierhaus R.**
Quadernstraße 14
7 **Atelierhaus R.**
Torkelweg 7
8 **Wohnanlage**
Baling
9 **Wiesenbachsaal**
Schulgasse 20
10 **Volksschule, Erweiterung**
Schulgasse 23

Nenzing

11 **Pfarrkirche, Innenrenovierung**
Schulstraße – Landstraße
12 **Pfarrheim**
Landstraße 19
13 **Rettungszentrum**
Eugen-Getzner-Straße 3

Schnifis

14 **Haus M.**
Dünser Straße 195

8

1

Atelierhaus 1991–92

Satteins, Fälle 26

Rudolf Wäger

Reihenhäuser
1992–93
Fälle 28–46
R. Wäger

Auf knapp 6 x 8 m Grundfläche gliedert sich das Volumen in den nach Norden aufgespreizten Teil der beiden Atelierräume und in den niedrigeren, südseitigen Teil mit Eingang, offen geführter Stiege und einem zweigeschossigen Luftraum, der diese Teile miteinander verklammert. Das Spiel der vertikalen und horizontalen Raumschichten erscheint auch in der lapidaren Anordnung von senkrechten und waagrechten Fensterbändern. Auf dem massiven Keller-Sockel ist das Traggerüst aus Schalungsträgern außen mit hinterlüfteten Eternitplatten, innen mit Birkensperrholz verkleidet. Alle Rhythmen von Raum und Detail entspringen dem Maß der Struktur und ihrer Hülle. Wäger hat hier seine Holzbau-Meisterschaft auf industrielle Materialien übertragen und eines seiner besten „Minimalhäuser" geschaffen.

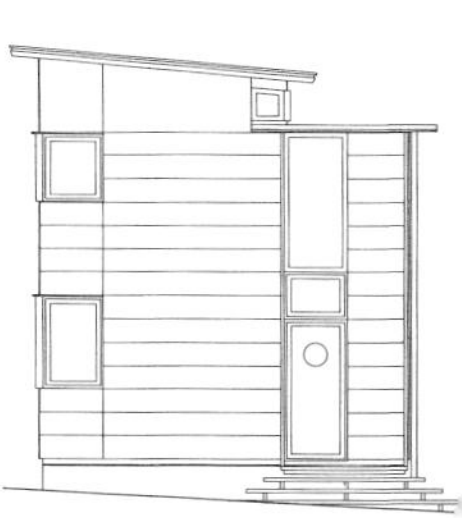

West-Ansicht

Raiffeisenbank 1993–95

Satteins, Rankweiler Straße 3

Markus Gohm, Ulf Hiessberger

Ein Bau mit zwei Gesichtern: vorne kompakt, horizontal die Bewegung des Straßenraums verdichtend; zum Hof hin vertikal strukturierte Auflösung mit überraschender Einbindung ins Gelände. Das Spiel der Kontraste beginnt beim weiten Durchblick durch den Block an der Straße, setzt fort im räumlichen Sprung von der hohen Kundenhalle zu den niedrigen Schalterbereichen, im Wechsel von den glatten, hellen, großformatigen Betonflächen der Vorderfronten zu den rauhen, dunklen, kleinteiligen Blendmauern der mittleren, zurückgesetzten Raumschicht, bis zum feinen Plattenwerk des südseitigen Balkonrasters. Die gestufte Geschäftszone überlagern drei Wohnungen, mit Südlicht auch für die nordwestlichen Räume. Atmosphärisch liegt diese Architektur nicht (mehr) in der Tradition der Baukünstler, doch konzeptionell von analoger Klarheit und Rationalität.

Pfarrkirche
Renovierung
1984–85
Kirchplatz
H. Tesar

Aufbahrungshalle
1985
Kirchplatz
B. Spagolla

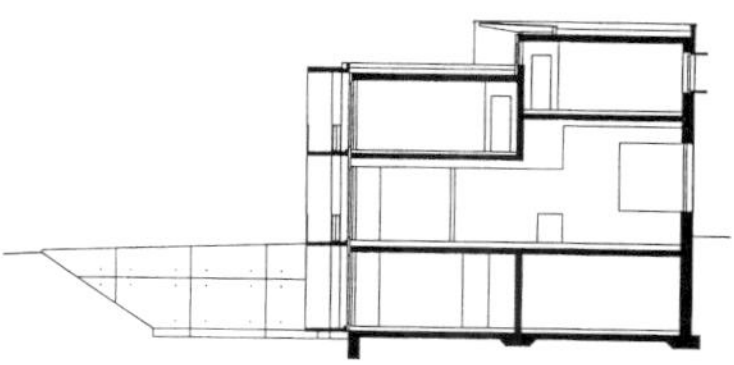

Schnitt

8

3

Pfarrheim 1995–96

Satteins, Kirchstraße 8

Carlo Baumschlager, Dietmar Eberle

Der weiße Bibliotheks- und Wohnturm im Wittgensteinschen Habitus steht in der Achse der N-orientierten Kirche von Alois Negrelli. Das liegende, gläserne Prisma des Pfarrsaales ist in die leicht abfallende Wiese weggedreht und schafft damit Raum für einen Vorplatz an der Straße. Etliche „patterns" aus dem Repertoire von B+E sind da zu einer kontextuellen Applikation versammelt. Interessant der Versuch, hinter der feinen Glashülle durch die Tragscheiben des Saales die Einsicht (und Einstrahlung) zu filtern. Ohne Vorhänge geht es offenbar doch nicht. Das schmale Vordach an der Ostseite, ein veritabler „Spoiler", wirft zur Mittagszeit seinen Schattenstreifen entlang der Zugangsfront, bringt aber mehr noch optische Brisanz. Eine offene, exponierte Struktur als Salon einer „gläsernen" Gemeinde.

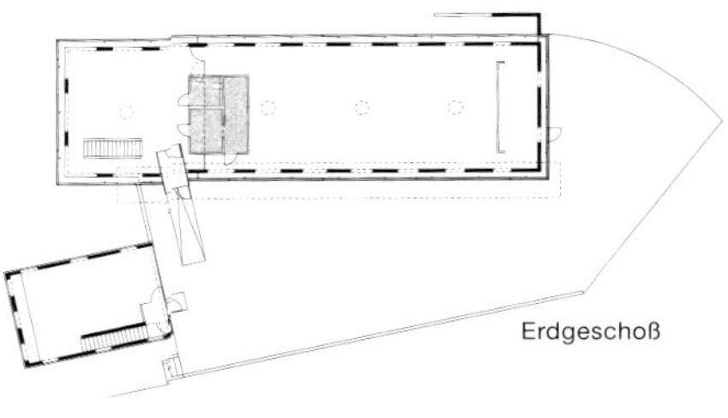

Erdgeschoß

Reihenhäuser 1984 – 86

Satteins, Mutschella

Reinhold Strieder

Fünf Häuser und ein Mehrzweckraum für die Eigentümergemeinschaft bilden ein verdichtetes, platzsparendes Ensemble in einfachster, zimmermannsmäßiger Konstruktion mit südseitigen Wintergärten. Zentraler Punkt in jedem Haus ist ein gemauerter, holzbeheizter Ofen, um den sich die Wohnbereiche gruppieren. Die Anlage ist heute völlig eingewachsen und in die umgebende Flora integriert. Es waren einfache, ökonomische Siedlungen privater Initiativen wie diese, die landschafts- und budgetschonend viel höhere Wohnqualitäten auch für wenig Bemittelte boten als der landläufige Wohnungsbau, was am Ende der 80er Jahre dann auch die großen Bauträger bewog, mit unkonventionellen Planern zu kooperieren.

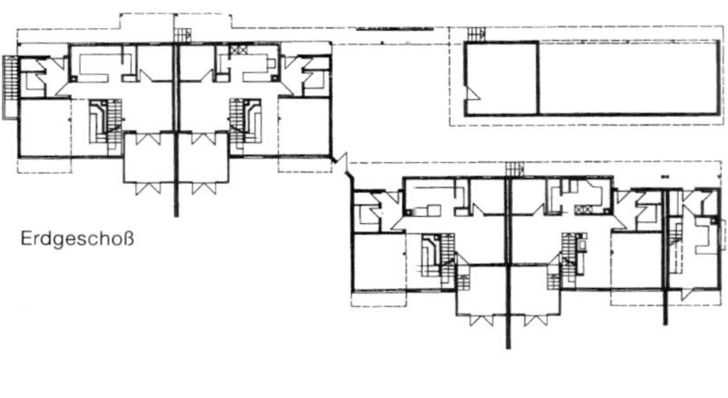

Erdgeschoß

8
5

Sozialzentrum Jagdberg 1996–98

Satteins, Oberdorf 15

Reinhold Strieder, Andreas und Susanne Hanck

Revitalisierung des ehemaligen „Bürgerheims" und großer Anbau in der Tiefe des Grundstückes mit dem Haupteingang von einem neu geschaffenen Vorplatz hinter der NW-Seite des Altbaus. Die Gliederung knüpft an die typische Struktur des Dorfes an, wo die gemauerten Wohnhäuser an der Dorfstraße liegen und der hölzerne, oft großformatige Wirtschaftsteil sich nach hinten in den Grünraum erstreckt.

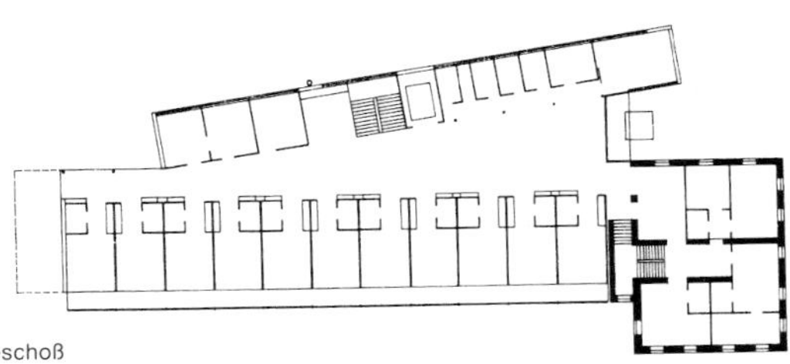

Erdgeschoß

Atelierhaus R. 1992–93

Schlins, Quadernstraße 14

Robert Felber, Martin Rauch

Martin Rauch ist in Österreich der Pionier der Wiederentdeckung von Lehm als Baustoff, dessen ökologische Qualitäten auch in Verbindung mit moderner Technologie eingesetzt werden können. Dieses Atelier ist also zugleich ein Demonstrativbau für verschiedene, vom Bauherrn entwickelte Lehmbautechniken. Auf der massiven Kellerplatte wurde zunächst auf Stahlstützen ein auskragendes Dach errichtet, darunter im Selbstbau mit Material vom Ort die 55 cm starken Lehmstampfwände hochgezogen. Zwei Stiegen durchdringen die 4 m hohen Wände und leiten zum Obergeschoß, das in den Binnenraum „eingehängt" wurde. Der Bau ist nach Süden kammartig mit leichten Holz-Glas-Elementen geöffnet bzw. mit Solarpaneelen ausgefacht; Kachelofen im Zentrum, verschieden gebrannte Lehmplatten als Verkleidungen.

8

7

Atelierhaus R. 1995 – 97

Schlins, Torkelweg 7

Robert Felber

Aus der Distanz glitzert es irritierend und dominierend wie ein UFO. Vor Ort erklärt es sich als eher undramatischer Teil eines größeren Ensembles, welches das Eltern-, Wohn- und Atelierhaus von Johannes Rauch umfaßt und bergseits durch ein weiteres Haus ergänzt werden wird. Im Kontrast zum Wohnhaus, das 1982 als erster moderner Lehm-Holzbau im Lande von den Brüdern Rauch errichtet wurde, ist dieses Atelier eine fast technoide Demonstration. Johannes Rauch ist Schlossermeister, und er hat über dem Betonsockel der Garage dem blechverkleideten Atelier eine auskragende Stahl-Glas-Box angefügt, die einerseits das West-Licht in den Arbeitsraum filtert, andererseits als Aussichtsloge den Blick über das ganze Tal darbietet.

Wohnanlage 1990

Schlins, Baling

Markus Koch, Michael Loudon

Vier zweigeschossige Häuser mit leichten, vitrinenartigen Veranden sind in T-Form in das flache Grundstück zwischen Obstbäumen und Wiesenbach gruppiert. Von dem massiven Unterteil mit herausgehobenen Kellern lösen sich die Obergeschosse als modulare Leichtkonstruktion von Fenster/Tür- und Brüstungselementen durchgehend ab und münden in auskragende Dächer, deren Sparrenlagen mit allen Binnenteilungen der Gebäude korrelieren. Das Innere der Etagen wird von den Installationsschächten in den Wohnungstrennwänden und vier Stahlsäulen bestimmt, die eine mittlere Korridorzone andeuten, für die Raumaufteilung aber individuelle Variabilität einräumen. „Korridore und Schwellen" und polyvalente Raumzonierung sind zentrale Themen in Loudons Arbeiten.

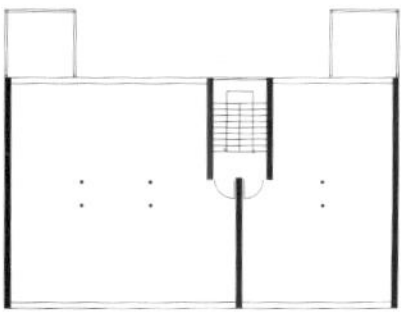

Grundrißkonzept

8

9

Wiesenbachsaal 1988 – 90

Schlins, Schulgasse 20

Michael Loudon, Markus Koch

Jugendheim
1980 – 85
Jagdberg-
straße 43
K. Heinz
D. Mathoi
N. Schweitzer
J. Streli

Mit der Schule aus den 60er Jahren formt das neue kommunale Zentrum einen definierten, gleichwohl informellen öffentlichen Raum. Die vielseitig nutzbare Turnhalle wird von unterspannten, bogenförmigen Holzleimbindern überdacht. So macht das Tonnendach die spezielle Funktion auch am Baukörper ablesbar. Zum Platz hin wurde unter dem „alltäglichen" Satteldach ein nach beiden Seiten verjüngter Bauteil vorgelagert, der das Foyer, Schulungsräume, Garderoben und die Bibliothek enthält. Saal und Foyer sind wie die Kirche und Schule verputzt, das übrige holzverschalt wie die benachbarten Wirtschaftsgebäude. Ein umlaufender Korridor trennt die Halle von den Nebenräumen, erlaubt den Einblick, ohne den Hauptraum zu betreten. Große Fixverglasungen bei den öffentlichen, Bandfenster bei den dienenden Räumen.

Volksschule, Erweiterung 1996 – 98

Schlins, Schulgasse 23

Bruno Spagolla

Das Grundkonzept hatten Koch/Loudon skizziert. Spagolla fügte in der konkreten Planung der Schulerweiterung wesentliche neue Aspekte hinzu. Der Vorplatz dringt mit einer Nische leicht in den Schultrakt ein. Vom Eingang am Schnitt zwischen Alt und Neu erreicht man ein 8 m hohes Foyer, zum Bach mit einer großen Glaswand geöffnet. An ihr entlang ist die Stiege hochgeführt und bietet den Panoramablick über Bach, Bäume und Häuser bis zu den Bergen; auf der Galerie angekommen, öffnet sich der gerahmte Tiefblick zurück auf den Vorplatz. Diese schöne, aufsteigende Quer-Transparenz ergänzt am Westende des Gebäudes ein Durchgang zum Steg über den Bach zurück ins Dorf. Ein Schulbeispiel zum Thema „Das Haus als Weg und Platz“.

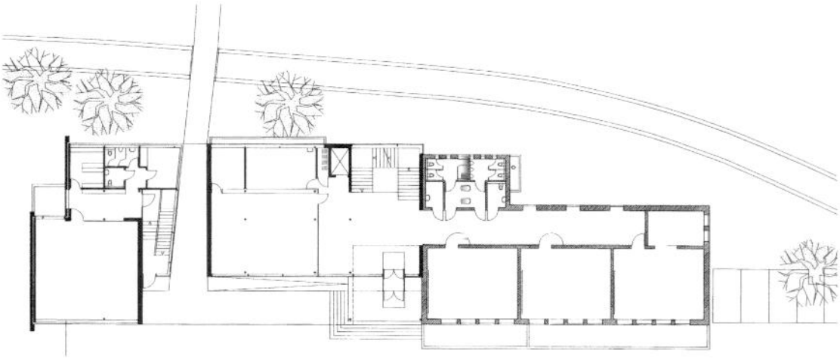

Erdgeschoß

8

11

Pfarrkirche, Innenrenovierung 1984–86

Nenzing, Schulstraße – Landstraße

Heinz Tesar

Aufbahrungshalle
1982–83
Friedhof
B. Spagolla

Gartenhaus
Tomaselli
1991–93
Am Rain 15a
H. P. Jehly

Adaptierung des gesamten Innenraumes entsprechend der neuen Liturgie. Der Volksaltar ist auf eine neue Stufenanlage im Bereich des Bogens zwischen Hochaltar und Kirchenschiff vorgezogen; neues Gestühl als Mittelblock, neue Empore für Sänger und Orgel im Eingangsbereich. Die Bogenform des Gestühls und der Empore signalisiert die Gemeinschaft zwischen Priester und Gemeinde und bindet die neuen Elemente auch formal in den überwölbten Raum. Die Empore wurde von den Seitenwänden des Kirchenschiffes abgesetzt, um den Raum heller zu machen und in voller Höhe durchgehend zur Wirkung zu bringen. Differenzierte Bodengestaltung; beweglicher Paravent für die Abschirmung des Hochaltarbereiches als Werktagskapelle.

Pfarrheim 1994–97

Nenzing, Landstraße 19

Hans Hohenfellner, Andreas Cukrowicz, Anton Nachbaur-Sturm

8

12

An der Stelle des abgerissenen Vereinshauses packten die Architekten das Raumprogramm in ein lapidares Prisma, das etwa den Hauptmaßen der Kirche entspricht, jedoch im rechten Winkel zur Kirchenachse steht. Die Konstruktion ist im Sockel Stahlbeton, EG und OG haben Stahlstützen mit Randträgern, darauf liegen 10 m weit gespannte Betonhohldielendecken; ost- und westseitig vorgehängte, vorgefertigte Holz-Glas-Fassaden, Außenjalousien; leichtes Walmdach in Kupferdeckung. Der Saal im Erdgeschoß ist nach NW bis auf ein Oberlichtband geschlossen; Bibliothek und Musikraum darüber; Jugendräume darunter mit Zugang und Belichtung von der abgesenkten Nordwestseite.

Sport-Hauptschule
Erweiterung
Landstraße – Schwedenstraße
1993–94
D. Walser
E. Werle

8

13

Feuerwehrhaus 1993–97

Nenzing, Eugen-Getzner-Straße 3

Lothar Huber, Andreas Cukrowicz, Anton Nachbaur-Sturm

Haus S.
Im Brüel 17
W. Unterrainer

Neben dem ziemlich verpatzten neuen Gemeindezentrum ist der Bau klar und übersichtlich plaziert. An der Westecke gibt der Schlauchturm einen vertikalen Akzent und faßt auch den Ausfahrtsbereich der an dieser Seite voll verglasten Wagenhalle. Turm, Rückseite und Seitenfassaden in Sichtbeton; auf die Wagenhalle ist auskragend draufgesetzt die „Schachtel" der Aufenthalts- und Schulungsräume, farblich differenziert und durch die zurückgesetzte, gläserne SW-Wand sowie das Oberlichtband an der NO-Seite auch bauplastisch herausgehoben. Der Schnitt zeigt die funktionelle Staffelung der Raumhöhen und die damit gegebenen, beidseitigen Belichtungen.

Schnitt

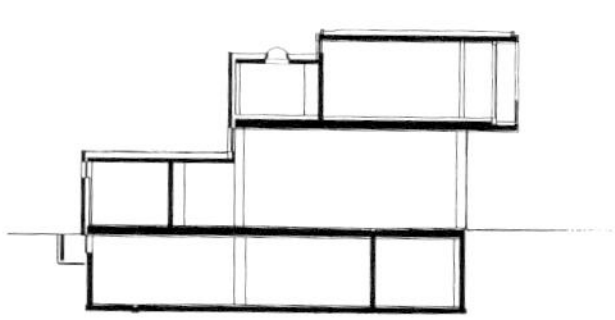

Haus M. 1994 – 95

Schnifis, Dünser Straße 195

Rudolf Wäger

Zur Optimierung der Aussicht liegt der Bau am oberen Ende der Hangparzelle. Die Garage ganz an der Straße schirmt Haus und Garten ab. Das schmale Volumen hat nordseitig massive Außenwände, ist südseitig in leichte Holz-Glas-Strukturen aufgelöst: im EG horizontal gegliedert, Schiebewände; im zurückgesetzten (nordseitig auskragenden) OG vertikal gegliedert mit 3S-Plattenverkleidung und Oberlichtband, das auch die Windversteifung des Riegelwerks sichtbar macht. Geländer- und Vordachstützen in Metallprofilen, darin auch die Führung der Markisen vor dem Wohnbereich. Offenes EG, Hypokaustenofen als Raumteiler, ergänzt durch Zentralheizung und Solarpaneele. Dichtes Spiel zwischen Funktion, Konstruktion, Raumkonzept, Material, Plastizität. Zufahrt: L 54 Satteins, Schlins, Röns, Abzweigung nach Düns.

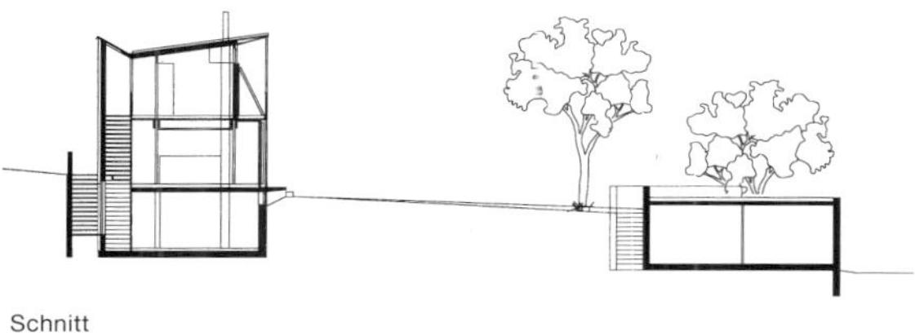

Schnitt

Es gab ein bestimmtes Marktsegment, das von den herkömmlichen Architekten nicht bedient wurde: Das waren Leute in unserem Alter – zum Beispiel Lehrer oder Sozialarbeiter – mit sehr wenig Geld, die aber von ihrer Zeitstruktur her die Möglichkeit hatten, selbst etwas zu machen, und die außerdem bereit waren, sich auf ein Experiment einzulassen. Diese speziellen Rahmendingungen haben uns den Einstieg in die Architektur ermöglicht.

Dietmar Eberle

Durch den Realitätssinn der Menschen, der Planer und einer aufgeschlossenen Mittelschicht ist es trotz zähen Widerstandes gelungen, eine Entwicklung einzuleiten. Handwerksarchitektur wurde betrieben und nicht die in den Versuchslabors aufgekochte Kunstarchitektur. So ist die Anknüpfung an die Tradition gelungen, ohne das heutige Leben zu verleugnen.

Ernst Hiesmayr

Nüziders – Bludenz – Bings

Bludenz liegt am Schnittpunkt von fünf Tälern – dem Walgau, dem Großen Walsertal, dem Klostertal (Arlberg), Montafon (Silvretta) und Brandnertal (Rätikon) –, hat 14.500 Einwohner und ist wie Bregenz, Dornbirn und Feldkirch Bezirkshauptstadt. Der Ortskern entstand auf einer Terrasse über dem Talboden der Ill an der Stelle einer illyrischen Siedlung. Aus dem einstigen Viehmarktzentrum des Montafons und Mittelpunkt des Silberbergbaus entwickelte sich – nicht zuletzt durch den Bau der Arlbergbahn (1884) – eine rege Industrie. Bludenz ist Feldkirch nach Lage und Funktion verwandt, aber auch im Typus der erhaltenen, mittelalterlichen Bausubstanz mit der Laubengasse als Hauptachse, den Quergassen und Stadttoren.

Für zeitgenössische Architektur ist der Boden hier aber wesentlich karger als im Rheintal. Neben unterschiedlichen gesellschaftlichen Rahmenbedingungen fehlten dazu auch lange die prägenden Persönlichkeiten, wie sie im Unterland mit Purin, Wäger oder Wratzfeld schon in den sechziger Jahren aktiv waren. Die Pionierleistung der „Haldensiedlung" blieb fast 20 Jahre ohne Wirkung; und gerade dieser Hang wurde in der Folge niveau- und konzeptlos zersiedelt.

Nordwestlich der Stadt liegt an den Hängen des Muttersberges Nüziders. Die Anhöhe beherrscht den gesamten Walgau bis Bludenz, man kann von da auch bis ins Montafon und in das Klostertal einsehen, an dessen Eingang Bings eine historische Rolle als Station vor dem ersten Anstieg spielte.

Hinweise

Volksschule Nüziders (1959–63; C4 – Fohn, Pfanner, Sillaber, Wengler). Erstaunliches Frühwerk der C4-Gruppe auf internationalem Niveau (bei 9.4). Bludenz, Siedlung Halde (1965–67; H. Purin). Purins wichtigster Siedlungsbau, ein Beitrag von heute noch gültiger Qualität (Haldenweg 27, bei 9.9). Bludenz, Textilwerke Getzner, Mutter & Cie, Betrieb Klarenbrunn, Baumwollspinnerei (1883–86). Besonderes und gut erhaltenes Beispiel des frühen Vorarlberger Industriebaus, von einem englischen Ingenieurbüro geplant, von Schweizer Firmen ausgeführt. Backsteinbau mit innerer Eisenkonstruktion.

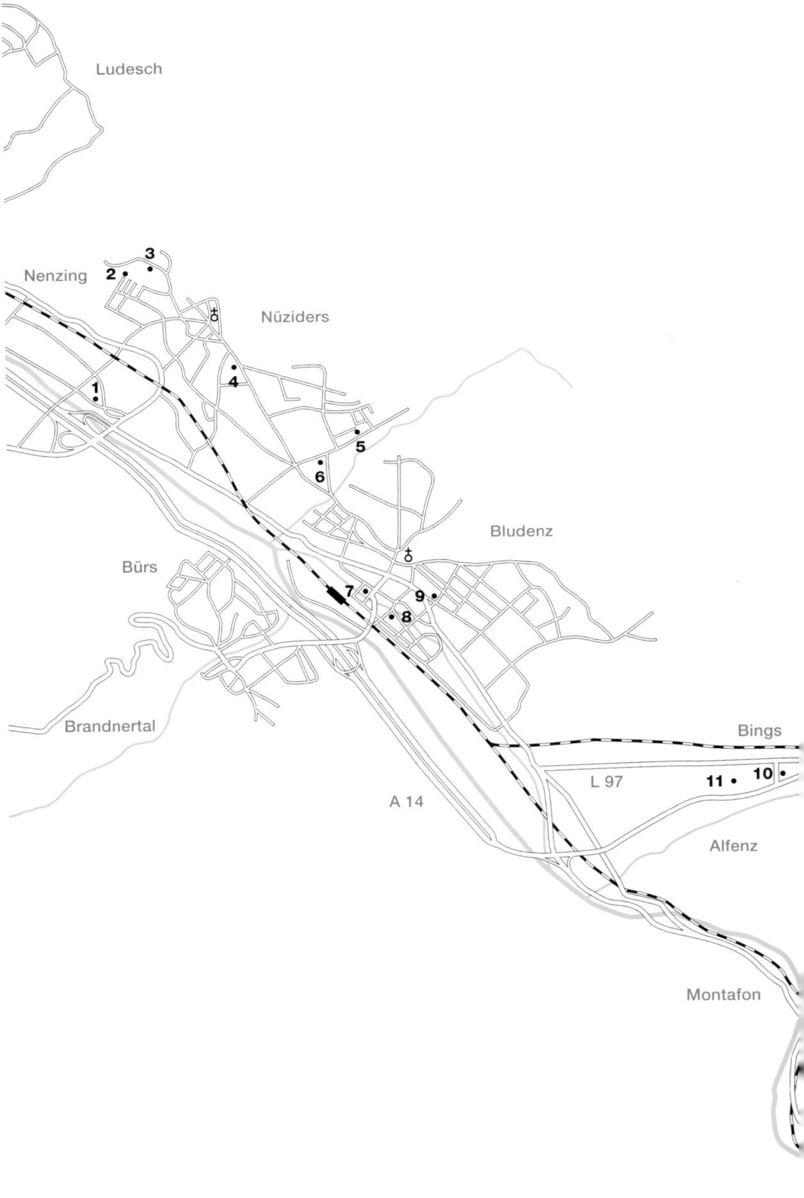

Ludesch
Nenzing
3
2
Nüziders
1
4
5
6
Bludenz
Bürs
7
9
8
Brandnertal
Bings
L 97
11
10
A 14
Alfenz
Montafon

Nüziders

1 **Bau- und Recyclinghof**
Illweg 24
2 **Reihenhäuser**
Weiherweg
3 **Haus I.**
Wingertgasse 13b
4 **Wohnanlage**
Waldburgstraße 32
5 **Atelierhaus W.**
Elserweg 12

Bludenz

6 **Haus P.**
Obdorfweg 15a
7 **Wohn- und Geschäftshaus**
Bahnhofstraße 12–14
8 **Friseursalon Brunold**
Wichnerstraße 44
9 **Kulturzentrum Remise**
Raiffeisenplatz

Bings

10 **Bürobau Heinrich Manahl**
Dorfstraße 17
11 **Wohnanlage**
Bingser Au

9
1

Bau- und Recyclinghof 1991 – 93

Nüziders, Illweg 24

Bruno Spagolla

Kommunale Entsorgungsbetriebe zählen zu den unattraktiven „Orten der Verdrängung", an denen architektonischer Aufwand als Luxus erschiene. Wie man auch ohne Luxus diese Aufgaben mit einfachsten Materialien und Elementen lösen kann, zeigt dieser unspektakuläre, solide Bau in der Gewerbezone entlang der Ill. Betonsockel, Sichtsteinmauerwerk, verzinkte Metallstützen, Holzdachstuhl, Welleternitdach; ein Fensterband „hebt" das Dach und bringt dosiertes Südlicht auch an der hermetischen SO-Wand.

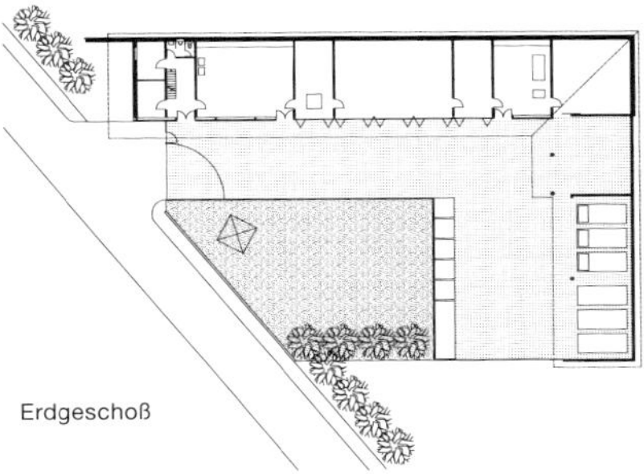

Erdgeschoß

Reihenhäuser 1989 – 94

Nüziders, Weiherweg

ARTEC – Bettina Götz, Theo Lang, Richard Manahl

Neben dem vielpublizierten Haus M. (mit dem „gekippten Dachgeschoß") begrenzt diese Hausgruppe das Siedlungsgebiet zum Grünland. Trotz minimaler Dimensionen bietet der Typus vielfältige Innen-Außenbeziehungen und geschützte Freiräume direkt am Haus. Die Garagen sind im Baukörper integriert, durch Rolltore beidseitig öffenbar, so wird der Bau zum Grünland durchlässig. Die nordseitig vorspringenden Erdgeschosse schaffen Vorplätze beim Eingang und große Westterrassen für die Obergeschosse, zum Nachbarn mit der Treppenschräge abgeschirmt. Minimierte Höhen von Gang und Bad ermöglichen beidseitige Belichtung für die Räume im OG. Außenwände mit Lärchenschalung, die südseitigen Loggien in selbsttragender Holzplattenkonstruktion.

Haus M.
1986 – 89
Weiherweg 12
ARTEC –
B. Götz
E. Hoke
T. Lang
R. Manahl

Haus S.
1980 – 82
Flurweg 10
B. Spagolla

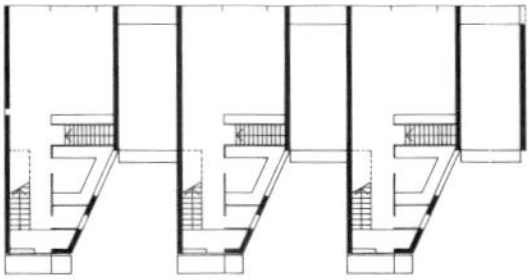

Erdgeschoß

9

3

Haus I. 1983–85

Nüziders, Wingertgasse 13b

Bruno Spagolla

Solarhaus F.
1992
Bitschweg 7
S. Larsen

Gemeindeamt
1996–98
Umbau
Sonnenberg-straße 14
B. Spagolla

Sehr kompaktes Haus, seine Öffnungen sind hauptsächlich auf den verglasten Einschnitt der Südseite konzentriert. Die Innenräume sind aus dem Typus und der Konstruktion heraus systematisiert. Die Glasflächen der eingestülpten Veranda lassen sich seitlich wegschieben; dahinter liegt der zentrale Eßplatz neben einem der Kamine, im Rücken gedeckt durch die Brüstung der drei Stufen höheren Eingangsebene. Die Räume im OG sind durch eine eingehängte Brücke mit Sitzplatz und eine kurze Galerie erschlossen und blicken mit Fenstern über den Luftraum der Veranda ins Haus zurück. Zufahrt: Beim Gemeindeamt nördlich abzweigen, Außerbach, parken; Wingertgasse bis Nr. 15, Blick auch auf 9.2.

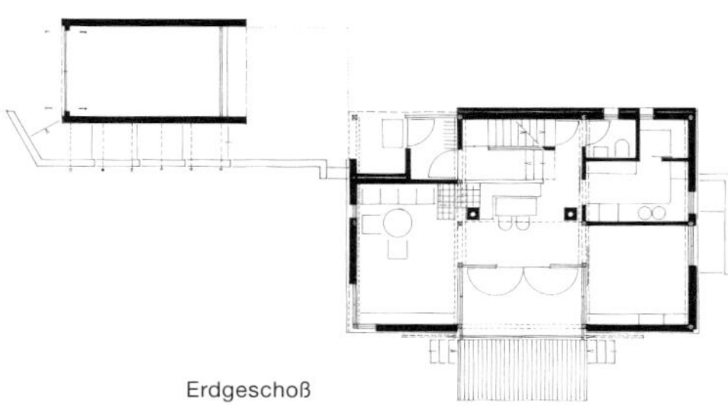

Erdgeschoß

Wohnanlage 1993–95

Nüziders, Waldburgstraße 32

Carlo Baumschlager, Dietmar Eberle

Dominierende Lage oberhalb des Ortskernes auf einer nach Westen fallenden Wiese mit freiem Blick nach allen Seiten. Die am flachen Hang gestaffelten Eigentumswohnungen haben jeweils einen Freiplatz, Dachterrasse oder südseitig auskragenden Wintergarten und orientieren sich zum Walgau Panorama. Der nördlich beigestellte Kubus ist eine Version des Typus „Dornbirn – Pongartstraße" (4.7). Die Schindelhaut integriert die große Masse auf dem engen Platz, die Tiefgarage ist gegenläufig in den Hang eingefädelt. An der Südseite waren größere Erdbewegungen für die Freiplätze nötig. Die Anlage ist meist völlig isoliert publiziert, steht aber im engen Konnex mit dem umliegenden EF-Haus-Fleckerlteppich und präsentiert sich dazu als zeitgemäße Alternative.

Haus E.
1997–98
Oferstweg
D. Walser
E. Werle

Haus F.
1996–97
Oferstweg 39
G. Gruber

9

5

Atelierhaus W. 1997

Nüziders, Elserweg 12

Christian Walch

Haus F.
1981–88
Forchenwald-straße 8
B. Spagolla

Aus vorgefertigten Zellen montiertes Ökohaus, dessen Teile konsequent aus einem Fichtenholzquerschnitt bzw. aus dessen Unterteilungen ohne Leimverbindungen gefügt wurden. Wärmedämmung aus Schafwolle und Zellulosefaser; Fassade mit hinterlüfteter Holzverschalung, spezielle Fensterkonstruktionen und Verbindungen. Als Heizung dient ein Mikro-Blockheizkraftwerk (5 kW), betrieben mit gebrauchtem Pflanzenöl, kombiniert mit Solarpuffer zur Wärmespeicherung; Niedertemperatur-Wandstrahler als Heizelemente. Das Grundstück wurde nicht gekauft, sondern gepachtet. Die Wohnzellen stehen auf Punktfundamenten und könnten bei Bedarf leicht „übersiedeln". Ein Modellfall auch angesichts der überdurchschnittlich hohen Grundpreise in Vorarlberg.

Haus P. 1980 – 84

Bludenz, Obdorfweg 15a

Bruno Spagolla

Einer der ersten Bauten von Spagolla, in Holz konstruiert, mit einem asymmetrisch an der Südseite angefügten Wintergarten, innen in Verbindung mit einer galerieartig zurückgesetzten, zusätzlichen Wohnebene im Obergeschoß. Der an der Giebelseite in klischeehafter Symmetrie erscheinende Bau ist innenräumlich frei über die Südwest-Diagonale entwickelt und bis unters Dach geöffnet.

Haus P.
Umbau
1985 – 96
Herrengasse 7
H. Jehly

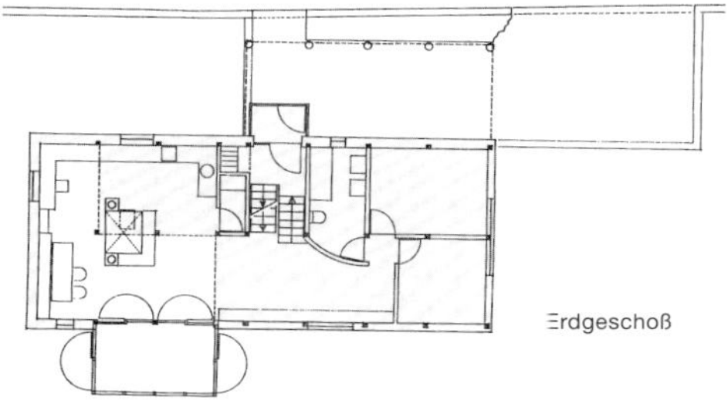

Erdgeschoß

9
7

Wohn- und Geschäftshaus 1995–97

Bludenz, Kasernplatz – Bahnhofstraße 12–14

Carlo Baumschlager, Dietmar Eberle

Sehr dicht gepackte Einfügung in eine früher gegebene Reihe alter Villen mit Gärten. Der funktionell gemischte Komplex bleibt in der Höhe bestandsnah, die Straßenfassade korrespondiert aber eher mit der gegenüberliegenden, geschlossenen Zeilenbebauung mit Zinshäusern aus dem 19. Jh., was der neuen Nutzung mit meist kleinen Wohnungen ja durchaus entspricht. Abschirmende Hofbildung an den Seiten der renovierten Villa mit dunklen Betonwänden; spitzwinkelige Addition eines dreigeschossigen Bürotraktes im Hinterhof über der Tiefgaragenabfahrt. Sukzessive Vergrößerung der Glasflächen bei den Läden im EG in Richtung Bahnhof.

Obergeschoß

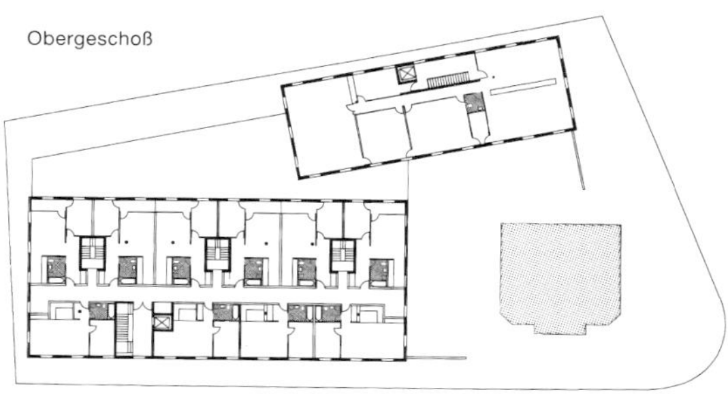

Friseursalon Brunold 1997

Bludenz, Wichnerstraße 44

Elmar Nägele, Ernst Waibel

L-förmige, 3 m breite Ummantelung im Erdgeschoß eines freistehenden Altbaus; außen mit geschupptem Blech, innen teilweise mit Sperrholz verkleidet; vier große Glastafeln zur Straße. Die oben auskragende Markisenschiene trägt auch einige Beleuchtungsspots; innen gelbe Vorhänge, Metallparavent aus hellgrauem Lochblech als Sichtfilter. Eleganz und kühle Emotion auch in der Typografie des Schriftzuges.

9

9

Kulturzentrum Remise 1992–98

Bludenz, Raiffeisenplatz

Hans Hohenfellner

Wohnanlage
1995–98
Wiesenrain 24
C. Baumschlager
D. Eberle

Ein wichtiger Impuls im Zentrum der Stadt. An diesem Platz stand bis in die 60er Jahre ein stattliches Bürgerhaus. 1992 organisierte die Stadt für das Areal einen geladenen Wettbewerb zur Gestaltung einer Kleinkunstbühne unter Einbeziehung der zu erhaltenden Remise. Der Bau wurde 1994 wegen Geldmangel gestoppt. Als 1997 wieder eine Finanzierung durch Bund und Land zustande kam, wurde die Planung auf reduzierte Kosten umgestellt. Der Neubau hat vorne eine Ausstellungshalle (weißer Raum mit Oberlicht) und dahinter anschließend ein Theater (dunkler Raum, Werkstattcharakter), zur Remise abgesetzt und mit dem öffentlichen Raum verbunden durch den gläsernen Längsbau des Foyers, mit einem Gelenk zum Café-Restaurant im adaptierten Altbau. Großzügiger Vorplatz.

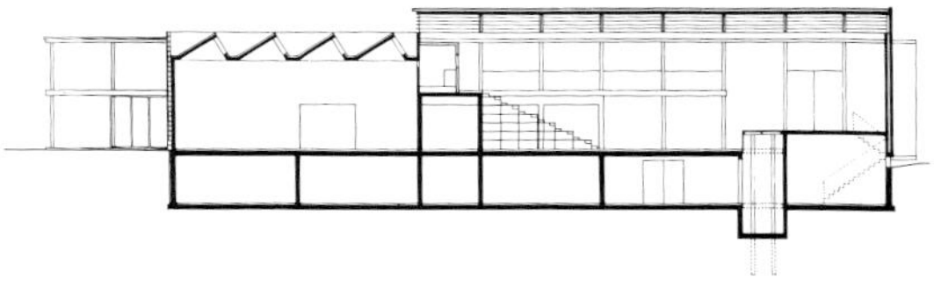

Schnitt

Bürobau Firma Heinrich Manahl 1990–93

Bings, Dorfstraße 17

ARTEC – Bettina Götz, Theo Lang, Richard Manahl

Auf die bestehende Produktionshalle wurde ein schachtelartiges Obergeschoß in leichter Stahlkonstruktion aufgesetzt. Die axiale Eingangs- und Erschließungszone ist durch einen nasenartig vorspringenden Bauteil zusammengefaßt. Dessen verglaste Dachschräge mündet in das Fensterband über dem Büroflur. Dieses Oberlicht ermöglicht die beidseitige Belichtung der Büros, die geschlossene Südseite ist mit Lüftungsklappen versehen. Fassade aus geschuppten Aluminiumelementen; innen bleibt im Oberlichtbereich die Stahlkonstruktion sichtbar; Wände aus OSB-Platten (grobspaniges Schichtholz); Stiege, Rezeption, Garderobe und Einbauschränke aus Buche. Der zwischen Plastizität und Transparenz changierende Bau wurde hauptsächlich aus im eigenen Betrieb erzeugten Produkten und Bauteilen montiert.

Haus M.
1990–93
Bundesstraße 2
ARTEC –
B. Götz
T. Lang
R. Manahl

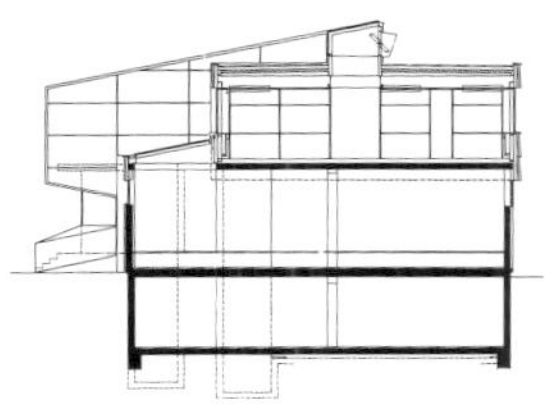

Schnitt

9

11

Wohnanlage 1987

Bings, Bingser Au

Markus Koch, Michael Loudon, Bruno Spagolla

Wohnanlage
Bludenz
1993–95
Brunnenfelderstraße 17a–e
C. Baumschlager
D. Eberle

Erster Teil einer doppelt so groß geplanten Anlage, bestehend aus dreigeschossigen Nordzeilen mit Etagenwohnungen und kammartig davor gelagerten Ost-West-Zeilen mit Reihenhäusern. Speziell die Typologie und Technologie dieser Reihenhäuser ist konzeptionell beachtenswert. 6 m breit und 10 m tief sind die Geschosse nur durch die in der Mitte quergestellte Stiege und den an einer Feuermauer hochgeführten Kamin definiert. Der Balkenrhythmus der Holzdecken (Achsmaß 1 m) gibt gleichsam ein Muster an möglichen Raumteilungen vor und korrespondiert mit dem Riegelwerk der Außenwände, das ebenfalls einen variabel interpretierbaren Raster von Fenster-, Türöffnungen bzw. Brüstungen darstellt. Am Eingang sind drei Stufen über Niveau ein überdachter Vorplatz und der Windfang angefügt; zum Garten hinaus ein Terrassenstreifen mit Holzrost, vom weit auskragenden Pultdach geschützt; im Dachgeschoß vom Garten abgewandt eine große Dachterrasse; flaches Pultdach; das Ganze halbseitig unterkellert. Unter den von Koch/Loudon – im Sinne von Adolf Loos berühmtem Patent „Haus mit einer Mauer“ (1921) – entwickelten Haustypen zweifellos jener, wo das nutzungsneutrale Raumangebot am besten mit sehr vielfältigen Innen-Außenbeziehungen ergänzt ist. Ausgeklügelte konstruktive Einfachheit der Primärstruktur, mit 800 Stunden Eigenleistung pro Haus komplettiert.

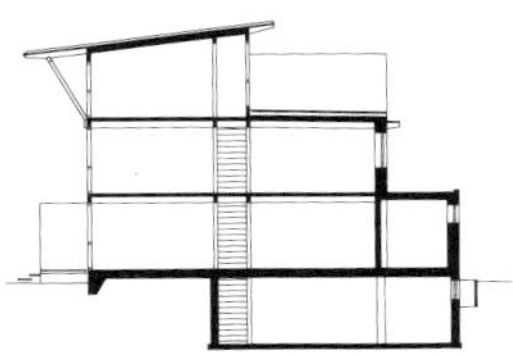

Schnitt

Dem Architekten bleibt im Wohnbau unter den heutigen Voraussetzungen nur ein sehr enger Spielraum, der nicht beliebig veränderbar ist. Und daraus resultiert zwangsläufig eine bestimmte architektonische Sprache, daraus resultieren gewisse Hauptthemen, mit denen wir uns beschäftigen – ein weitgehend neutrales Innenleben, sehr kompakte Baukörper, relativ neutrale Strukturen auch an den Fassaden.

Dietmar Eberle

Der Bauboom der letzten Jahre hat auch das gebracht: wir müssen heute immer schneller, immer kürzer planen – und zugleich immer mehr Qualität bringen.

Wolfgang Ritsch

Bregenzerwald - Kerngebiet

Schwarzenberg – Egg – Reuthe – Bezau – Bizau

Die Region von Schwarzenberg bis Bizau bildet den Kern des Bregenzerwaldes. Historisch teilte sich das vom Pfänderstock bis zum Arlberg reichende Bergland in den Vorder- und den Hinterwald, mit der Grenze an der Subersach, einem der Zuflüsse der Bregenzerach, die ja die ganze Region durchquert. Alemannen und Walser besiedelten das abgelegene Gebiet, und es gelang ihnen sehr früh, sich von kirchlichen und staatlichen Feudalmächten zu befreien. Im 16. Jh. entstand im Hinterwald ein frührepublikanisches Gemeinwesen, ähnlich den ersten Schweizer Kantonen. Die „Wälder" wählten ihre Landamänner in freier Wahl, legten ihre Gesetze im „Landbrauch" fest, hatten ihre eigene Gerichtsbarkeit.
Aus diesem gesellschaftlichen Status wuchs, auch herausgefordert durch die Härte der natürlichen Bedingungen, eine spezielle bäuerliche Handwerks- und Wohnkultur, verkörpert im „Wälderhaus". Deren Substanz ist nach wie vor spürbar und bildet eine wichtige Basis für die Entwicklung der modernen Baukunst im Lande. Aus diesem Nährboden war schon die „Vorarlberger Schule" der Kirchenbaumeister im Barock entstanden. Das exzellente Niveau der Tischler, der Zimmerer und der lokalen Holzindustrie bildet auch heute das Reservoir innovativen Bauens jenseits der Tagesmoden.
Nachdem 1806 die „Wälder" ihre Freiheiten unter bayerischer Herrschaft einbüßt hatten, kam mit dem Dichter und Sozialreformer Franz Michael Felder um 1860 ein neuer Anstoß zur Emanzipation. Er gründete die ersten freien Genossenschaften Österreichs – eine autochthone Vorform der seit den 1960er Jahren gebildeten Aktivgruppen im alternativen Wohnbau. Erst nach 1950 dem Tourismus erschlossen, blieb der „Wald" von Zersiedelung nicht verschont. Als örtlicher Berater konnte in den 70er und 80er Jahren vor allem Jakob Albrecht doch einiges positiv steuern. Inzwischen sind selbst in kleinsten Gemeinden bei entsprechenden Anlässen qualifizierte Auftragsvergaben und Gutachterverfahren obligatorisch.

Hinweis
Jagdhaus, Hinterreuthe (1965), eine starke, frühe Arbeit von Leopold Kaufmann (bei 10.11).

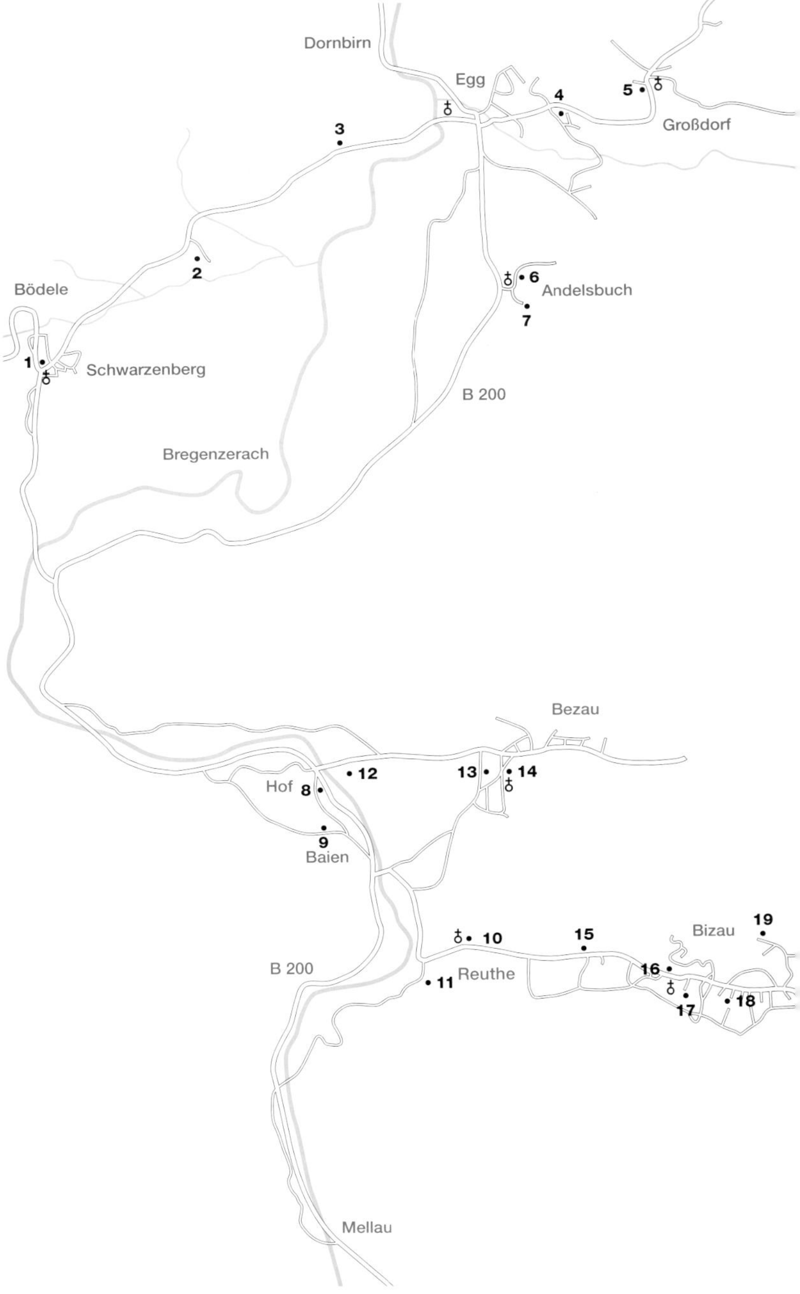
Dornbirn
Egg
4
5
Großdorf
3
2
6
Andelsbuch
7
Bödele
1
Schwarzenberg
B 200
Bregenzerach
Bezau
12
13
14
Hof
8
9
Baien
19
Bizau
10
15
B 200
16
11
Reuthe
17
18
Mellau

Schwarzenberg

1 **Gasthof Adler, Umbau**
Hof 15

2 **Haus Sch.**
Stangenach 146

Egg

3 **Haus V.**
Stadlermöser 1019

4 **Haus S.**
Hubermöser 1103

5 **Landamannhaus, Umbau**
Großdorf 4

Andelsbuch

6 **Haus G.**
Hof 585

7 **KFN Fertighaus**
bei 562

Reuthe

8 **Haus K.**
Baien 171

9 **Zimmerei Michael Kaufmann**
Baien 116

10 **Totenkapelle**
bei der Kirche

11 **Kaufmann Holzbauwerk**
Reuthe 57

Bezau

12 **Lagerhalle Metzler**
Wilbinger 566

13 **Hotel Post, Tennishalle**
Brugg 35

14 **Kolpinghaus**
Platz 38

Bizau

15 **Bautischlerei Feuerstein**
Unterdorf 24

16 **Gemeinschaftsgebäude**
Kirchdorf 340/1

17 **Friedhofskapelle**
bei der Kirche

18 **Haus K.**
Oberdorf, Sonnenstraße 149

19 **Reihenhäuser**
Häldele

10

1

Gasthof Adler, Umbau 1991

Schwarzenberg, Hof 15

Hermann Kaufmann

Raiffeisenbank
Umbau
1996
Bödelestraße 666
H. Kaufmann

Der Ortskern von Schwarzenberg mit Kirche, Tanzhaus und Gasthöfen ist eines der am besten erhaltenen Ensembles im Bregenzerwald. Schon vor dem Umbau galt der Gasthof Adler als exzellente Adresse. Dem hohen Niveau der Küche entspricht nun auch der Umbau dieses Blockhauses von 1756. Die durch spätere Einbauten zerstörte Klarheit des Grundrisses wurde wiederhergestellt, der Mittelgangtypus in die Tiefe des Hauses verlängert und durch eine Glaswand ergänzt. Die einzelnen Gaststuben wurden saniert oder erhielten neue Täfelungen in gewachster Fichte mit integrierter Heiz-Lüftung. Auch Beleuchtung und Mobiliar zeigen eine perfekte Mischung von Alt und Neu: Eine zeitgemäße Fortschreibung der Qualitäten der Wälderhäuser in Kontrast zur landläufigen Rustikalisierung des alpinen Gastgewerbes.

„schmidingermodul" zählt zu den engagiertesten, auch überregional bekannten Tischlereibetrieben des Landes – vor allem durch die Produktion moderner Holzmöbel in Zusammenarbeit mit jungen Designern und Architekten. Westwärts vom Betriebsgebäude abgerückt steht das Wohnhaus neben einer großen Weide am flachen Hang: eine Transformation des klassischen Wälderhauses mit seitlichem Eingang durch den südseitigen „Schopf" und einem Erschließungsbereich quer zur Hausachse als offene, zweigeschossige Zone, welche die Wohnräume von den Arbeitsbereichen trennt; Firstverglasung zur Belichtung des Flurs im OG. Der Innenausbau, vom eigenen Betrieb ausgeführt, demonstriert formal einfache, funktionell ausgeklügelte und technisch perfekte, zeitgenössische Holzverarbeitung.

10

3

Haus V. 1987 – 88

Egg, Stadlermöser 1019

Hermann Kaufmann

Clubheim FC Egg
1994
Junkerau
H. Kaufmann

Geschäftshaus
Behmann
1989
Loco 536
A. Kathan

Kaufmann hat die Systematik der Wälderhäuser mehrfach mit modernen Mitteln variiert. Dieses Beispiel verwendet den südseitigen „Schopf" und den traufseitigen Eingang. In den Schopf ist aber eine zweigeschossige Veranda integriert, deren Glaswand mittels Gegengewicht senkrecht hochgezogen werden kann. Die Wendeltreppe steht frei im Hauszentrum. Die innere Raumgliederung ist offen, neutral und streng symmetrisch mit zwei Kaminen samt Öfen als Brennpunkte. Im OG sind die Südzimmer verbunden über einen brückenartigen Balkon, der den Luftraum zwischen Veranda und Stiege durchkreuzt. Die Firstverglasung fügt der komplexen Vertikalachse des Hauses noch das Zenitlicht hinzu.

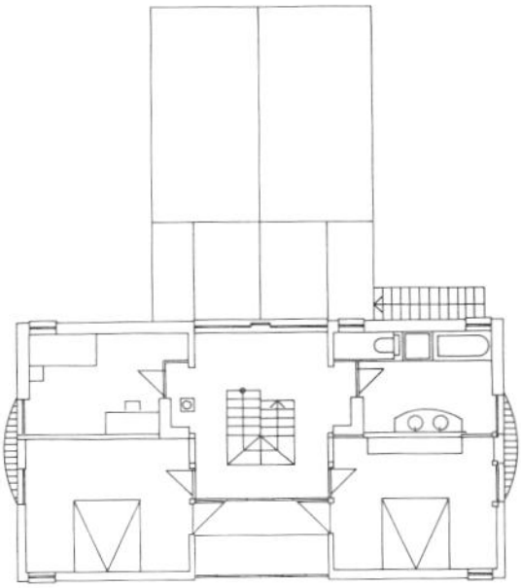

Obergeschoß

Haus S. 1996

Egg, Hubermöser 1103

Hermann Kaufmann

Großes, fast villenartiges Raumprogramm, in Reaktion auf das nach Westen und Norden abfallende, von Bach und Baumgruppen gesäumte Gelände kreuzförmig organisiert: der südseitige Eingang eröffnet zugleich den Durchblick auf den Wald hinter dem Haus – durch das in der Achse direkt unter die Bäume und über den Bach hinausgeschobene, ganz verglaste Stiegenhaus. Die ebenerdigen Wohnbereiche strahlen von einer Kamingruppe und dem offenen Galeriegeschoß nach drei Seiten aus: nach Süden mit einer gedeckten Terrasse, nach Westen mit dem über den Hang auskragenden Sitzbereich, der zugleich die Garagenzufahrt und den Nebeneingang überdacht, und nach Nordwest mit einem eigenen Arbeitsraum im Sockel und dem großen, nach Westen verglasten Eßplatz darüber.

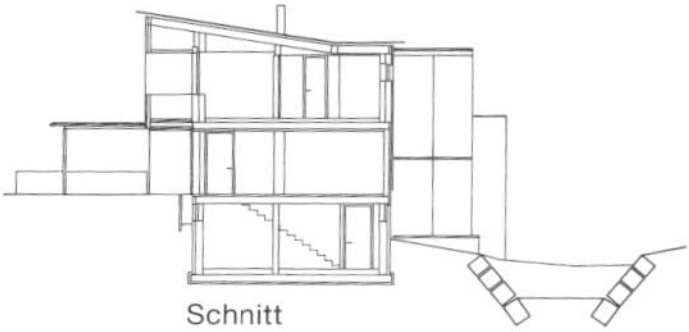

Schnitt

10

5

Landamannhaus, Umbau 1986 – 87

Egg, Großdorf 4

Roland Gnaiger

Der 1770 errichtete, geschichtsträchtige Bau ist denkmalgeschützt. Er entspricht in den Details dem Wälderhaus, ist aber in Größe, Typologie und Qualität der Innenräume ein Sonderfall. Der Landamann war Bezirkshauptmann mit Gerichtsgewalt und politischen Funktionen. Sein Haus enthielt neben der Wohnung im 2. Stock die Ratsstube und das Besprechungszimmer. Der Dachraum wurde als Speicher genutzt. Das 1. OG enthält nun eine Ordination. Das „Ratsgeschoß" mit dem großen Dachraum wurde als Wohnung adaptiert, wobei sehr behutsam, aber nicht traditionalistisch in die gut erhaltene Substanz eingegriffen wurde, etwa mit dem präzise angesetzten, schmalen Durchbruch von der neuen Küche zur Ratsstube oder mit dem exklusiven Dachausbau – ohne das Dach durch neue Einschnitte zu durchlöchern.

Haus G. 1985–87

Andelsbuch, Hof 585

Walter K. Holzmüller

„Tradition ist nicht die Verehrung der Asche, sondern das Weitertragen der Flamme." Holzmüller hat dieses Motto hier eindeutig umgesetzt. Die Struktur des Wälderhauses ist für heutige Lebensumstände radikalisiert. Die Technologie dazu ist einfach, werkzeughaft, nicht-monumental. Neudeutung des „Schopfes" als eine Überlagerung von Eingang, Windfang, Garderobe, Sommer-Eßplatz, Lusthaus; Neudeutung des alten Flurs als Verbindung von Diele, Stiege, Puffer zwischen Wohn- und Arbeitsbereich, als hofartiges „Herz" des Hauses, aktualisiert mit dem „eingehängten" Wohn-Bad als Zentrum des Obergeschosses mit Aussicht und Übersicht. Rastergrundriß; Primärstruktur im Selbstbau komplettiert; Noblesse der Innenräume in Weiß. Wurde vom Bauauschuß der Gemeinde und von den Nachbarn anfangs vehement abgelehnt. Zufahrt: 150 m östlich der Kirche.

Haus R.
1989–91
Hof 368
H. Kaufmann
G. Leuprecht

Haus M.
Umbau
1994–95
Wirth 369
G. Gruber

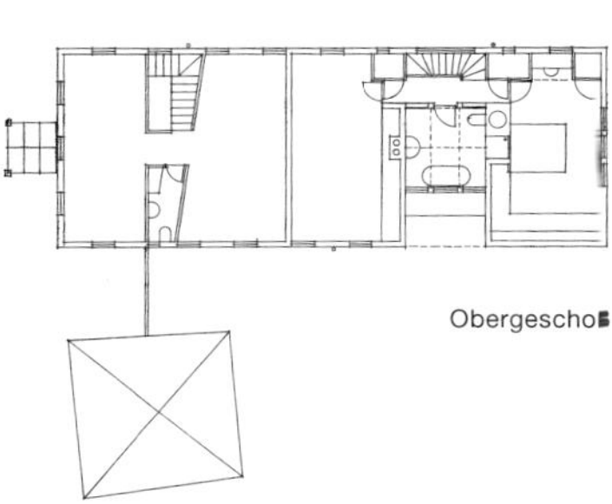

Obergeschoß

10
7

KFN Fertighaus 1997

Andelsbuch, neben 562

Johannes Kaufmann, Oskar Leo Kaufmann

Haus F.
1987–88
Groß Moos 438
H. Kaufmann

Industrielles Holz-Baukastensystem aus Grundmodulen von 5 x 5 x 2,7 m, die bis zu vier Etagen hoch beliebig kombinierbar sind. Tragskelett aus schichtverleimter Fichte; Ausfachung der Außenwände mit acht verschiedenen Elementen gestaltbar, ausgelegt als Energiesparhaus; Fußbodenheizung mit Ölkessel, Holzkessel oder Solaranlage; die in verschiedenen Größen und Ausstattungen angebotenen Bad- und Küchenzellen sind als verglaste oder mit MDF-Platten beplankte Boxen unabhängig von den Außenwänden eingefügt und fix installiert. Kleinste Variante ist ein 50 m² „Ferienhaus". Ab Fertigstellung des Kellers bzw. der Fundamente ist das Set jeweils nach vier Wochen bezugsbereit. Mitentwickelt und produziert durch die Zimmerei Michael Kaufmann/Reuthe. Zufahrt: vom Ortskern nach Osten Richtung Kleinmoos.

Haus K. 1987 – 88

Reuthe, Baien 171

Hermann Kaufmann

Moderner Holz-Ständerbau im Raster 3x3 m, zum Teil aufgehängt, um im Erdgeschoß eine offene Raumfolge zu erhalten; im Baukörper integrierter Wintergarten; das Erdgeschoß großflächig nach S und SW verglast, partielle Ausfachung mit Kalksandsteinmauerwerk im Eingangsbereich; Obergeschoß mit Firstverglasung und Fachwerkpfette, verschalt mit sägerauhen Brettern, konstruktiver Holzschutz ohne chemische Mittel; statt des Kellers nordwestseitiger Vorbau mit Garage und Vorratsraum. Im Raum Reuthe eines der ersten Häuser, das den Wälderhaus-Typus neu interpretierte und damals sehr intensive, kontroversielle Debatten auslöste.

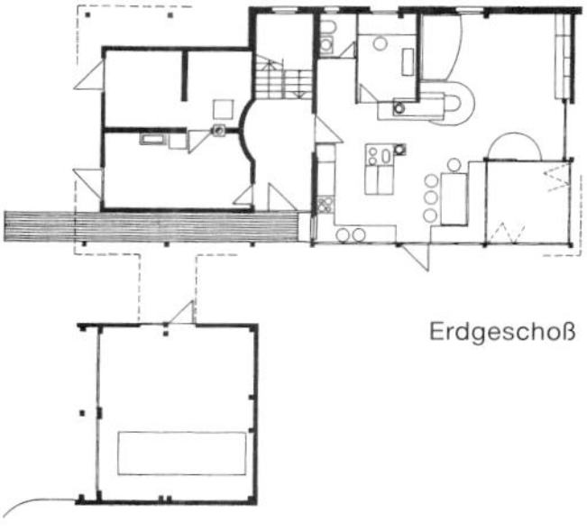

Erdgeschoß

10
9

Abbundhalle Zimmerei Michael Kaufmann 1990

Reuthe, Baien 116

Hermann Kaufmann

Anbau an bestehende Substanz. Das Tragwerk der 16 x 45 m großen Halle besteht aus eingespannten Betonstützen, darauf vier vorgefertigte Shed-Träger: Doppelträger mit verglastem Fachwerk samt Zugelementen aus Stahl an der Ostseite und niedrigerem Vollwandträger an der Westseite, verbunden mit Sparren, mit dem Kran positioniert. Deckung der Sheds mit vorgebogenen Wellplatten aus Faserzement. Die Flachdachabschnitte zwischen den Sheds werden getragen von 40 cm hohen, längsgerichteten Brettschichtträgern, abgehängt von den Sheds. In diesen Abschnitten durchgehende Lichtbänder unter den Traufen, vorgefertigte Fassadenelemente. Eine sehr helle, leichte, rasch montierte Halle, von der Firma selbst als Demonstration modernen Ingenieurholzbaus detailliert und gefertigt. Begründet vom Großvater des Architekten, liegt hier der Ursprung des heutigen Holzbau-Imperiums Kaufmann.

Totenkapelle 1994 – 95

Reuthe

Hermann Kaufmann

Der steile Hang und die beengte Situation bedingten eine unkonventionelle Lösung. Der Friedhof liegt auf einem künstlichen Niveau zwischen Straße und Kirchenvorplatz. Um die Kapelle zu integrieren, wurde die Künstlichkeit weitergetrieben und der Raum durch die Stützmauer unter den Kirchenvorplatz eingeschoben, wobei die alte Bruchsteinmauer gekürzt und durch eine dunkel gefärbte Betonwand ersetzt wurde. Den seitlichen Spalt zum Bestand schließt eine Mattglaswand, die den Innenraum belichtet und zugleich am Abend als Leuchtwand nach außen wirkt.

Bischof
Strickwaren
1993
Reuthe
Platten 191
H. Kaufmann

10 **Kaufmann Holzbauwerk** 1986–92

11 Reuthe 57

Hermann Kaufmann

In dem seit 1986 schrittweise erweiterten Areal der regional größten Holzbaufirma und Schaltafelfabrik bildet die 1992 nach einem Großbrand kurzfristig errichtete Lagerhalle mit 165 m Länge und 59 m Breite das dominierende, signethaft wirksame Volumen. Unterteilt in 15 Joche, überwölbt mit flachen, unterspannten Tonnendächern aus Intrallam-Platten, eingehängt in ein Tragwerk modernster Holztechnologie, das einerseits horizontal verspannt, andererseits von einer Schar hoher Masten abgehängt ist. Durch die bewegte Dachkontur und das Relief der „gefalteten" Außenwände integriert sich die Baumasse am Ufer der Bregenzerach ins Gelände, verknüpft sich die Großform mit dem Maßstab der ländlichen Bautypen. Das Planungs- und Genehmigungsverfahren wurde in zehn Wochen abgewickelt; Bauzeit sieben Wochen.
In dem Ensemble weiters von Hermann Kaufmann: Schalplattenhalle 1986–87, Büro- und Betriebsgebäude 1989, Abbundhalle 1992 mit einem von kastenförmigen Sheds überragten Dach: Parallam-Fachwerkträger (ein aus Kanada importiertes Furnierstreifenholz) sind mäanderförmig am Ober- bzw. Untergurt mit Pfetten verbunden, nach NO jeweils vollflächig verglast und überspannen einen sehr hellen Raum von kraftvoller, transparenter Tektonik. Insgesamt eine imponierende Darstellung der Leistungsfähigkeit eines Betriebes in der Architektur seiner eigenen Anlagen.

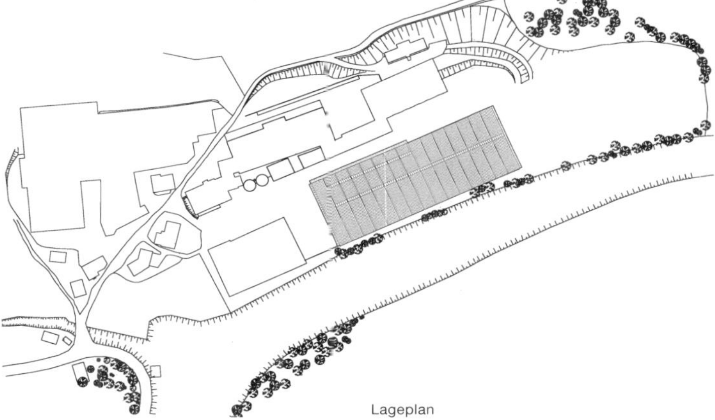

Lageplan

10

12

Lagerhalle Metzler 1995

Bezau, Wilbinger 566

Hermann Kaufmann

Noch ein Beispiel der einfach, intelligent und elegant konstruierten Hallen von Hermann Kaufmann. Sie dient zum Trocknen von Holz und ist daher im unteren Bereich mit offenen Lamellen verkleidet. Eingespannte Stahlstützen tragen 30 m weit gespannte Fischbauchträger mit massiven Obergurten und Untergurten aus Leimbindern. Ein rundum verglaster Oberlichtstreifen entlastet optisch das Dach und durchlichtet das Tragwerk. Spezielle Details wie die Ausbildung der Traufe oder der Wasserrinne unter dem Fensterband bringen ins robuste Gesamtbild noch jene Feinheiten, die solche Baukunst des Konstruktiven vom lapidaren Ingenieurbau unterscheidet. Zufahrt: B 200, Reuthe–Hof, Abzweigung nach Bezau durch die Unterführung der Bundesstraße.

Hotel Post, Tennishalle 1988–89

Bezau, Brugg 35

Heinz Peter Jehly, Leopold Kaufmann

10

13

Aus städtebaulichen Gründen wurde die Halle zu $^2/_3$ ins Erdreich versenkt und das Dach für zwei Freiplätze genützt. Die Halle hat einen „offenen Boden“, also keine Bodenplatte. Die Hauptlasten des Daches werden durch 1 m hohe Dreigelenk-Bogenbinder aus Leimholz aufgenommen (Spannweite 36 m), die nach Art einer Brückenkonstruktion unter 30° ihre Last auf die 2 m dicken Betonwiderlager übertragen und seitlich ins Erdreich ableiten. Auf den Bogenbindern abgestützt ein Netz von horizontalen Deckenbalken, die durch Spannstahl ausgesteift werden. Darüber Trapezblech als Innenansicht der Dachhaut. Zugänge und Zuschauerplätze rundum auf erhöhten Tribünen, verbunden durch eine abgehängte Galeriebrücke. Fensterband rundum unter den Traufen, zur abgeböschten Nordseite auch ebenerdige Glasflächen.

Raiffeisenbank
Bezau
Umbau
1997
Platz 398
H. Kaufmann

10

14

Kolpinghaus, Bildungs- und Freizeitzentrum 1983

Bezau, Platz 38

Leopold Kaufmann

Friseursalon Jäger
1988–89
Pelzrain 517
H. Kaufmann
P. Hafner

Umbau des Innenhofes des früheren Kapuzinerklosters zu einem Veranstaltungssaal, der zugleich mit rundum eingefügten Galerien und Treppen die einzelnen Geschosse und Teile des alten Baubestandes sehr reizvoll miteinander verbindet. Das in Holz konstruierte Dach dieses neuen Saales wird von sechs lichtüberfluteten Rundholzsäulen getragen, die sich jeweils zu einer zentral darüberliegenden Lichtkuppel hin verästeln. Der damit gleichmäßig belichtete, helle Raum wird unten durch großformatige Steinplatten und seitlich durch klar geschnittene Wände begrenzt. Eine eminente Aufwertung des Bestandes mit einfachen, kräftigen und doch schonenden Eingriffen zu einer neuen, polyvalenten Identität.

Bautischlerei Feuerstein, Produktionshalle 1996

Bizau, Unterdorf 24

Johannes Kaufmann, Oskar Leo Kaufmann

Als Erweiterung des aufstrebenden Betriebes entstand auf der gegenüberliegenden Straßenseite eine Produktionshalle für den Fensterbau mit einem neuen Heizhaus mit Silo und überdachtem Lager. Durch die völlige Verglasung der Ost- und der Westfassade und die gezackte Auffächerung der Südfassade erscheint die Halle besonders hell und durchsichtig. Die Primärkonstruktion besteht aus Doppel-Fachwerken mit massiven Holzquerschnitten und Zugbändern aus Stahl, Pendelstützen an der Nordseite. Alle Dach- und Fassadenteile wurden als vorgefertigte Holzrahmenelemente mit innerer und äußerer Holzverschalung montiert.

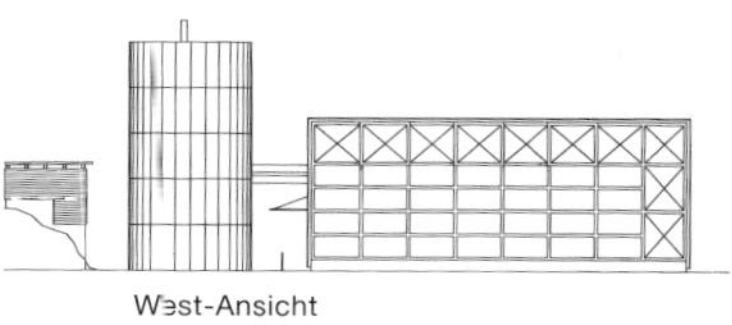

West-Ansicht

10

16

Gemeinschaftsgebäude 1988–90

Bizau, Kirchdorf 340/1

Hermann Kaufmann

Dieses Gemeindezentrum fügt sich alltäglich in die Dorfstruktur, in die typologischen und materiellen Eigenheiten, und es zeigt zugleich durch kleine, präzise, gemeinnützige Angebote und die eindeutige Offenheit seiner Räume die Nachhaltigkeit wälderischer Prinzipien in heutiger Anwendung. Die Arkade an der Straße macht das Haus öffentlich, integriert Bushaltestelle, Gehweg, Sitzbank und Telefonautomat. Von hier geht es durch ein helles Vestibül entweder rechts zur Post, links in die Bank oder die Treppe hinauf ins rundum transparente Gemeindeamt. Holzverkleidete Betonstruktur im EG; im OG alles in Holz, Rastermaß 2,4 m. Die Firstverglasung belichtet Treppe und obere Diele. Als Typ-Variation das Feuerwehrhaus.

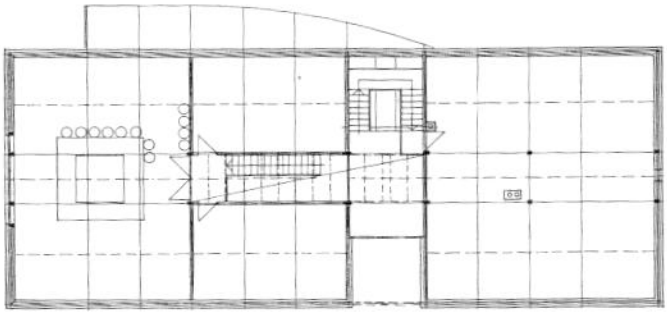

Obergeschoß

Friedhofskapelle 1995–96

Bizau

Hermann Kaufmann

Baldachin und leuchtender Schrein – archetypische Motive sind in modernster, reduzierter Materialsprache vergegenwärtigt. Das auf vier Stahlstützen frei schwebende Dach (der „Himmel") schützt den Kubus aus satiniertem Glas, betretbar durch eine dreiteilige Lärchenholztür und an der Rückseite „geschlossen" mit einer von Herbert Meusburger gestalteten Wand aus Stein. In ihr klafft ein senkrechter Lichtspalt, der den Ausblick zum Gipfel der Kanisfluh anvisiert; den gläsernen Riß überkreuzen eiserne Klammhaken. Ein schimmernder Schrein, auf die Querachse der Kirche gestellt, weithin sichtbar, wenn innen die Kerzen leuchten. Der Volksmund nennt es unter anderem „die gläserne Haltestelle für Reisende vom Diesseits in die Ewigkeit".

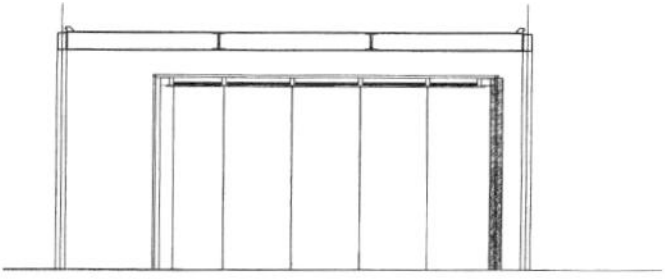

Schnitt

10

18

Haus K. 1995

Bizau, Oberdorf, Sonnenstraße 149

Johannes Kaufmann

Haus K.
1997
Sonnen-
straße 352
J. Muxel

Neben dem elterlichen Tischlereibetrieb ein Musterbeispiel der Transformation lokaler Haustypologie in räumlich und konstruktiv zeitgenössische Qualitäten. Tragendes Holzskelett mit vorgehängten Fassaden- und aufgelegten Dachelementen; Innenvertäfelung, Außenverschalung, Dämmung und Elektroverrohrung werksseitig bereits montiert. Als Unterdach eine vollflächige Kunststoffschicht, überlagert mit Holzrosten in Weißtanne – kongruent zur Fassadenverbretterung. Südseitig vorgestellt ein „Schopf", ein offenes Rahmenwerk, in das vom Obergeschoß vier Balkone hineinragen, mit verschiebbaren Läden vielseitig nutzbar. Hochisolierte Glasflächen an drei Seiten und 24 cm Dämmung der Massivwände schaffen viel Transparenz bei geringem Energiebedarf.

Reihenhäuser 1994–98

Bizau, Häldele

Roland Gnaiger, Hermann Kaufmann, Manfred Stadelmann

Für die kleine, doch exponiert am Südhang gelegene Dorferweiterung führte die Gemeinde einen lokalen Wettbewerb durch, um den Bebauungsplan und die Haustypologie zu optimieren. Junge Leute sollten hier die Gelegenheit erhalten, Boden zu kaufen und kostengünstig in verdichteter Bauweise zu siedeln. Die Architekten erstellten den Lageplan und ein allgemeines Plan-Schema, das aber individuell interpretiert und ausgeführt wurde. Die Doppelhäuser mit zwischengeschalteten Garagen sind zum Teil mit Vorfertigung gebaut und mit Solaranlagen bzw. Hackschnitzelheizungen ausgerüstet. Zufahrt: nordwestlich über den Ortsteil Halde.

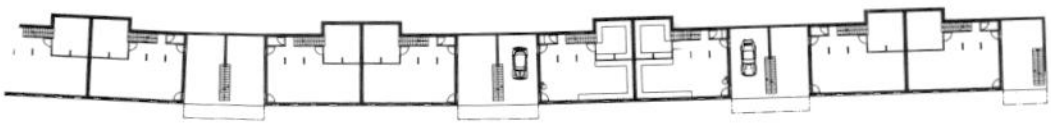

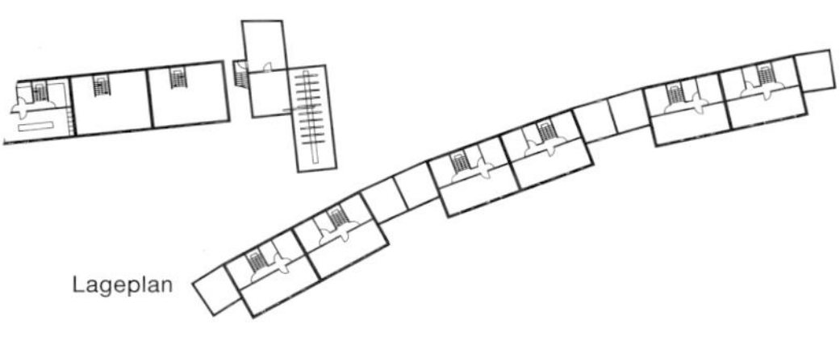

Lageplan

Das Warther Haus ist in den Unterrichtsetagen ein reiner Holzbau mit sichtbaren, unverkleideten Konstruktionsteilen. Aus Gründen einer sehr merkwürdigen Sicht des Brandschutzes wäre dies wahrscheinlich in keinem anderen österreichischen Bundesland möglich.

Roland Gnaiger

Ich komme vom Handwerk. Das heißt aber nicht, daß ich sage, ich kann nur in Holz bauen. Ich wollte auch immer schon einmal ein ganz massives Haus bauen.

Rudolf Wäger

Großes Walsertal – Brandnertal – Montafon

Klostertal – Arlberg – Bregenzerwald

Das Große Walsertal ist ein östliches Seitental des Walgaus. Seine Steilhänge wurden im 14. Jh. von Walsern besiedelt. Durch die besonderen Verhältnisse hat sich die ursprüngliche Siedlungsform weitgehend erhalten. Die sechs Gemeinden arbeiten an einer Deklaration als „Biosphärenpark". Auf dieser Grundlage will man die einmaligen Ressourcen der Region künftig besser nützen und Unterstützung aus EU-Programmen gewinnen. Die schönere Zufahrt verläuft über Satteins, Röns und Schnifis auf der Sonnenseite. Raggal und Marul auf der Schattenseite erreicht man von Bludenz über Ludesch oder über die Talquerung bei Stutz/Garsella.
Das Brandnertal führt von Bludenz südwestlich zur Schesaplana, wurde ebenfalls im 14. Jh. von Walsern besiedelt, ist ein ausgezeichnetes Schigebiet und eine Pionierregion des Alpinismus. Die Zufahrt erfolgt von Bludenz über Bürs auf der L 82.
Von Bludenz südöstlich führt das Illtal ins Montafon und hinauf zum Silvretta-Massiv. Die 1954 eröffnete Silvretta-Hochalpenstraße hat ihren höchsten Punkt auf der Bielerhöhe (2036 m) am Fuß der Piz-Buin-Gruppe.
Von Bludenz ostwärts führt das Klostertal zum Arlberg, einer Hauptwasserscheide zwischen Nordsee und Mittelmeer. Seit 1884 durchquert die Eisenbahn in einem 10 km langen Tunnel den Paß, seit 1978 besteht zwischen Langen und St. Anton ein 14 km langer Straßentunnel, der auch die wintersichere Verbindung für den Autoverkehr herstellt. Von Stuben führt die 1895 eröffnete Flexenstraße nach Zürs, Lech und Warth. Von den Walsern gegründet, ist Lech heute das Zentrum einer weltbekannten Wintersportregion, versucht aber auch mit dem aktuellen Konzept zur Erweiterung des Ortszentrums Anschluß an die zeitgenössische Baukultur zu finden.
Von Warth führt die B 200 im Einschnitt der Bregenzerach quer durch den Bregenzerwald. Hittisau, Doren und Alberschwende gehören bereits zum Vorderwald. Möggers, an der Grenze zum Allgäu, liegt schon außerhalb der historischen Region des Bregenzerwaldes.

Hinweise
Gschwendtobelbrücke über die Subersach, zwischen Lingenau und Großdorf (1830; A. Negrelli). Holzbautechnische Sonderleistung des Ingenieurarchitekten und späteren Planers des Suezkanals (bei 11.25). Hirschau: die Ortsdurchfahrt aus Richtung Schnepfau bietet eine einmalige Sequenz gut erhaltener Wälderhäuser (bei 11.22).

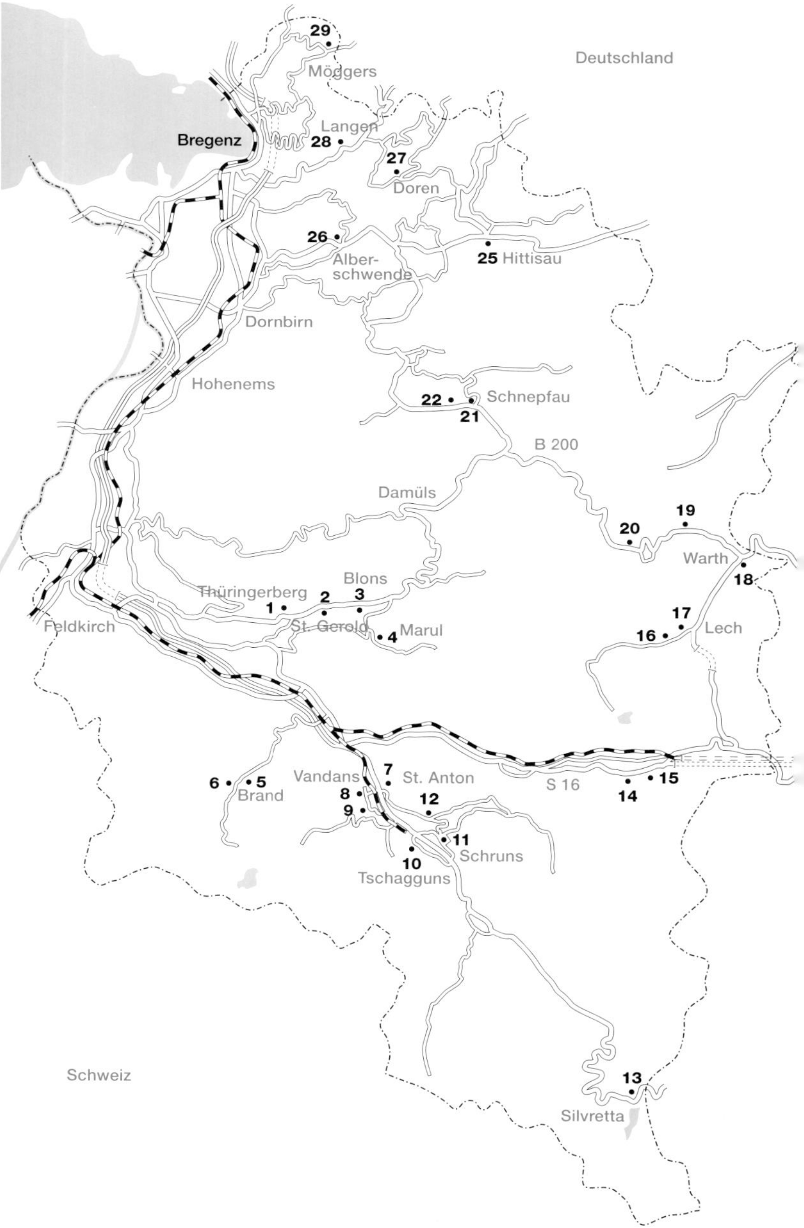

29
Möggers
Deutschland
Langen
Bregenz
28
27
Doren
26
Alberschwende
25 Hittisau
Dornbirn
Hohenems
22
21
Schnepfau
B 200
Damüls
20
19
Warth
18
Blons
Thüringerberg
1
2
3
St. Gerold
4 Marul
17
16
Lech
Feldkirch
7
Vandans
St. Anton
6
5
Brand
8
9
12
S 16
14
15
11
10
Schruns
Tschagguns
Schweiz
13
Silvretta

Großes Walsertal

1 **Sunnasaal**
Thüringerberg
2 **Reithalle**
Propstei St. Gerold
3 **Volks- und Hauptschule**
Blons 12
4 **Volksschule, Zubau**
Marul 18

Brandnertal

5 **Golfclub**
Brand 148
6 **Ortszentrum**
Brand 230

Montafon

7 **Pfarrkirche, Erweiterung**
St. Anton im Montafon
8 **Hauptschaltwarte**
Vandans-Rodund
9 **Golmerbahn**
Vandans
10 **Schulschiheim**
Tschagguns, Auweg 2
11 **Reihenhäuser**
Schruns, Batloggstraße 15a
12 **Volksschule, Zubau**
Bartholomäberg 165
13 **Silvrettahaus**
Bielerhöhe

Klostertal

14 **Sonnenkopfbahn**
Klösterle, Danöfen 59
15 **VKW Krafthaus**
Klösterle, Innerwald

Arlberg

16 **Zugerbergbahn**
Lech, Zug
17 **Haus I.**
Oberlech 549
18 **Volks- und Hauptschule**
Warth 30
19 **Wohnanlage**
Hochkrumbach 9a+b

Bregenzerwald

20 **Hotel Widderstein**
Schröcken, Neßlegg 38
21 **Haus R.**
Schnepfau, Kirchdorf
22 **Haus P.**
Schnepfau, Neugut 158
23 **Volksschule, Sanierung**
Mellau, Platz 285
24 **Haus N.**
Mellau, Unterrain 461
25 **Gemeindesaal**
Hittisau, Platz 187
26 **Gunzhaus, Erweiterung**
Alberschwende, Hof 3
27 **Spielhaus und Sportplatz**
Doren, Ortszentrum
28 **Haus B.**
Langen, Dorf 276
29 **Gemeindehaus**
Möggers, Rucksteig 79

11

1

„Sunnasaal" 1992 – 94

Thüringerberg

Bruno Spagolla

Integrierte Altenpflege
1993
Ludesch
Kirchstraße 32
E. Nägele
E. Waibel
H. Koch

Haus M.
1988
Ludesch
Raggaler-straße 54
B. Spagolla

Am Eingang zum Großen Walsertal treffen Lechtaler Alpen, Flyschzone des Walserkamms und Rätikon aufeinander – ein Panorama, das von diesem Streudorf hoch über dem Walgau eindrucksvoll überblickbar wird. Der neue Gemeinde- und Turnsaal neben dem mitrenovierten Gasthof „Zur Sonne" bündelt diese Ausblicke in eine mehrschichtige Raumfolge. Fensterbänder unter dem Dach (unterspannte Stahlkonstruktion, abgefächerte Akustikdecke) öffnen die Sicht südwärts übers Tal (und das niedrigere Foyer) und nordwärts auf den Hang (über die in den Hang eingreifende Schicht der Nebenräume). Das Volumen ist weiters so plaziert, daß im Winkel zum Gasthof ein gut nutzbares Plateau und ein Raumkontinuum zur Kirche nebenan entstand. Sorgfältig geführter Zugang, feine Details.

Reithalle 1997

Propstei St. Gerold

Hermann Kaufmann

Um 1960 war das vor tausend Jahren gegründete Kloster dem Verfall preisgegeben, wurde aber von Pater Nathanael aus Einsiedeln wiederbelebt, mit Hilfe des Schweizer Architekten A. Stöckli renoviert und ist seit zwei Jahrzehnten ein geschätztes Kultur- und Tagungszentrum. Das vielfältige Kursangebot umfaßt Therapiereiten mit Haflingern aus der eigenen Zucht. Um dies bei jeder Witterung anbieten zu können, wurde im landwirtschaftlichen Teil des Ensembles eine Reithalle integriert. Eine drei Meter hohe Stützmauer schuf den ebenen Platz, der mit einem fast schwebenden, hangparallelen Pultdach überdeckt ist – eine trotz hoher Schneelast extrem leichte, mit Stahl unterspannte Holzkonstruktion. Die Seitenwände sind ganz in Glas aufgelöst, zum Tal mit Schiebetoren zu öffnen. Weiters im Ensemble: Friedhofsgestaltung von M. Rauch.

11

3

Volks- und Hauptschule 1985–88

Blons 12

Bruno Spagolla

Erweiterung einer Schule aus den 60er Jahren auf sehr steilem Gelände. Zwischen zwei im Winkel angefügten neuen Trakten und dem Altbau verbindet eine Kaskadentreppe Alt und Neu in drei Geschoßebenen mit flankierenden Galerien und einer querenden Brücke, wobei dieser prächtige Binnenraum durch Oberlicht und auch Seitenlicht vom westwärts hochgespreizten Pultdach belichtet wird. Die Klassen – es ist die Hauptschule für das ganze Tal – liegen kompakt im talseitigen Quertrakt. Dessen Silhouette ist gegenüber dem Altbau und der benachbarten Kirche bewußt niedrig gehalten. Sonderräume, Küche und Gemeinschaftsbereiche im Westtrakt, Saal im Altbau.

Volksschule, Zubau 1989 – 97

Marul 18

Bruno Spagolla

11

4

Das Dorf hat kaum 220 Einwohner, die Volksschule ist einklassig. Die Schulerneuerung und -erweiterung mußte mit geringstem Aufwand und der Mithilfe der Ansässigen beim Ausbau erfolgen. Der Bau von 1908 wurde innen adaptiert und außen neu geschindelt. Die größeren Volumina – Turn- bzw. Gemeindesaal mit Geräteraum, Küche, Vereinsraum und Garderoben – sind nördlich davon als Längsprisma in den Hang hineingeschoben. Ein niedriger Foyerteil bildet das Gelenk zwischen Alt und Neu. So entstand, ähnlich wie in Thüringerberg, ein perfekt proportionierter räumlicher Dreiklang zwischen Kirche, Schule und Saal, der mit dem Hang im Rücken, dem Hang gegenüber und dem neuen Nußbaum am Drehpunkt der Bewegungen die Ortsmitte neu bestimmt.

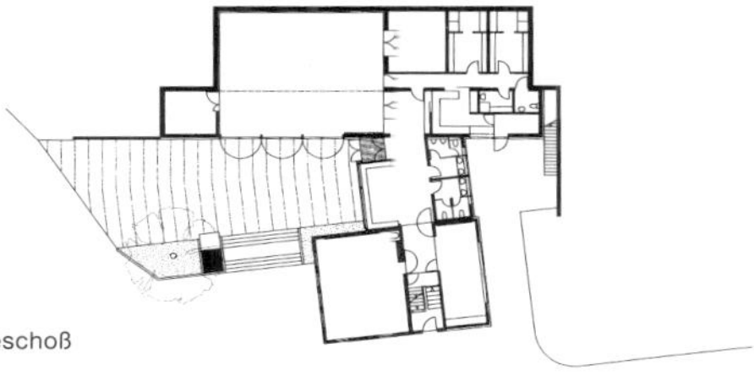

Erdgeschoß

11

5

Golfclub 1993–94

Brand 148

Wolfgang Ritsch, Ulf Markowski, Maurice O'Fives

Die große Leistung liegt hier weniger in der Gestaltung des kleinen Klubhauses selbst, das durch einen südseitigen Flügel noch ergänzt werden wird. W. Ritsch hat darüber hinaus entscheidend das landschaftliche „Design" dieses Golfkurses in seiner exzeptionellen, hochalpinen Lage mitbestimmt. Auf dem 60 Hektar großen Areal wurde die Choreografie der Schläge über die tief eingeschnittenen Gerinne und über den Bach hinweg, die Plazierung der Greens, der Fairways, der Abschläge und der neuen Wege mit geringsten Erdbewegungen unter Verwendung des örtlichen Humus und mit Bedacht auf ökologische Gesichtspunkte aus dem stark kupierten Naturgelände heraus entwickelt.

Ortszentrum 1994–97

Brand 230

Hans Hohenfellner

Das alte Hotel Gulma – mit dem Neubau über ein verglastes Gelenk verbunden – ist Kern und zugleich Überrest eines der ältesten Hotelbetriebe in diesem Pionierort des Alpinismus. Von dem ursprünglichen Areal wurde der jüngere Bettentrakt abgerissen und an seiner Stelle ein Gemeinde- und Turnsaal samt Nebenräumen, Räumen für Verkehrsamt, Verwaltung und vier Maisonette-Wohnungen errichtet. Der Saal wurde zum Hang hin gelegt, das übrige davor in einem viergeschossigen Trakt an der Straße gestapelt, die Wohnungen in den beiden obersten Etagen. Der Gasthof wird von privaten Eigentümern betrieben, die auch den Saal bewirtschaften und das neue Foyer als Tagescafé nutzen. Saal in konstruktivem Holzbau, das übrige Massivbau, außen verschalt.

Raiffeisenbank
1995–96
Brand 137
H. Hohenfellner

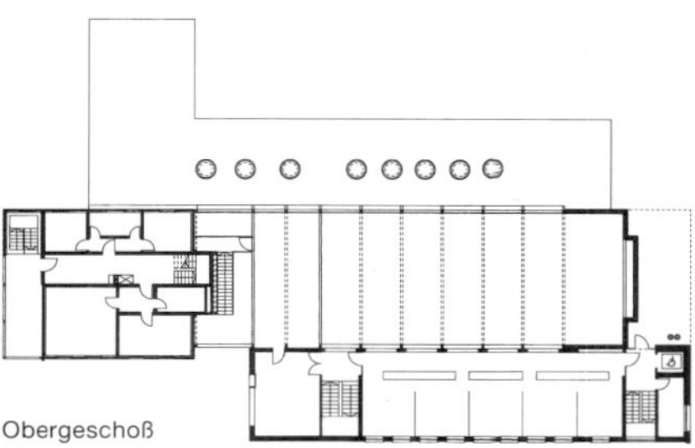

Obergeschoß

11

7

Pfarrkirche, Erweiterung 1984 – 90

St. Anton im Montafon

Heinz Peter Jehly

Neuordnung und Erweiterung der abseits vom Dorfkern stehenden Kirche. Um die äußere Erscheinung zu schonen, ist der Zubau bergseitig angefügt und auf $^1/_3$ der Altbaumasse beschränkt. Die Längswand des Kirchenschiffes wurde dort im unteren Bereich geöffnet und unterfangen, die alten Fenster darüber erhalten, der Volksaltar in die Mitte des alten Schiffes versetzt, Apsis und Vorraum („Vorzeichen") integriert. Konstruktiver Holzbau auf massivem Stützmauerwerk aus Sichtbeton bzw. Naturstein unterscheidet den Zubau von der Putzarchitektur das Bestandes, setzt ihn mehr zu den Stütz- und Umfassungsmauern des Friedhofs in Beziehung. Analog, als kraftvolle Dualität von Massiv- und Holzbau, wurde auch die neue Friedhofskapelle gestaltet.

Vorarlberger Illwerke, Hauptschaltwarte 1993–97

Vandans-Rodund

Bruno Spagolla

Illwasser, das in oberen Kraftwerksstufen schon genutzt wurde, wird von den Ausgleichsbecken in Latschau und Rodund in den Lünersee auf 2000 m hochgepumpt und dann durch die Turbinen im Latschau- bzw. im Rodundwerk mit 1350 m Fallhöhe zur Elektrizität verarbeitet. Dieser Kreislauf durch die größten Hochdruckspeicherpumpen Europas ermöglicht es, Spitzenstrom in beachtlichem Ausmaß autark zur Verfügung zu stellen, weshalb die Illwerke im Europa-Verbund auch als „Notaggregat" einsetzbar sind. Die Hauptschaltwarte enthält demgemäß jede Menge hochkomplexer Steuerungstechnik, die in dem hohen Betonsockel verwahrt ist. Darauf sitzt ein rundum verglaster Kontroll-Tower als räumliches Stahlfachwerk, bestückt mit modernster Technologie und gestaltet mit ausgeklügelten Details. Zufahrt: Abzweigung in Bartholomäberg, nur außen zugänglich.

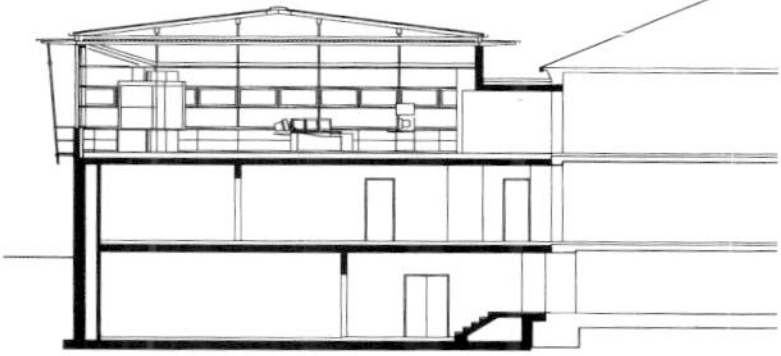

Schnitt

11

9

Golmerbahn 1995

Vandans – Latschau – Matschwitz – Grüneck

Leopold Kaufmann

Haus L.
1997–98
Vandans
Dorfstraße –
Glusavinastraße
A. Kathan
E. Strolz

Wachsender Tourismus und steigendes Umweltbewußtsein stellen an technische Anlagen im Hochgebirge komplexe Anforderungen. Beim Neubau der Golmerbahn mit 8-Personen-Kabinen entschieden sich die Vorarlberger Illwerke als Bauherr, die vorhandene Lifttrasse aufzunehmen, die alte Technologie an anderen Orten wiederzuverwerten und die Neubauten mit möglichst geringem, transparentem Materialeinsatz zu gestalten. Der mechanisch-technische Kern der Bahn wird von einer Haut aus Schuppenverglasung mit eigens entwickelten Halterungen umhüllt. Die Raster der Stahltragwerke folgen den jeweiligen Bewegungsdiagrammen, wobei der basilikale Grundtyp des Stationsquerschnitts auf die speziellen Bedingungen des Ortes variiert ist. Ein besonderes Charakteristikum bildet die farbliche Behandlung der Dachkonstruktionen in Holz – ein Konzept von Karl-Heinz Ströhle. Vom lebhaften Blau-Rot-Gelb-Kontrast der Talstation über die Zwischentöne der Mittelstationen führt dies zum eindeutigen Schwarz-Weiß am Berg, gibt den Dachuntersichten strahlende Leichtigkeit und vermittelt im Durchfahren signifikante, auf die Höhenlage abgestimmte, kinetische Farb-Raum-Effekte. Trotz reduziertester gerüsthafter Tektonik ohne jedes „Design" eine der schönsten Anlagen in den Alpen. Zur Talstation abzweigen in Bartholomäberg; nach Latschau über Tschagguns. Beteiligte Firmen: Doppelmayr (Seilbahn); Köberl (Kabinen); Glas-Marte; Meyer (Stahlbau); Kaufmann Holzbauwerk.

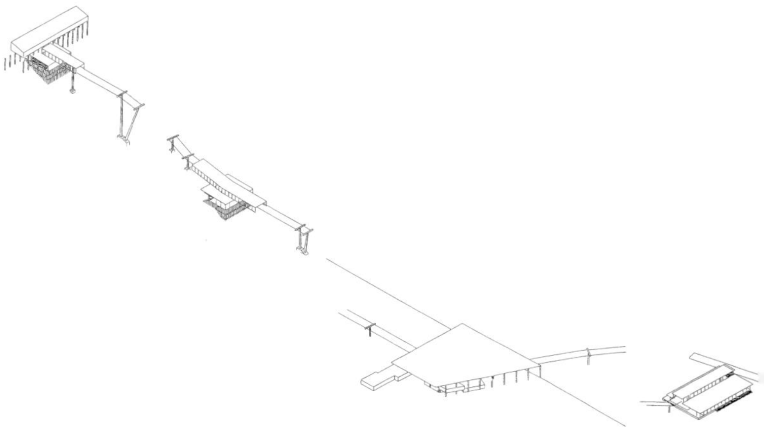

GOLMERBAHN

11

10

Schulschiheim 1987–95

Tschagguns, Auweg 2

Martin Häusle, Gottfried Partl

Die Baumasse ist so in den Hang gestellt und gestaffelt, daß das große Volumen in der kleingliedrigen Optik des Dorfes kaum wirksam wird. Das Raumprogramm ist zweihüftig organisiert, knickt vom oberen Trakt des Schulheimes horizontal und vertikal an der Geländekante zum unteren Trakt des Hauptschulinternates mit dem von einem flügelartigen Dach gedeckten Turnsaal.
An diesem Knick liegt auch – etwas unvermittelt – der Hauptzugang. Er führt in ein Foyer mit Durchblick zum Saal und Aufgang in die Flurzone. Begehbare und begrünte Flachdächer als künstliche Landschaft bewirken eine gewisse Einbindung der eindeutig industriellen Architektur in den Kontext, deuten zugleich aber auch auf die Abstraktheit des zeitgenössischen Alpinsports.

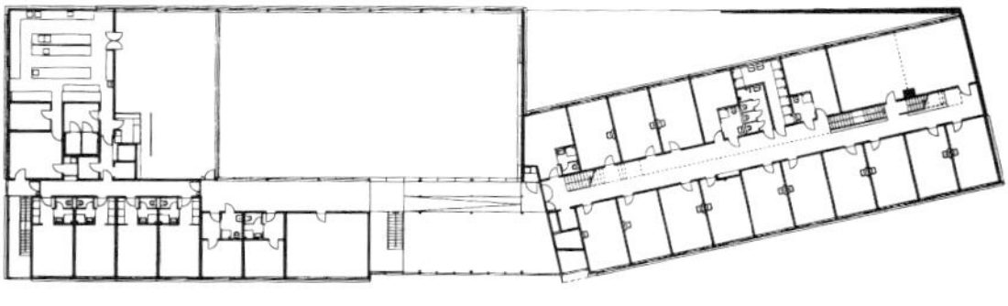

Obergeschoß

Reihenhäuser 1987–88

Schruns, Batloggstraße 15a

Rudolf Wäger

Leicht gebogene Reihung von dreigeschossigen Häusern mit von der Garagenzeile abgeschirmtem Hof im Norden und einem Stück freier Wiese im Süden. Die im Grundriß nur 7x7m großen Turmhäuser mit zweigeschossigen, vorspringenden Wintergärten an den Südostecken bilden eine sehr ungewöhnliche Typologie mit zentralen Kaminen und offener Galerie im 1. OG. Im Erdgeschoß zusammenhängend, separieren sich die Einzelbauten in den Obergeschossen. Auch die Zeltdächer, die hofseitig noch zusammenhängen, lösen sich an der Gartenseite voneinander. Die Variation der Grundrisse ist auch an den feinen Differenzen der Fenstergliederungen spürbar. Die in der Höhe und südseitig entkoppelten, mit den Veranden wieder verbundenen Häuser haben gemauerte Außenwände und darin hineingestellte, sichtbare Holzkonstruktionen.

Büro- und Betriebsbau Gantner Electronic
1988
Batloggstraße 42
H. Hohenfellner

Krafthaus Litzwerk
1996–98
Silbertaler Straße
B. Spagolla

11

12

Volksschule, Zubau 1989–91

Bartholomäberg 165

Heinz Peter Jehly

Ferienhaus M.
1993–94
Bartholomäberg
558
W. Holzmüller

Der Zubau des Turnsaales ist ein gestrickter Blockbau, auf einen Betonsockel gesetzt, nach vorne auskragend und dreimal unterstützt, seitlich ganz eng neben den Altbau gestellt für einen gemeinsamen Vorplatz aber in den Hang zurückgeschoben. Das Satteldach aus tragenden Holzdielen wird mit einem Firstträger aus Stahlfachwerk über den Blockbau hochgespreizt. Die umlaufende Verglasung belichtet den Saal von oben und entlastet optisch das Dach. Die Erschließungs- und Stiegenzone liegt zwischen den beiden Bauten und wird durch Oberlicht erhellt. Im Erdgeschoß wurde anstatt des zunächst vorgesehenen Musikprobelokales ein Kindergarten etabliert, der als Expositur am Hang daneben ein hölzernes „Lusthaus“ erhielt.

Silvrettahaus 1990–92

Bielerhöhe

Gerhard Hörburger, Much Untertrifaller sen., Much Untertrifaller jun.

In der hochalpinen Region betreiben die Vorarlberger Illwerke AG hier einen Stützpunkt ihrer Belegschaft. Der den Silvretta Stausee überblickende Bau wird zusätzlich auch touristisch genutzt. Die geschwungene Südfront der Zimmer folgt dem Hangverlauf. Die gerade Nordseite bildet ein massives Rückgrat, seine ostseitige Verlängerung stützt ein riesiges Solarpaneel. Die Sequenz des Zugangs über Vortreppe und Windfang bis zum Liftschacht orientiert sich axial auf die Dammkrone. Die klare Morphologie – Sockel in Bruchsteinmauerwerk, Hauptgeschosse weiß verputzt, Dachzone verschalt mit auskragendem Pultdach – nimmt Bezug auf Alpinbauten der Zwischenkriegszeit. Die Robustheit und Knappheit aller eingesetzten Mittel widerspiegelt die elementaren Verhältnisse der Hochgebirgswelt.

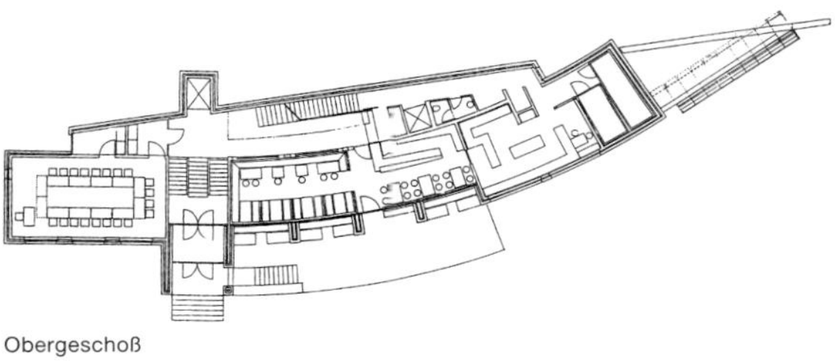

Obergeschoß

11

14

Sonnenkopfbahn 1997

Klösterle, Danöfen 59

Hermann Kaufmann

Neubau der Stationen unter Einbeziehung bestehender Substanz. Die Talsation erhielt zur Straße einen Vorplatz, gedeckt mit einem großen Vordach aus Holz, getragen von Stahlsäulen und Stahlfachwerk. Unter den Dachschirm eingeschoben und von ihm mit einem umlaufenden Fensterband abgesetzt eine „Holzkiste", die hauptsächlich als Gondel-Garage dient. Zum Wald hin greift der Bau mit Betonpfeilern auf eine tiefere Hangstufe hinunter und überdeckt dort die Servicebereiche und einen quer verlaufenden Durchgang.

Vorarlberger Kraftwerke, Krafthaus 1994–97

Klösterle, Innerwald

Bruno Spagolla

Einhausung des oberirdischen Teiles der gut 14 m in die Tiefe reichenden Anlage mit zwei Wandscheiben in Längsrichtung und verglasten Stirnseiten, die den Blick auf Montagehalle und Trafostation freigeben, das Ganze mit einem „künstlichen", scharfen Grün vor dem Hang getarnt und doch ganz klar herausgehoben. An sich eine unspektakuläre Aufgabe, aber in allen Details und Proportionen der vorpatinierten Kupferplatten, der Übergänge zwischen Wand und Öffnungen, zwischen Wand und Boden, Boden- und Umraumgestaltung sehr intensiv und kontrolliert bearbeitet. Zufahrt: S 16, Ausfahrt Wald, an der Raststätte südlich vorbei.

Wohnanlage
1982
Wald am Arlberg
Göttschlig
R. Strieder

Klostertalmuseum
Thönyhof
1985–98
Wald am Arlberg 11
H. Kuess

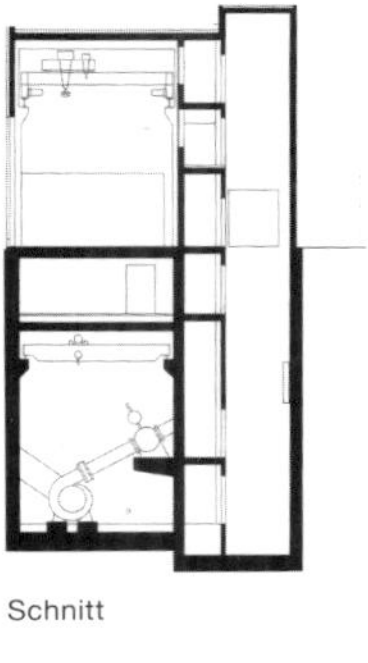

Schnitt

11

16

Zugerbergbahn 1987–88

Lech, Zug

Hans Riemelmoser

Hotel Rote Wand
Erweiterung
1989
Zug 5
A. Kathan

Pfarrkirche Stuben
Renovierung
1985
H. Jehly

Umbau einer älteren Anlage von Zug auf die Palmenalpe unter Verwendung bestehender Betonsockel und -rampen. Riemelmoser hat in diesem künstlich rustikalen Alpin-Dorf par excellence etliche Liftstationen gestaltet. Ihr Konzept steht im Gegensatz zu der pseudo-ruralen Genrehaftigkeit des Ortes. Die Liftbauten sollten eben nicht in „Häuser" verpackt, sondern als sporttechnische Maschinen mit entsprechend geräthafter Hülle in die Landschaft gefügt werden.
Weiters von Riemelmoser: Weibermahdbahn 1984–85, Schlegelkopfbahn 1988–90, Rotschrofenbahn 1993–95, Steinmähderbahn 1993–95

Zugerbergbahn

Steinmähderbahn

Haus I. 1996 – 97

Oberlech 549

Armin Kathan, Erich Strolz

Die Ortsbildsatzungen sind hier – die klischeehafte Äußerlichkeit vorschreibend – noch immer sehr rigide, was A. Kathan vor allem bei seinem Hotelbau Rote Wand zu spüren bekam. Dieses Haus mit Büronutzung und Einliegerwohnung unterstreicht aber die Tatasache, daß auch ein Giebeldachhaus mit konventioneller Hülle eine absolut zeitgenössische Raumqualität vorweisen kann, ohne daß Innen und Außen deshalb „auseinanderfielen". Die Etagen sind symmetrisch organisiert, mit längsaxialem Flurbereich und dem „Naßbereich" als Querachse, nutzungsneutralen Räumen, strikten Materialien und polyvalenter Nutzungsmöglichkeit durch gut verteilte Schiebetüren. Sockel in Beton, darüber Holzdielenbau, Solaranlage, Niedrigenergiehaus.

Haus St.
1993 – 96
Lech 116
W. Holzmüller

Haus F.
1994 – 95
Lech 533
H. Kaufmann

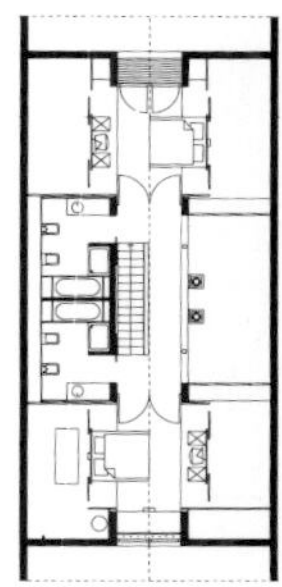

Obergeschoß

Volks- und Hauptschule 1990 – 92

Warth 30

Roland Gnaiger

Warth – ursprünglich ein Bergbauerndorf und erst seit kurzem zum fashionablen Ski-Ort geworden – liegt über 1500 m hoch und weitab vom nächsten Schulstandort. Der Neubau löste das Problem mit einem landesweit einzigartigen Typus. Er enthält in zwei Klassen Volks- und Hauptschule mit allen nötigen Sonderräumen: Werkraum, Küche, Turnsaal, Gruppenräume für EDV und Fremdsprachen. Dieses für die geringe Schülerzahl beachtliche Raumprogramm ist mehrfach nutzbar ausgelegt und dient den öffentlichen Aktivitäten der Gemeinde.
Gnaiger stapelte die Funktionen an dem Steilhang in ein fünfgeschossiges Volumen, legte die Klassen und die kleineren Nebenräume in die beiden obersten Etagen mit herrlichen Ausblicken ins Panorama und Zugang von einem bergseitig geschaffenen Vorplatz. Der als Mehrzweckraum konzipierte Turnsaal mit Foyer und Werkräumen greift in den Hang hinein und wird talseitig von der Straße aus erschlossen. Soweit das Gebäude ans Erdreich anschließt, ist die Bauweise massiv, oberhalb der Saaldecke Fertigteilkonstruktion in Holz. Das große Dach aus unterspanntem Holzfachwerk mit den weit auskragenden Vorsprüngen trägt den extremen Schneeverhältnissen Rechnung und läßt die Klassengrundrisse stützenfrei.
Gnaigers Schulbau ist für das Gelände, das Programm, das Klima, die verfügbare Technik und die kulturelle Situation des Ortes maßgeschneidert: ein nachhaltiges Gesamtkonzept, bis in die Details der mit dem Schulleiter entwickelten Möblierung verfeinert.

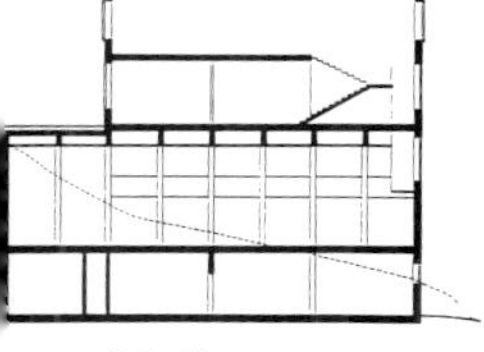

Schnitt

11

19

Wohnanlage 1991 – 92

Hochkrummbach 9

Erich Strolz

Personalwohnhaus für das traditionsreiche Hotel Adler nebenan, geteilt in zwei O–W ausgerichtete Bauteile. Die Raumgliederung ist zoniert mit geschlossenen Laubengängen an der Nordseite, in die im 2. OG die Sanitäreinheiten eingeschoben sind. Aufgrund der extremen Schneelagen im Winter ist das Erdgeschoß als Keller und Garage in Beton ausgeführt; darüber dann ein Holzständerbau aus vorgefertigten Elementen. Wegen der windausgesetzten Lage auf der Paßhöhe – „horizontale Schnee- und Regenfälle" sind hier nicht unüblich – wurde auf Dachvorsprünge verzichtet. Das Blau-Weiß der Fenster ist eine formale, die strenge und robuste Gesamtkonzeption aber die inhaltliche Analogie zu dem silbergrau patinierten Hotelgebäude.

Hotel Widderstein, Zubau 1996

Schröcken, Neßlegg 38

Hermann Kaufmann

11

20

Haus F.
Schoppernau
Oberdorf 271
W. Felder

25 Kleinappartements, Speisesaal, Hallenbad und Fitnessräume wurden mit einem fünfgeschossigen Trakt talseitig an den bestehenden Hotelkomplex angefügt. Die Konstruktion ist eine Betonschottenbauweise, außen mit Holz verkleidet (Lärche sägerauh). Gut belichteter Mittelgang, großzügige Zimmer. Die an beiden Giebelseiten angefügte Schicht der Balkone ist in leichter, struktureller Holzbauweise ausgeführt. Die traditionelle Haustypologie wird so transformiert, daß der Kulisseneffekt und die Disproportionalität der meisten Hotelbauten des internationalen Alpin-Stils vermieden wurden. Bauzeit 8 Monate.

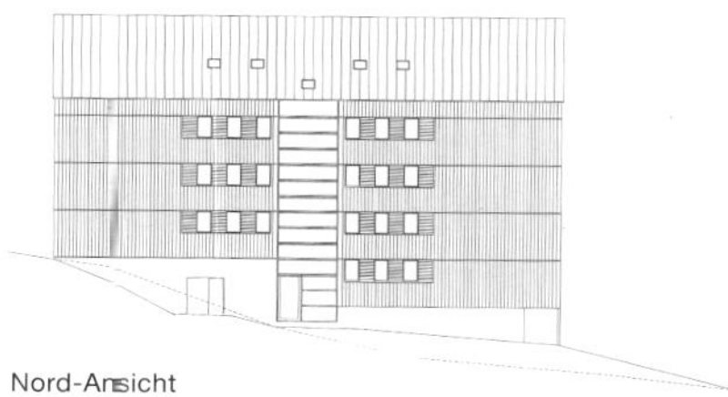

Nord-Ansicht

11

21

Haus R. 1986 – 87

Schnepfau, Kirchdorf

Hermann Kaufmann

Ein frühes Haus von Kaufmann, ein Südhang am Ortsrand. Massives Erdgeschoß mit Keller, Garage und Büro. Darauf steht ein verschaltes Ständerwerk aus Fichte. Die erste Etage ist offener Wohnraum, mit Schiebetüren ganz auf den längsseits vorgelegten Wintergarten („Schopf") hin öffenbar; Nebenräume und Stiege an der Nordseite. Herz des Hauses in jeder Hinsicht ist ein großer, freistehender Kachelofen im Zentrum mit großem Luftraum zum Obergeschoß. Innenausbau und Möbel wurden vom Bauherrn selbst in der familieneigenen, bekannten Tischlerei Gebr. Rüscher gefertigt.

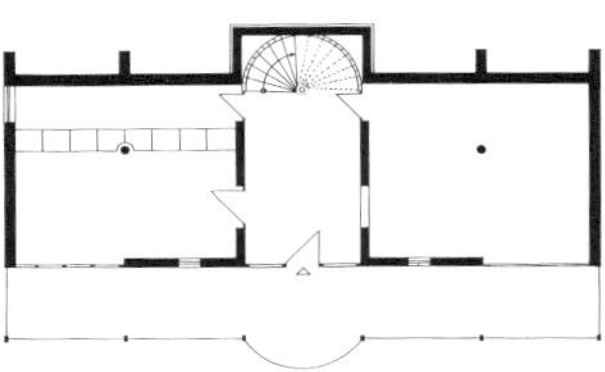

Sockelgeschoß

Haus P. 1988–89

Schnepfau, Neugut 158

Helmut Dietrich

Mit einer seiner ersten selbständigen Arbeiten gelang Dietrich ein Klassiker unter den Vorarlberger Holzhäusern der 80er Jahre. In idyllischer, aber auch heikler Lage nahe dem Dorfplatz steckt im Habitus der „schlichten Scheune" ein Ambiente, das den handwerklichen Purismus der wälderischen Tradition mit heutiger Eleganz verbindet. Ohne Keller, dient das EG als Servicezone mit gedecktem Zugang. Die Wohnebene oben, unter dem offenen Holzdachstuhl, zeigt zwei quadratische Bereiche, getrennt durch die eingeschobene Stiegen- und Wintergartenschicht. Der Rhythmus der Tragstruktur überlagert diese Quadrate mit einem 9-Quadratmuster. Symmetrische N- und O-Fassaden, die anderen asymmetrisch. Energiesparhaus.

Pfarrkirche Au
Restaurierung
1981–84
J. Albrecht

Schnitt

11

23

Volksschule, Sanierung 1994 – 95

Mellau, Platz 285

Helmut Dietrich

Der Schulbau aus den 50er Jahren wurde äußerlich weitgehend erhalten. Innen konnte neben der Erneuerung der gesamten Haustechnik und der Verbesserung der bauphysikalischen Werte auch die räumliche Organisation optimiert werden. Die Klassen wurden vergrößert und mit abtrennbaren Gruppenräumen ergänzt, und der lange Schulgang wurde am Ende durch Lichtöffnungen zur Fassade und durch eine spezielle Farbgestaltung mit wenig Aufwand wesentlich attraktiver gemacht.

Haus N. 1996 - 97

Mellau, Unterrain 461

Hermann Kaufmann

Das teilunterkellerte Haus am Ortsrand besteht aus vorgefertigten Holzelementen mit Steherkonstruktion (Aufbauzeit nur 1 Tag). Der Bau verfügt über 9 m² Sonnenkollektoren, die senkrecht in die Südfassade zwischen den Fixverglasungen integriert sind und die Warmwasserbereitung besorgen. Perfekte Innenausstattung mit insgesamt beachtlichen baubiologischen Kennwerten; Regenwassersammeltank für den Garten, Öl-Zentralheizung mit Kondensatofen; im EG noch ein Kachelofen; Energiesparhaus; Bauzeit fünfeinhalb Monate.

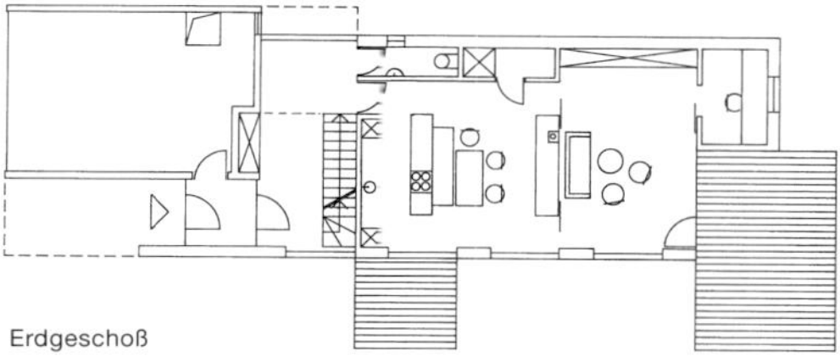

Erdgeschoß

11

25

Gemeindesaal 1987–89

Hittisau, Platz 187

Hermann Kaufmann, Christian Lenz

Früher hatten die großen Gasthaussäle diese Funktion. Nach ihrem „Aussterben" behalf man sich u.a. mit Turnsälen, die aber für vieles nicht geeignet waren. Hittisau fand für seinen neuen Saal den Platz neben dem historischen Gasthaus „Hirschen", das zugleich einen neuen Besitzer erhielt, der nun auch den Saal mitbewirtet. Der Neubau ist im Keller und EG an den Altbau angekoppelt, benützt das gleiche Material und das langgestreckte Satteldach, verwendet dies aber mit moderner Technologie und Morphologie. Der Saal ist grundrißlich quadratisch, von oben und den Seiten lichtdurchflutet. Foyer und Bühne liegen gegenüber, an drei Seiten Galerien. Zwei Holz-Stahlfachwerke überspannen die Mitte, fassen die Firstverglasung: eine „große Stube" der Gemeinde, benannt nach dem hier geborenen Historiker und Numismatiker Joseph Ritter von Bergmann.

Gunzhaus, Café Muxel, Umbau 1996

Alberschwende, Dorfplatz, Hof 3

Elmar Nägele, Ernst Waibel

Umfassende Sanierung und neue Innraumgestaltung: Verlegung der Stiege und der Küche in einen Zubau an der Rückseite, der den unregelmäßigen Verlauf der Bauparzelle mit einer bauplastischen Lösung ausnützt. Nägele und Weibel zeigten schon bei der Erweiterung der „Integrierten Altenpflege" in Ludesch (s. 10.1), wie ein lokaler Altbau selbstverständlich adaptiert und zeitgemäß weitergebaut werden kann. Die moderne Intervention ist in beiden Fällen nicht überstilisiert, nicht forciert, sondern stimmt ihre Mittel und ihre Gangart sehr genau auf den vorhandenen „Ton" des Bestandes ab.

Reihenhäuser
1997
Schwarzen
E. Ludescher

Haus B.
1996–97
Schwarzen 153
K. Schuster

Krafthaus
1991–93
Weitloch
C. Baumschlager
D. Eberle

11

27

Spielhaus und Sportplatz 1990

Doren, Ortszentrum

Roland Gnaiger

Haus G.
1986–87
Hüttersberg 65
R. Gnaiger

Kein Klettergerüst kann einen Baum ersetzen und der beste „Robinsonspielplatz" nicht den Wald. Diese Spielräume müssen erhalten und gerade im ländlichen Bereich nicht künstlich geschaffen werden. So ist diese Anlage – auch als Turn- und Pausenplatz für die nahe Schule – am besten als Freilufthalle zu beschreiben, als Alternative zu einer Turnhalle. Die „Naturarena" zwischen Wald und Wiesenhang wurde mit dem Langhaus zu einem echten Raum gefaßt, auf dem ein Spielfeld von 12x24m Platz fand. Der Langbau enthält im Untergeschoß Toiletten und Geräteraum, am „Kopf" ein Kletterhaus mit Übungswand. Das Spielhaus selbst ist den alten Kegelbahnen nachempfunden und auch so und anders verwendbar, mit einem „Kiosk" für Kinder- und Sommerfeste.

Haus B. 1985–86

Langen, Dorf 276

Helmut Kuess

Ein früher Bau von Kuess, gut 100 m östlich unter der Kirche frei an einem Osthang gelegen, mit der Längsachse parallel zur Kirchenachse gestellt. Passiv-Solar-Konzept mit Veranda als Wärmefalle an der Längsseite und Speicherwänden über zwei Geschosse. Holzkonstruktion mit starker Betonung der Dachform; hinter dem Wintergarten ein zweigeschossiger Wohnraum mit Kamin und Stiege als vertikale „backbones"; Galerie im Obergeschoß; aufgelöste Ecken; gute Einbindung in den Hang. Interessante Ambivalenz zwischen der die Hangneigung unterstreichenden Längserschließung und der Querorientierung des Wohnraums nach Süden.

Erdgeschoß

Gemeindehaus 1994–96

Möggers, Rucksteig 79

Arno Bereiter

Topologisch-expressive Reaktion auf Gelände und Programm. Der Südosttrakt geht mit der Straßenbiegung und überhöht die Auffahrt vom Tal mit der Dachschräge und dem auskragenden, spitz endenden 2. OG – der Haushälterwohnung. Der nördliche Trakt ist ein gegenläufig geneigter, flacher Keil mit der scharf gezogenen Kante der Stützmauer, die flach in die Wiese dringt, nach Westen sich mit dem Saal heraushebt; darunter eingeschoben die Feuerwehr mit der Ausfahrt nach Osten. In der Öffnung der sich spitzwinkelig überschneidenden Trakte westseitig der Eingang – und an ihrem Schnittpunkt die vertikalen Achsen: Lift und Schlauchturm. Das Gemeindeamt liegt ebenerdig ganz transparent zur Straße; Bürgermeister, Familienberatung, Musikproberaum im Obergeschoß. Verkleideter Massivbau, Südostfassade vorgehängt.

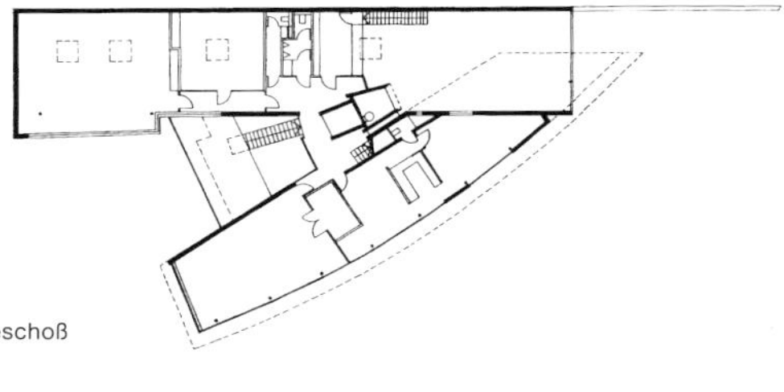

Obergeschoß

Anhang

Birgit Amend 3.22
Adolf Bereuter 1.1, 1.19, 1.33, 2.9, 2.12, 2.26, 4.5, 5.5, 7.24, 8.5, 8.8, 8.10, 8.13, 10.1, 10.2, 11.11, 11.13, 11.14, 11.19
Hélène Binet 1.4
Leonhard Danzer 1.24
Foto Ellensohn 5.15
Thomas Filler 1.9
Heinrich Helfenstein 3.11
Ernst Hiesmayr 1.28, 2.25
Eduard Hueber 1.2, 1.3, 1.10, 1.18, 1.27, 1.29, 1.34, 2.10, 2.13, 2.21, 2.23, 2.27, 3.18, 4.4, 4.7, 4.8, 4.11, 4.15, 5.9, 5.10, 7.7, 8.3, 9.4
Klomfar & Sengmüller 1.1, 1.11, 1.21, 1.38, 7.17, 8.12, 11.8, 11.15
Günter Laznia 4.18
Ignacio Martínez 1.5, 1.6, 1.12, 1.15, 1.36, 2.1, 2.4, 2.6, 2.7, 2.14, 2.20, 3.10, 3.13, 3.15, 3.6, 4.2, 4.9, 4.10, 4.12, 4.13, 4.17, 4.19, 4.26, 4.27, 4.29, 4.30, 4.33, 4.34, 4.36, 4.38, 6.2, 6.4, 6.7, 6.11, 6.16, 7.5, 7.8, 7.18, 9.5, 9.8, 9.9, 10.2, 10.4, 10.7, 10.10, 10.12, 10.15, 10.17, 10.18, 11.1, 11.2, 11.20, 11.23, 11.24, 11.5
Myrzik + Jarisch 1.7, 1.22, 1.31, 2.2, 4.20, 5.16, 6.13, 10.3, 10.8, 10.16, 11.25
Paul Ott 4.28
Harald Peter 7.15
Christian Richters 9.7
Fotostudio Roth 7.10
Rudolf Sagmeister 1.17, 1.25, 2.11, 2.22, 4.23
Fotostudio S.F. & H. 1.39, 3.23
Albrecht Imanuel Schnabel 6.5, 6.9
Margherita Spiluttini 1.16, 1.20, 1.30, 1.32, 1.35, 1.37, 1.41, 2.3, 2.17, 2.19, 2.24, 3.5, 3.9, 3.12, 3.14, 3.16, 3.20, 4.1, 4.12, 4.14, 4.16, 4.22, 4.24, 4.32, 5.1, 5.3, 5.6, 5.11, 5.14, 6.6, 6.8, 6.12, 6.15, 7.1, 7.4, 7.9, 7.13, 7.14, 7.22, 7.26, 8.1, 8.2, 8.9, 8.12, 8.14, 9.2, 9.10, 9.11, 10.9, 11.3, 11.6, 11.10, 11.18, 11.25, 11.27
Nikolaus Walter 1.8, 1.40, 3.2, 3.7, 10.13, 10.14, 11.7, 11.9
Günter Wett 7.6

Kartografie Bernd Altenried

Sämtliche Pläne und weitere Fotos wurden von den Architekten zur Verfügung gestellt.

Achleitner, Friedrich:
Österreichische Architektur im 20. Jh., Bd. 1. Salzburg 1980

Ammann, Gert u.a. (Red.):
Dehio-Handbuch.
Die Kunstdenkmäler Österreichs – Vorarlberg. Wien 1983

Häusler, Christa (Red.):
Panorama Blicke.
Die Golmerbahn im Montafon.
Ostfildern-Ruit 1996

Häusler, Wolfgang (Red.):
Gemeinsam Bauen. Beispiele verdichteter Bauweise in Vorarlberg. Dornbirn 1985

Hiesmayr, Ernst: Eine neue Tradition. Dornbirn 1995

Loudon, Michael: Fenster und Korridore. Wien 1992

Purin, Bernhard (Red.):
Architektur in Vorarlberg seit 1960. Bregenz 1993

Sagmeister, Rudolf;
Sagmeister-Fox, Kathleen:
Holzbaukunst in Vorarlberg.
Bregenz 1988

Sayah, Amber: Neue Architektur in Vorarlberg.
Bauten der neunziger Jahre.
Basel-Berlin-Boston 1997

Waechter-Böhm, Liesbeth:
Carlo Baumschlager, Dietmar Eberle. Wien-New York 1996

Zacek, Patricia: Ernst Giselbrecht. Architekturen.
Basel-Berlin-Boston 1997

Regelmäßige Rezensionen zur Baukunst in Vorarlberg bringen folgende Tageszeitungen und Fachjournale:
Die Presse - Spectrum, Wien
Der Standard, Wien
Neue Zürcher Zeitung
Architektur Aktuell, Wien
Architektur & Bauforum, Wien
Archithese, Zürich-Heiden
Baumeister, München
Deutsche Bauzeitung, Stuttgart
Hochparterre, Zürich
Journal Wettbewerbe, Wien

Mit freundlicher Unterstützung von

Hypo Bank Vorarlberg

I & R Schertler, Lauterach

Stahlbau Meyer, Nüziders

Vorarlberger Illwerke AG

Vorarlberg Tourismus, Bregenz

Zumtobel Staff, Dornbirn

Baukunst in Vorarlberg seit 1980. Ein Führer zu 260 ausgewählten Bauten, eine von Edelbert Köb initiierte Publikation, herausgegeben von Eckhard Schneider, Kunsthaus Bregenz, in Kooperation mit dem vorarlberger architektur institut.
Ausgewählt und redigiert von Otto Kapfinger, konzipiert von Reinhard Gassner und Otto Kapfinger, Grafische Gestaltung durch Reinhard Gassner, Bernd Altenried, Christian Gohm. Datenorganisation durch Klara Obereder, Gabriele Reiterer. Lektorat durch Claudia Mazanek. Finanzen und Vertrieb koordiniert durch Wolfgang Häusler.
Gesetzt in der Neuen Helvetica und in der Trump Mediaeval, lithografiert bei Digital Repro Service, Lustenau, gedruckt auf Phönix Imperial durch Höfle Offsetdruckerei, Dornbirn, gebunden von Burkhardt AG, Mönchaltorf bei Zürich, in der 3., durchgesehenen Auflage von 5.000 Stück im Jahr 2003.

Für Informationen, Materialbeistellung und Objektführungen ist in erster Linie allen Architektinnen und Architekten und ihren MitarbeiterInnen besonders zu danken. Weiters haben zum Gelingen beigetragen: Markus Aberer, Adolf Bereuter, Hermann Fetz, Ruth und Reinhard Gassner, Eduard Hueber, Ernst M. Jordan, Renate und Mira Kapfinger, Edelbert Köb, Helmut Krapmeier, Ignacio Martínez, Erwin Rinderer, Wolfgang Ritsch, Rudolf Sagmeister, Christine Spiegel, Margherita Spiluttini, Gert Walden. Herzlichen Dank.

 ISBN 3-7757-1150-3
Erschienen im Verlag Gerd Hatje, Ostfildern-Ruit, Vertrieb in Vorarlberg durch Eugen Ruß Verlag, Schwarzach.